L'office du juge

Irène-Marie Hadjimalis
Mohamed Aly Thiam

L'office du juge

L'Harmattan

Du même auteur, chez L'Harmattan

Droit constitutionnel, 2017
Le droit électoral guinéen, 2016
L'expérience parlementaire guinéenne, 2016
La Cour des comptes issue de la constitution de la République de Guinée, 2016

5-7, rue de l'École-Polytechnique – 75005 Paris

www.editions-harmattan.fr

ISBN : 978-2-343-21714-7
EAN : 9782343217147

Avant-propos

Le rôle du juge dans la conduite du procès, les pouvoirs que la loi lui confère et les limites qu'elle impose forment l'office du juge, c'est-à-dire sa vocation à servir le droit, à réaliser l'obligation de rendre la justice au nom du peuple.

L'office du juge apparaît, sous cet éclairage, comme l'ensemble des obligations et des prérogatives attachées à la fonction de juger.

Cette fonction a subi les mutations que les progrès de la science et des nouvelles technologies de l'information imprègnent à l'évolution de la société. Ces mutations, qui dissipent les frontières de toutes sortes et réduisent le temps à l'instantanéité, impliquent de nouvelles formes et exigences de sa mission. Ces formes et exigences demeurent peu reconnues.

Le but de cet ouvrage est d'en exposer, peut-être insuffisamment, différentes facettes, dans le double sens de dépeindre ce que l'acte de juger devient à l'ère du numérique et d'exhorter le juge à s'adapter, de mieux en mieux, au nouvel environnement de son rôle, qui se rapporte à la noblesse de justice.

Juge est le nom donné aux magistrats, qui ont charge de rendre la justice, qu'ils soient professionnels ou non.

Le terme juge s'applique *mutatis mutandis* aux magistrats servant dans les cours et tribunaux de tous ordres et à une juridiction ; elle-même entendue comme l'ensemble des pouvoirs et des compétences reconnus à une institution publique intervenant dans le domaine de la justice. Les termes, qui lui sont ainsi synonymes, sont le Tribunal ou la Cour.

Dans cet exposé, le concept « juge » englobe tous les organes judiciaires, humains et institutionnels, habilités à intervenir à divers niveaux, en vue de la prise d'une décision relative aux procédures de règlement des procès.

Au fil des âges, la vie du juge est restée partagée entre le temps familial et le temps professionnel. Ce dernier, très absorbant, se déroule à l'audience et hors audience, il se prolonge essentiellement tard la nuit. L'on parvient au constat que cette singulière originalité de la partie substantielle du travail quotidien du juge n'a jamais pu être reconnue, ni par les autorités, ni par le public, ni par les manuels de droit, ni même par ses pairs.

Les brocards, les calomnies, les injures, la ridiculisation, les pasquinades, toutes formes de malveillances, qui ternissent l'image du juge, font oublier que celui-ci a une grande conscience de son office et aggravent la confusion, qui règne quant au contenu et au périmètre de son statut et de sa mission d'administrer la justice, en toute sérénité, toute indépendance et toute impartialité.

Devant la multiplicité, la diversité et la complexification, de plus en plus poussées et exigeantes, de la demande de justice, le juge se voit astreint à concilier des prétentions opposées, conflictuelles ou à trancher un litige, sous l'autorité de la loi.

L'office du juge consiste à comprendre une situation, à partir de faits qui lui sont soumis et auxquels il applique les règles de droit, suivant une procédure rigoureuse. Chaque décision de justice est le produit d'une réflexion profonde, au service de la formulation d'une solution devant mettre fin à un contentieux. Cette réflexion procède de l'analyse impartiale et objective des faits de la cause et des moyens de preuves, exposés contradictoirement par les parties au procès.

L'action de juger vise à faire cesser une violation de la loi, à rétablir un droit troublé, réparer un préjudice subi, équilibrer des relations antagoniques, punir une transgression par une décision (ordonnance, jugement ou arrêt), que le juge a l'obligation de motiver, motivation par laquelle il s'expose à la critique doctrinaire, à l'approbation ou à la censure juridictionnelle, à la sanction disciplinaire, à la répréhension judiciaire ou simplement à l'érosion de sa crédibilité et le ternissement de l'image de l'institution judiciaire.

TYPOLOGIE DE L'OFFICE DU JUGE

La protéiformité de l'office du juge découle de trois choses : sa source, son objet et l'ampleur de l'action du juge. Cette troïka sert de critère à la typologie de cet office.

1. Du point de vue de la source

La source de l'office du juge est premièrement et tout naturellement la loi.

En raison donc de sa source, le premier type d'office est l'Office légal. Le caractère obligatoire ou facultatif, que la loi attache à l'accomplissement de la fonction de régler les litiges ou les contentieux ou à l'exécution de ses propres obligations, subdivise l'office légal en office obligatoire, office facultatif et office procédural.

L'office légal se reconnaît par l'usage dans le texte législatif ou règlementaire de cette formule : *« le juge doit... »* L'obligation du juge découlant de l'Office légal est d'ordre public.

L'office facultatif se reconnaît par la formule : *« le juge peut... »*, marquant l'existence d'une large marge de choix ou d'une appréciation souveraine.

L'office procédural se rapporte au respect des principes directeurs du procès. Il a un double objet : l'équité procédurale et l'équité substantielle.

L'office principiel soumet le juge à la prise en considération de valeurs autres que celles contenues dans la loi et les règlements en vigueur. Ces valeurs ont leur origine dans les principes généraux de droit, dans la jurisprudence et dans la doctrine.

La libre et souveraine appréciation reconnue au juge fait apparaitre ce que l'on a pu appeler l'office consciencieux, qui fait intervenir des critères personnels inhérents à l'éthique.

Dans la tripartition des offices distingués selon leurs sources, l'office principiel oblige le juge, avec la montée en puissance des cours communautaires, de plus en plus, à prendre en considération l'ensemble des principes de différentes sources : nationales, régionales et internationales.

L'office principiel a un caractère substitutif. Par cela, et contrairement à l'office légal, qui trouve sa source dans les codes de procédure, et à **l'office consciencieux,** qui a sa source dans la déontologie, l'office principiel tire son origine dans les principes de toutes sources, sur lesquels, par l'effet de substitution, le juge s'adosse, pour interpréter la loi, suppléer à son silence ou à son inexistence au mieux des intérêts du justiciable.

2. Du point de vue de ses missions

Les missions du juge, à savoir : dire le droit, sanctionner une transgression, protéger ou garantir un droit et trancher un litige ou régler un contentieux, introduisent une seconde typologie de l'office du juge.

Dire le droit, d'une manière explicite, en tenant compte de ce qui a été précédemment décidé par d'autres juges des juridictions nationales, communautaires ou internationales, relève de l'office jurisprudentiel du juge.

Punir ou réprimer les infractions à la loi, rétablir l'équilibre des relations sociales égalitaires ou l'ordre public, veiller à la réparation des préjudices causés et à la réinsertion sociale de la personne en conflit avec la loi réalisent l'office de répréhension et de réparation.

Devoirs du juge

Bien qu'on ait coutume de s'attacher davantage aux pouvoirs du juge qu'à ses devoirs, ceux-ci sont inhérents à sa fonction et ne sauraient être négligés. On sait qu'il incombe au juge de juger des faits, sous l'éclairage du droit, *non de faire la loi.* En effet, il n'y a de justice et d'issue prévisible au procès que si le juge se détermine en fonction des règles de droit, connues de tous, et qu'il appartient à chacun de respecter.

Une éthique de la fonction juridictionnelle s'impose, en effet, d'autant plus que les magistrats ne sont pas des fonctionnaires, car leur indépendance ne saurait être limitée par des pouvoirs hiérarchiques empiétant sur leur pouvoir de décision.

C'est toute la difficulté de la question actuelle de la responsabilité des juges. Ils ne sauraient être irresponsables, mais leur responsabilité, au-delà d'une certaine borne, risque de ruiner leur indépendance. Ils sont soumis à une éthique dominée par les principes fondamentaux d'indépendance, d'impartialité, d'inamovibilité et de neutralité.

Elle est bien connue l'importance qui s'attache à l'article 14 du pacte international relatif aux droits civils et politiques, qui proclame que « *toute personne a droit à ce que sa cause soit entendue équitablement et publiquement par un tribunal compétent, indépendant et impartial, établi par la loi, qui décidera soit du bien-fondé de toute accusation en matière pénale dirigée contre elle, soit des contestations sur ses droits et obligations de caractère civil* ». L'indépendance du juge, qui est une condition essentielle de son impartialité, ne se limite d'ailleurs pas aux rapports entre la justice et le pouvoir politique.

Elle suppose que le juge échappe à toute ingérence ou influence, à toute instruction sur le contenu et le sens de sa décision et à toutes formes de pressions ethniques, économiques, sociales ou idéologiques. Cela implique qu'il reste libre de ses décisions, face même aux experts auxquels il a recours.

L'impartialité du juge ne se conçoit, en revanche, que par rapport à lui-même et non par rapport à des influences extérieures. Elle exclut tout parti pris ou préjugé, tout militantisme, tout favoritisme de sa part et toute attitude idéologique. Elle lui recommande les règles suivantes :

- N'écouter que la voix de sa conscience et celle du droit et de la loi ;
- S'armer de courage et être serein pour faire face à toutes les situations ;
- Ne pas permettre à ses relations sociales ou familiales d'influencer sa posture morale et ses décisions ;
- Ne pas faire état de son point de vue avant et pendant le déroulement d'un procès ;
- Ne pas exprimer sa position sur les faits de la cause et s'interdire d'émettre tout commentaire susceptible d'influer sur le résultat des délibérations ;
- Ne participer à aucune recherche ou débat juridique se rapportant à une affaire, qui lui est soumise ou pourrait l'être.

Ainsi, il faut admettre que la connaissance, par un juge des mêmes faits, opposant les mêmes parties dans des instances différentes, qu'elles soient successives ou parallèles, est contraire au principe d'impartialité. Il est admis, toutefois, que le juge qui a statué en référé sur une demande tendant à l'attribution d'une provision en raison du caractère non sérieusement contestable d'une obligation, peut statuer, ensuite, sur le fond du litige afférent à cette obligation.

De même, en contentieux administratif, il est admis qu'un magistrat qui, en qualité de juge des référés, a pris position sur des questions concernant le fond d'un litige ne peut participer à la formation de jugement statuant sur ce litige en tant que juge du fond.

Le droit processuel comporte quelques dispositifs techniques garantissant l'impartialité du juge. À cet égard, la récusation du juge, en matière sociale, commerciale ou civile[1] dans des causes empreintes de parenté, d'alliance, d'amitié ou d'inimitié avec l'une des parties, est plus spécialement organisée en procédure pénale[2].

Il est important de noter que la récusation est la procédure par laquelle un plaideur sollicite qu'un magistrat s'abstienne de siéger ou soit écarter de l'examen de sa cause, parce qu'il a des raisons de suspecter sa partialité : *« il faut même que dans les grandes accusations,*

---

[1] Article 452 CPCEA

[2] Article 740 CPP

le criminel concurremment avec la loi, se choisisse ses juges ou du moins qu'il puisse en récuser un grand nombre ».[3]

Le privilège de juridiction en matière pénale et le renvoi devant une autre juridiction, quand un magistrat ou un Officier de police judiciaire est parti à un litige relevant d'une juridiction dans le ressort de laquelle il exerce ses fonctions, tiennent à cette volonté d'assurer l'impartialité du juge.

Il en est de même, en cas de demande en renvoi pour cause de suspicion légitime[4] qu'admet le droit positif devant les juridictions judiciaires et devant les juridictions administratives.

Plus généralement, la jurisprudence réprime la partialité du juge, ce qui touche au principe d'égalité devant la justice et devant la loi que proclament la constitution et les instruments internationaux relatifs aux droits de l'homme.

Il y a donc bien une déontologie du juge, qui relève de son office consistant à trancher les litiges conformément au droit. C'est l'État de droit qui en dépend.

Les questions que recouvre et soulève l'office du juge sont si éclairantes que les auteurs de cet ouvrage souhaitent à tous nos juges, aspirants et confirmés, de s'y plonger, pour y puiser des raisons de motivation profonde ou de réarmement intellectuel et moral, pour en récolter des échanges exégétiques et un partage fructueux des meilleures pratiques juridictionnelles.

Les juges guinéens sont confrontés à de grands défis que leur oppose leur environnement social, politique, économique, professionnel et même personnel, face auxquels la maîtrise du droit et la probité constituent leurs plus sûrs alliés et durables remparts.

La compréhension la plus large de l'arsenal juridique par tous, y compris par le simple citoyen, est de nature à éliminer la barrière de méfiance des justiciables envers les institutions juridiques en général, et à consolider les fondations de l'État de droit.

---

[3] Montesquieu, de l'esprit des lois, livres XI, VI, T, I

[4] Article 467 PCEA

C'est à l'élargissement de cette compréhension que souhaite contribuer cet ouvrage destiné aux apprenants et aux praticiens de droit de tous profils professionnels, notamment les magistrats, les avocats, les greffiers, les huissiers et même les notaires et les officiers de police judiciaire.

Le présent livre, à cet égard, traite en détail de ces aspects de l'office du juge, analyse ses missions, à travers le prisme de la séparation des pouvoirs et de l'indépendance du pouvoir judiciaire, lequel habite la personne même du juge. Car, il appartient à celui-ci, par la démonstration d'une rectitude professionnelle éclairée et d'une posture morale résiliente, que le pouvoir judiciaire, qu'il incarne par la qualité de ses décisions, assume dans la réalité quotidienne, le troisième pouvoir régalien de l'État.

L'OFFICE DU JUGE, comme le découvrira le lecteur, est centré essentiellement sur le droit interne guinéen. Il n'est, certes, pas plus complet que l'enseignement proprement dit, mais il pourrait servir aux étudiants, aux auditeurs de justice, à l'élève greffier et à l'élève avocat, de premier et précieux contact avec l'appareil judiciaire et les orienter dans leurs apprentissages et leurs recherches.

Il ne s'agit pas de mémoriser le contenu de cet ouvrage, mais de disposer d'un livre qui offre une certaine synthèse sur un métier noble, complexe, difficile, exaltant qui subit l'influence décisive de la double évolution sociopolitique et économique, d'une part, et scientifico-technologique, d'autre part.

Il est écrit sur le mode pédagogique faisant un usage volontaire de la répétition structurée.

Il se compose de huit chapitres. **Le premier chapitre**, comprenant cinq sections, donne un aperçu général sur l'office du juge, en donnant une définition du concept (section I). Dans les quatre autres sections de chapitre, il sera question de la déontologie, de son caractère impératif, son impact sur l'acte de juger, ses piliers que sont : l'indépendance, l'inamovibilité des magistrats du siège, l'impartialité, l'intégrité, la loyauté, le respect de la légalité, l'attention à autrui…

Le deuxième chapitre expose le lien entre l'office du juge, la loi et la conscience, sous l'angle du double empire de la loi et de la conscience sur l'exercice de la fonction de juge, imposant l'obligation connaître le droit existant et des mesures justifiant la mesure d'instruction dans l'intérêt de la manifestation de la vérité.

Le troisième chapitre, dans huit sections, aborde l'office du juge en liaison avec les divers principes de l'instance, notamment les principes de l'initiative ou de l'impulsion, de dispositif, du contradictoire, de motivation, de publicité, d'impartialité, de célérité et de loyauté, de publicité, de collégialité, d'imparité et de majorité décisionnelle, du formalisme.

Le chapitre IV est une étude les voies de recours, de leurs conditions d'exercice et de leurs effets sur le règlement des contentieux.

Le Chapitre V présente sommairement les juridictions de recours que sont la cour d'appel et la Cour suprême

Le chapitre VI concerne les divers offices particuliers du juge de référé, de l'instruction, du contrôle de l'instruction, de la mise en état, des affaires commerciales, de l'application des peines, du contentieux administration

Le chapitre VII est une description de l'office du juge face au formalisme des actes de procédure, tels que les mandants de justice, selon leur catégorisation, les autres actes formels, les procès-verbaux par exemple, concourant à la garantie des droits à un procès juste et équitable.

Le chapitre VIII met en avant le rôle du juge en matière de gestion judiciaire, en indique les pouvoirs et limitations au regard de l'indépendance de la justice. Il porte un regard sur les organes de la gestion judiciaire autres que les juridictions et sur la nécessité du coaching, comme outil de gestion du chef de juridiction ou de parquet.

Le chapitre IX revient sur l'importance de l'intégrité judiciaire et les approches modernes de l'éthique judiciaire, en mettant en lumière des aspects particuliers de la notion d'intégrité de la justice, ses aspects importants, peu connus ou apparents et les divers mécanismes limitant l'influence personnelle du juge.

CHAPITRE PREMIER

Généralités sur l'office du juge

SECTION I : COMPRÉHENSION DE LA NOTION

Le concept d'Office s'entend de la mission, c'est-à-dire l'ensemble des pouvoirs et des obligations attachés à une fonction publique. Le souci de faire assurer promptement le service public et de donner plus d'efficacité aux activités des organes investis de la puissance publique a tôt fait sentir le besoin de faire appel à des agents permanents et inamovibles, à qui l'État va déléguer ou détacher, de plus en plus, une partie de ses prérogatives.

Cette évolution de la délégation de pouvoirs, au fil des siècles, posera progressivement les bases de l'administration moderne. Celle-ci, animée au départ par des agents révocables, donc dociles, était dominée par l'instabilité de la fonction publique et l'incompétence de ses détenteurs. Sur le constat que dans cette situation précaire, l'agent public, se sachant révocable à tout moment, ne prend pas le temps de se professionnaliser, ou, plus exactement, de se spécialiser, les mutations historiques ont installé progressivement des mécanismes de stabilité de la fonction déléguée ou détachée et ont créé la possibilité pour l'agent de se former adéquatement et de jouir de la stabilité et de la sûreté juridique, d'un emploi permanent.

Ainsi s'est développé, d'abord, un esprit de corps qui, ensuite et impulsé par une volonté d'indépendance, a engendré, *in fine*, la séparation des pouvoirs et des fonctions, sur le socle de la subordination hiérarchique et de l'autonomie institutionnelle. Celle-ci peut être résumée comme suit : « *La Souveraineté, en tant qu'elle prescrit des règles générales pour la conduite de la vie civile, s'appelle Pouvoir législatif : en tant qu'elle prononce sur les démêlés des citoyens conformément à ces règles, Pouvoir judiciaire (...) ; et ainsi du reste.* »[5]

---

[5] Baron de Pufendorf, Droit de la nature et des gens, ou Système général des principes les plus importants de la morale, de la jurisprudence, et de la politique, traduction par Jean Barbeyrac, Basle, 1732, Tome 2, Liv. VII, chap. IV, p. 258

La séparation des pouvoirs des divers organes de l'État détache la fonction de juger des autres fonctions régaliennes que sont l'Exécutif et le législatif. En effet, « *Il y a, dans chaque État, trois sortes de pouvoirs ; la puissance législative, la puissance exécutrice des choses qui dépendent du droit des gens, et la puissance exécutrice de celles qui dépendent du droit civil.* » [6] Alors, comme l'a écrit Denys de BECHILLON *« la fonction de juger suppose un pouvoir de décision (...) juger, c'est décider »*[7].

Le juge devient, dans ce contexte, le détenteur d'une fonction de puissance publique qui tranche le litige, règle le contentieux, applique la règle de droit aux situations particulières, présentant des caractéristiques qui distinguent cette fonction des activités de création et d'exécution de la loi et la plaçant au cœur de la séparation des pouvoirs.

La nécessité de séparer le Pouvoir judiciaire du Pouvoir législatif et du Pouvoir exécutif, affirmée à l'article 2 de la Constitution guinéenne de 2010 et réalisée dans le Titre VII, notamment dans les articles 107 à 109, encadre les rapports entre le juge et le législateur. Dans la logique de cette séparation des pouvoirs, le Code civil guinéen, en son article 11, fait défense aux magistrats de ***''prononcer par voie de disposition générale et réglementaire sur les causes qui leur sont soumises''***. De cette sorte, la loi enjoint aux juges de se confiner dans les strictes limites de leurs attributions et fait obstacle à toute volition d'empiéter sur le pouvoir législatif.

Pierre NOREAU écrit[8] : « *Au cours des quarante dernières années, l'étude des rapports entre ces deux termes a conduit à une extension graduelle du débat. On a ainsi cherché à étendre les limites du droit*

---

[6] Groethuysen (B.), « Montesquieu », in Philosophie de la Révolution française, précédé de Montesquieu, 2 e éd., Paris, Gallimard,1996, p. 40. Sur la conception de l'histoire adoptée par Montesquieu, rappr. Goyard-Fabre (S.), « Le réformisme de Montesquieu : progrès juridique et histoire », APD, 1985, Tome 30, p. 277 et s.

[7] *Denys de BECHILLON, Hiérarchie des normes et hiérarchie des fonctions normatives de l'État, Economica, 1996, p.110.*

[8] Pierre Noreau , « L'acte de juger et son contexte : éléments d'une sociologie politique du jugement », *Éthique publique* [En ligne], vol. 3, n° 2 | 2001, mis en ligne le 15 mai 2016, consulté le 04 avril 2018. URL :
http://journals.openedition.org/ethiquepublique/2505 ; DOI :
10.4000/ethiquepublique.2505

posé, soit par l'intégration dans notre définition du droit de règles de reconnaissance autorisant le juge à établir la juridicité de standards qui n'y sont pas encore inscrits[9]*, soit par la redéfinition de l'acte de juger en tant que procédé de délibération collective et mécanisme de repérage de principes inscrits dans le droit alors même qu'ils n'y sont pas positivement énoncés*[10]*. Dans le premier cas, l'insuffisance du droit posé – sa texture ouverte – est compensée par l'autorité qu'on reconnaît au juge d'éclaircir les zones grises laissées par la législation. Dans le second, les imprécisions du sens du droit sont compensées par le repérage de principes juridiques généraux, déjà inscrits dans le droit sans y être pour autant écrits. La discussion des cas difficiles est ainsi l'occasion d'un débat sur les valeurs et tient de la démocratie délibérative*''.

De ce qui précède, il est évident que s'il incombe au juge de juger les faits, c'est-à-dire de les apprécier en droit, il n'a, toutefois, pas compétence de *''faire la loi ''*. En posant à l'alinéa 2 de l'article 107 la règle selon laquelle *''la justice est rendue exclusivement par les Cours et Tribunaux*'', puis à l'article 109 celle qui veut que '' *Les Magistrats ne sont soumis, dans l'exercice de leurs fonctions, qu'à l'autorité de la loi* '', la Constitution guinéenne de 2010 a voulu dire qu'il n'y a de justice et d'issue prévisible au procès que si le juge se détermine en fonction des règles de droit, connues de tous et qu'il appartient à chacun de respecter. C'est tout le sens des diverses dispositions de l'article 9 de la Constitution de 2010, qui aménage le périmètre de l'office du Juge lequel, englobe ces fonctions diverses telles que, dans les Tribunaux du premier degré : Juge d'instance, Juge d'instruction, Juge des enfants, Juge de l'application des peines, Juge de la mise en état, Juge-commissaire, Juge des libertés et de la détention. Dans les Cours d'appel, à la Cour des comptes et à la Cour suprême, ses fonctions se dénomment : Premier Président, Président de Chambre et Conseiller.

L'office du juge, devenant protéiforme avec la complexification du monde moderne, apparait à la fois comme une mission, une fonction, un rôle, une destination, un emploi, des obligations et une éthique.

---

[9] Voir à ce sujet ce que rappelle W. Friedmann, *Théorie générale du droit*, Paris, LGDJ, « Bibliothèque de philosophie du droit », 1965, p. 17.

[10] H. Herbert, *Le concept de droit*, Bruxelles, Publications des facultés universitaires Saint-Louis, « Droit », 1976 ; et F. Blais, « La philosophie du droit de H. L. A. Hart », *Revue canadienne droit et société*, vol. 8, 1997, p. 1-31.

Le thème de l'office du juge, en raison du rôle essentiel de celui-ci dans la construction de l'État de droit en Guinée et dans la conduite des affaires publiques et privées, alimente la réflexion et les débats des praticiens du droit comme des justiciables. Il est le garant de l'équilibre entre les droits des citoyens et les prérogatives de la puissance publique conférées au Pouvoir exécutif et ses agents.

Si l'office du juge consiste, comme on l'explique traditionnellement, à dire le droit et trancher les litiges, il peut se réaliser selon de multiples modalités.

Du point de vue de l'ordre juridique, dire le droit ne consiste pas qu'à appliquer la règle de droit à un cas particulier, car, d'une certaine manière le juge crée lui-même des règles et participe donc, par la jurisprudence à la conduite des politiques publiques au plan de l'administration de la justice.

Ainsi, du point de vue du procès, l'office du juge varie profondément, selon les pouvoirs dont il dispose dans la définition de l'objet du litige, le déroulement de l'instance et le type de solution qu'il peut apporter à une demande bien fondée. À cet égard, trois critères servent de fondements à l'office du juge : l'organe, la procédure et l'indépendance. Raymond Carré de Malberg indique que « *le signe distinctif auquel se reconnaît l'acte juridictionnel, c'est d'une part, son origine, en tant qu'il est l'œuvre d'une autorité organisée spécialement pour l'exercice de la juridiction, et d'autre part, sa procédure, en tant qu'il a été accompli selon les règles propres à la fonction qui consiste à juger... La notion de juridiction a, en droit, un fondement purement formel et pas matériel*[11] ».

La fonction de juger comporte la mission de trancher un litige, de régler un contentieux, de se prononcer sur les prétentions opposées des parties, de répondre aux demandes des parties.

Cette mission procède par l'accomplissement de deux opérations dont la seconde découle indissolublement de la première : la constatation d'un droit ou d'une violation de la loi et le jugement ou arrêt.

[11] Raymond Carré de Malberg, Contribution à une théorie générale de l'État, no 266, Paris, CNRS Éditions, 1985.

Dans ce sens, la qualification juridique d'un fait est la première opération à laquelle procède le juge, la seconde consistant à en tirer ou déduire les conséquences logiques ou inhérentes.

Mais, par-delà les particularités de tel ou tel contentieux, il faut s'interroger sur les dynamiques transversales qui contribuent à faire évoluer l'office du juge et sur les expériences que celui-ci mène pour mieux satisfaire la demande de justice.

La loi permet ainsi aux juges de trancher les affaires selon leur « ***intime conviction »***. Toutefois, qu'est-ce que l'***intime conviction ?***

Selon l'article 497 du code de procédure pénale guinéen : *« Hors les cas où la loi en dispose autrement, les infractions peuvent être établies **par tout mode de preuve** et le juge décide d'après son **intime conviction**. Le juge ne peut fonder sa décision que sur des preuves qui lui sont apportées au cours des débats et contradictoirement discutées devant lui. »*

L'intime conviction est une notion juridique qui illustre la bonne subjectivité de toute décision judiciaire, s'agissant de l'appréciation de l'ensemble du litige par le juge chargé de rendre justice. Cette règle démontre que la subjectivité de la conviction personnelle du juge guide sa décision.

Le rôle de l'intime conviction est de permettre au juge d'apprécier les faits et leurs preuves, qui lui sont soumis aux débats à partir de son *for intérieur*[12], correspondant au jugement d'un acte par rapport à sa conscience réflexive personnelle[13], en apposition au ''*for externe*'' (ou extérieur), correspondant au jugement d'un acte par rapport à des critères objectifs externes.

Ainsi, à l'époque des procès d'assises, avant que la cour d'assises se retire, le président donnait lecture de l'instruction suivante, qui était, en outre, affichée en gros caractères, dans le lieu le plus apparent de la chambre des délibérations : *« Sous réserve de l'exigence de motivation*

---

[12] En latin, le nom "for" signifiait "marché" dans le sens de "juridiction". Par la suite, l'expression née au XVIIe siècle a repris ce mot pour désigner l'autorité que pouvait exercer l'Eglise sur la conscience d'un individu. De nos jours on l'utilise pour qualifier un jugement ou une conviction très personnels. (http://www.linternaute.com/expression/langue-francaise/45/en-son-for-interieur/)

[13] Voir : http://dictionnaire.sensagent.leparisien.fr/for%20int%C3%A9rieur/fr-fr/

de la décision, ***la loi ne demande pas compte à chacun des juges et jurés composant la cour d'assises des moyens par lesquels ils se sont convaincus, elle ne leur prescrit pas de règles desquelles ils doivent faire particulièrement dépendre la plénitude et la suffisance d'une preuve*** *;* ***elle leur prescrit de s'interroger eux-mêmes dans le silence et le recueillement et de chercher, dans la sincérité de leur conscience, quelle impression ont fait, sur leur raison, les preuves rapportées contre l'accusé, et les moyens de sa défense.*** *La loi ne leur fait que cette seule question, qui renferme toute la mesure de leurs devoirs :* *"* ***Avez-vous une intime conviction ?*** *" ».*

On apprend de cette règle que le temps du délibéré doit ainsi se passer dans le silence et le recueillement. Le silence, ne disant pas tout, est différent du mutisme, puisqu'il est animé par la réflexion.

Il doit surtout permettre aux juges d'entendre dans la voix de leur raison, quelle impression ont fait les preuves rapportées contre l'accusé et les moyens de sa défense.

SECTION II : JUGE ET DÉONTOLOGIE

Étienne Gilson, Professeur d'histoire de la philosophie médiévale de 1921 à 1932 à la Sorbonne,[14] remonte à Aristote la genèse du terme **''déontologie''**. Selon Étienne Gilson, pour Aristote, il existe assurément une **déontologie** ; du moment qu'il y a des choses qu'il faut faire, et il ne faut faire ces choses que parce qu'elles sont essentielles et nécessaires, voire indispensables, pour atteindre une certaine fin, un objectif précis. Il précise : '' ***celui qui ne les fait pas est semblable à l'archer maladroit qui prétend viser un but et le manque*** ''.

De ce qui précède, on peut constater que la déontologie est le fruit d'une longue évolution, au cours de laquelle elle a pu recouvrir un sens complexe, qu'il paraît indispensable de cerner, dans l'optique de comprendre les enjeux qu'elle enfante.

Le terme « déontologie », qui est l'objet de cette section, vient du grec ***deontos***, signifiant « ***devoir*** » et renvoi aux obligations que des personnes, accomplissant les mêmes activités ou des activités complémentaires, sont tenues de respecter pour réaliser la finalité de leur travail.

---

[14] *L'esprit de la philosophie médiévale* ,1932, p. 150

Le mot déontologie fait ainsi référence à une réflexion collective sur des règles, des devoirs, des obligations communes de comportement.

D'un point de vue étymologique, la déontologie contient la morale et l'éthique, qui se rapportent à la sphère de valeurs de la rigueur et de la probité, couplées à l'impartialité et la primauté de la loi, qui devraient orienter les actions collectives ou individuelles, dans différentes situations, dans le but que chacun agisse conformément à ceux-ci.

Les obligations partagées par des personnes, groupées dans un corps de métier, reflètent des valeurs ou des principes jugés fondamentaux et mettent l'accent sur le soutien à la prise de décision face à des enjeux concrets, tant du point de vue de la forme et du processus décisionnel que du point de vue substantiel, c'est-à-dire des valeurs et principes en jeu et de leurs rapports entre eux.

Dans tous les cas, la réflexion déontologique favorise la définition ou l'acception des règles de l'honneur professionnel et des exigences comportementales qui s'imposent aux membres d'un corps de métier dans l'accomplissement de l'activité professionnelle.

Appliquée au juge, l'exigence déontologique prend un sens particulier en raison de la spécificité de son statut. Le juge n'est pas seulement un professionnel, il est, en outre, un agent de l'État auquel la Constitution guinéenne [15] a dévolu une mission régalienne fondamentale et démocratique : celle de rendre une justice équitable.

Pour pouvoir remplir cette mission, le juge bénéficie de l'indépendance[16] et de l'inamovibilité[17]. La déontologie des magistrats se distingue, dès lors, des autres catégories de déontologie, par le fait qu'elle constitue nécessairement la contrepartie de l'immensité de ses pouvoirs et de son statut hors du commun.

L'étude du **thème de la déontologie, dans le milieu judiciaire** est liée à la montée en puissance du rôle du juge dans la société de la fin du XXe siècle, caractérisée par la multiplicité et la complexité des

---

[15] Article 107 : Le pouvoir judiciaire est indépendant du pouvoir exécutif et du pouvoir législatif. La justice est rendue exclusivement par les Cours et Tribunaux.

[16] Voir les alinéas 1ers des articles 107 et 109 de la Constitution

[17] Article 109 : ''... Les Magistrats du siège sont inamovibles dans les conditions déterminées par la loi... ''

contentieux, l'extension des compétences du juge et l'accroissement des pouvoirs juridictionnels.

On ne peut que convenir qu'en raison de ce contexte d'accroissement des pouvoirs du juge, résultant du développement de la société contemporaine dominée par le terrorisme, les violences, les trafics de stupéfiants et de migrants, la traite humaine et la pédophilie, la cybercriminalité, les crimes transnationaux organisés, les agressions sexuelles, les délits routiers, l'évasion fiscale, les escroqueries, la corruption et les conflits d'intérêts ..., il soit apparu normal que le juge bénéficie d'une indépendance accrue et, qu'en contrepartie, il soit attendu de lui de se soumettre à un certain nombre de responsabilités et qu'il prenne conscience de l'exemplarité indissociable de la fonction de juger.

À cet égard et pour rappel, on peut dire, sans être exhaustif, que si, comme l'affirme l'alinéa 2 de l'article 107 de la Constitution guinéenne de 2010[18], citation : « ***La justice est rendue exclusivement par les Cours et Tribunaux*** », on peut alors noter que le rôle du juge étant de rendre justice dans le cadre du droit, il doit :

1- remplir son rôle avec intégrité, dignité et honneur[19] ;

2- maintenir et améliorer sans cesse sa compétence professionnelle ;

3- prévenir tout conflit d'intérêts et éviter de se placer dans une situation telle qu'il ne peut remplir utilement ses fonctions ;

4- de façon manifeste, être impartial et objectif ;

5- remplir utilement et avec diligence ses devoirs judiciaires et s'y consacrer entièrement ;

6- s'abstenir de toute activité incompatible avec l'exercice du pouvoir judiciaire ;

7- faire preuve, dans son comportement public, d'objectivité, de réserve, de courtoisie et de sérénité ;

8- se soumettre, dans l'accomplissement de son travail, aux règles édictées par la Constitution et les lois, notamment la loi organique portant Statut des Magistrats ;

9- préserver l'intégrité et défendre l'indépendance [20] de la magistrature, dans l'intérêt supérieur de la justice et de la société.

---

[18] Modififé par l'article 110 de la Constitution d'avril 2020

[19] Article 17 de la loi organique portant statut des Magistrats.

[20] Article 16 de la même loi.

Il ressort de cette description sommaire du rôle du juge que l'exercice de sa fonction implique, à sa charge, le respect strict et inviolable de la loi, à laquelle la Constitution le soumet, et des valeurs fondamentales de la démocratie, notamment celle de l'égalité ontologique de tous les êtres humains, qu'il faut indistinctement appliquer aux justiciables.

Ainsi, les enjeux de réflexion approfondie sur la déontologie dans la magistrature, à laquelle seront consacrées les pages suivantes, sont essentiels à différents égards, du moment que le dernier alinéa de l'article 16 de la loi organique relative au Statut de la magistrature prescrit, citation : «***Aucun compte ne peut être demandé aux juges au sujet des décisions qu'ils rendent ou auxquelles ils participent, ni aucune instruction ne peut leur être donnée pour le règlement des affaires qui leur sont soumises.*** », fin de citation.

SECTION III : DU CONTENU ET DU CARACTÈRE IMPÉRATIF DE LA DÉONTOLOGIE

Face aux attentes accrues et de plus en plus pressantes des citoyens, il devient impérieux que le juge se dote d'une déontologie qui fixe des règles clairement formulées, propres à renforcer la légitimité de l'exercice de sa mission régalienne, à travers un comportement qui incarne l'État et sert de valeur de référence.

Il est largement admis que dans tous les corps de métiers, les règles déontologiques sont un facteur d'autorégulation destiné à instaurer et consolider la dignité et l'honneur de la charge de leurs membres. Dès lors, il est indiscutable que la déontologie du magistrat doit servir la conscience du juge et, confronté à des difficultés professionnelles résultant d'une quête de justice de plus en plus forte et à des questionnements complexes, elle doit permettre d'orienter le juge dans la recherche de solutions à de telles difficultés ou de réponses aux questions soulevées devant lui, pour déterminer, conformément à la loi, le champ de son action.

La déontologie judiciaire est un ordre juridique particulier, qui s'entend de l'ensemble des obligations morales et éthiques qui incombent aux magistrats dans l'exercice de leur fonction, en application des lois et des valeurs fondamentales spécifiques qu'elles assignent aux magistrats.

La déontologie est l'expression, dans sa conception première, des valeurs et principes fondamentaux qui doivent inspirer l'accomplissement des charges professionnelles et guider la décision (jugement, ordonnance ou arrêt) et la façon particulière d'agir honorablement dans la profession. Celle-ci est une exigence éthique, qui concerne la valeur et le sens des décisions du magistrat. Elle est liée aux valeurs que représente l'institution judiciaire.

Comme le souligne le magistrat Denis Salas : « **la déontologie est la capacité pour la profession à réfléchir sur ses valeurs en adéquation avec les attentes du public** »[21].

La déontologie ne doit pas enfermer, dans un carcan, l'autonomie et le libre arbitre du juge. Il lui appartient, en effet, à lui, en toute autonomie, de décider de répondre aux demandes qui lui sont faites, mais, dit l'article 14 du Code de procédure civile guinéen, à toutes les demandes et rien qu'à ces demandes.

La déontologie est, en même temps, une exhortation et un système normatif constitué de principes éthiques et moraux incitant à bien se comporter.

Sur le thème de la déontologie des magistrats, le débat, le long de cette étude, consistera à mettre en lumière que la règle de déontologie est un appel à un meilleur ''***savoir-être***'' au service d'un ***''savoir-faire''*** en constante progression, non par l'application de sanctions, mais par le respect de contraintes morales acceptées personnellement.

Quand on lit le code de déontologie des magistrats du Sénégal et d'autres pays, on constate que la déontologie est bien entrée dans le droit positif, et si elle n'est pas le droit, elle conduit néanmoins à la mise en place d'un droit professionnel et constitue un lien entre le droit professionnel et la morale professionnelle.

La déontologie est également une affirmation de valeurs morales et éthiques consubstantielles à des objectifs d'une justice impartiale et crédible, en vue d'une posture morale idéale à construire, par un effort

[21] Denis SALAS. L'éthique du juge : une approche européenne et internationale, Dalloz2003

personnel constant du juge, suivant des règles suffisamment précises, perçues et appliquées comme des impératifs concrets, afin que les comportements fautifs puissent être clairement identifiés, définis et neutralisés.

Or, l'idée de distinguer les principes déontologiques des règles disciplinaires ne s'applique pas totalement en Guinée, dans la mesure où, dans le système juridique guinéen, existe une instance disciplinaire, le Conseil supérieur de la Magistrature.

Les lois organiques relatives au Statut des Magistrats et au Conseil supérieur de la Magistrature laissent à l'instance disciplinaire le pouvoir de qualifier une faute déontologique et l'assortir d'une sanction, qui lui est proportionnelle. C'est bien ce que laisse entendre l'article 35 du Statut des Magistrats qui ne donne que l'indication suivante à l'instance disciplinaire : '' ***Tout manquement par un magistrat aux devoirs de son état, à l'honneur, à la délicatesse ou à la dignité de la profession, constitue une faute disciplinaire. Constitue notamment une faute disciplinaire imputable à un magistrat :***

- ***tout acte contraire au serment du magistrat ;***
- ***tout manquement résultant de l'insuffisance professionnelle.''***

Le conseil supérieur de la magistrature se référera aux articles 13, contenant le serment du magistrat, et 25 à 34 du Statut des Magistrats pour sanctionner une faute déontologique.

Il faut, en toute logique, concevoir que pour la garantie de l'effectivité des règles déontologiques, la sanction par une instance disciplinaire, en l'occurrence le Conseil Supérieur de la magistrature, paraît inéluctable.

L'échelle des sanctions construite par l'article 36 de la loi organique est variée : allant de l'avertissement à la révocation, en passant par le retrait de certaines fonctions, la radiation du tableau d'avancement, l'abaissement d'un ou de plusieurs échelons, la rétrogradation, la mise à la retraite d'office avec ou sans perte de droit à pension.

SECTION IV : DÉONTOLOGIE ET ACTE DE JUGER

Juger signifie prononcer une décision qui met fin à un litige, régler un différend, prendre une décision qui engage autrui, individu ou groupe d'individus ou encore pouvoirs publics.

Acte collectif, dans son essence, juger ne concerne pas une ou des personnes, mais des situations, pas tant les justiciables que la nature des relations qui les lient. L'acte de juger a, par conséquent, un caractère moins individualisé que son apparence le laisse préjuger.

Rendre la justice, prendre une décision en qualité de juge implique que le jugement doit être conforme à la méthode juridique qui consiste à donner à la décision, à travers l'exigence de motivation, une forme juridique.

Mais le caractère juste de la décision judiciaire ne réside pas dans le seul fait qu'elle soit juridiquement fondée. Elle doit être inspirée et adaptée aux situations auxquelles elle s'adresse, à savoir les besoins réels des parties, qui ne se résument pas toujours à ce que contiennent les procédures et à ce que disent les plaideurs.

Le critère de la viabilité de la décision devient ainsi un objectif important du jugement contemporain qui exige qu'on sache juger concrètement.

Le critère de la viabilité de la décision induit la question des rapports entre acte de juger et déontologie, en prenant en compte les éléments de la justice procédurale, les paramètres éthiques qui président à l'activité quotidienne du juge.

À cet égard, il existe trois fondements principaux de l'autorité du juge.

Le **premier fondement** de l'autorité du juge est sa capacité à prendre les bonnes décisions dans chaque situation. Cette capacité, Aristote l'a nommée **''vertu''**, c'est-à-dire un ensemble de qualités et valeurs personnelles du juge, qui lui donnent de l'autorité et construisent sa réputation, notamment la sagesse, la prudence et le courage.

Le **deuxième fondement** de l'autorité du juge est qu'il rend ses décisions au nom du peuple, détenteur de la totalité de la souveraineté. Dès lors, le juge est investi de la charge ou fonction d'appliquer la loi aux cas particuliers, de régler un litige, justement parce qu'il appartient au peuple, parce qu'il est un citoyen.

Le **troisième fondement** de l'autorité du juge réfère à une transcendance, c'est dire à quelque chose qui le dépasse et dont il est le serviteur, précisément la Loi. La constitution ne dit-elle pas : *'' **Article 109 : Les Magistrats ne sont soumis, dans l'exercice de leurs fonctions, qu'à l'autorité de la loi''.***

SECTION V : DES PILIERS DE LA DÉONTOLOGIE

La justice, étant rendue au nom du peuple, il est de rigueur que le magistrat prête attention aussi bien à ceux qu'il juge, qu'aux autres membres de sa communauté, dans le respect de la dignité et de l'égalité, en préservant l'image de l'institution judiciaire, sans jamais manquer aux devoirs de sa charge.

La légitimité du magistrat, membre du pouvoir judiciaire, lui est dévolue par la Constitution et les lois, en vertu desquelles, il est indépendant et doit être et demeurer impartial.

Indépendance et impartialité sont des principes, voire des impératifs, qui s'imposent aux pouvoirs publics et aux particuliers et dont la méconnaissance éroderait durablement la confiance du public.

L'acte de juger, régi par les principes d'indépendance, d'impartialité et d'intégrité, renvoie à nombreux devoirs essentiels à l'exercice de la fonction de juge, dont certains sont exposés ci-dessous :

I. Indépendance

L'indépendance du pouvoir judiciaire, condition de l'impartialité des juges et des juridictions, est un droit constitutionnel, établi au bénéfice des citoyens comme à ceux des justiciables, pour garantir l'égalité de tous devant la loi par l'accès à un juge compétent et probe, en vue d'un procès équitable.

Elle était affirmée deux fois dans la Constitution guinéenne de 2010 ; d'abord, par l'article 107, en ces termes : « **Le pouvoir judiciaire est indépendant du pouvoir exécutif et du pouvoir législatif** »[22], avec cette précision de l'alinéa 2 du même article 107 : « **La justice est**

[22] Article 110 de la constitution avril 2020

rendue exclusivement par les Cours et Tribunaux »[23] ; ensuite par l'article 109, dont l'alinéa 1er dispose : « **Les Magistrats ne sont soumis, dans l'exercice de leurs fonctions, qu'à l'autorité de la loi.** »[24]

Cette double affirmation de l'indépendance du pouvoir judiciaire est la garantie des droits contenus dans l'article 9 de la constitution de 2010[25] , citation : **« Nul ne peut être arrêté, détenu ou condamné qu'en vertu d'une loi promulguée antérieurement aux faits qui lui sont reprochés, pour les motifs et dans les formes prévues par la loi. Tous ont le droit imprescriptible de s'adresser au juge pour faire valoir leurs droits face à l'État et ses préposés. Toute personne accusée d'un acte délictueux est présumée innocente jusqu'à ce que sa culpabilité ait été légalement établie au cours d'une procédure conforme à la loi. Tous ont droit à un procès juste et équitable, dans lequel le droit de se défendre est garanti. Le droit à l'assistance d'un Avocat est reconnu dès l'instant de l'interpellation ou de la détention. La loi établit les peines nécessaires et proportionnées aux fautes qui peuvent les justifier. »**

La lecture combinée des articles 9, 107, 108 et 109 de la Constitution de 2010[26] met en lumière que le juge doit statuer et agir en application de la loi, suivant les règles procédurales en vigueur, en fonction des seuls éléments soumis et débattus devant lui, libre de toute influence ou pression extérieure, sans avoir à craindre une sanction ou espérer un avantage personnel.

L'inamovibilité des magistrats du siège prévue à l'alinéa 2 de l'article 109[27] de la Constitution et à l'alinéa 1er de la loi organique portant statut des Magistrats et le **principe de l'avancement librement consenti**, figurant à l'alinéa 2 de l'article 20 de la même loi organique, constituent une garantie essentielle de l'indépendance des juges.

Si l'indépendance des magistrats est garantie statutairement, dire le droit de manière indépendante est également un état d'esprit, un savoir-

---

[23] L'article 110 de la constitution avril 2020, modifie très substantiellement l'article 107 de la constitution avril 2010

[24] Article 112 de la constitution avril 2020

[25] Modifié par l'article 12 de la Constitution avril 2020

[26] Articles 12, 110, 111 Constitution avril 2020

[27] Article 112, al 2 Constitution avril 2020

être et un savoir-faire qui doivent être enseignés, cultivés et approfondis tout au long de la carrière.

Ces dispositions imposent aux magistrats l'obligation de préserver leur indépendance vis-à-vis des pouvoirs exécutif et législatif, en s'abstenant de toute relation inappropriée avec leurs représentants et en se défendant de toute influence indue de leur part, afin d'apparaître, aux yeux des citoyens et des justiciables, comme respectant le principe de la séparation des pouvoirs.

L'**impartialité,** principe procédural découlant de l'**indépendance**, qui assure au justiciable que sa cause soit entendue par un tribunal indépendant et neutre, désigne l'absence de parti pris, de préjugé, de préférence, d'idée préconçue. Elle est la garantie des droits énumérés à l'article 9 de la constitution, notamment le droit à un procès équitable.

Droit garanti aux justiciables par l'article 14 du pacte international relatif aux droits civils et politiques, l'impartialité du magistrat constitue, pour celui-ci, un devoir absolu, destiné à rendre effectif l'un des principes fondateurs de la République : l'égalité des citoyens devant la loi.

L'impartialité, principe double, parce que s'appliquant à la juridiction, d'une part, et aux membres qui la composent, d'autre part, implique que les modalités de nomination et d'affectation des magistrats reposent sur des règles d'application objective et transparente, fondées sur les compétences professionnelles.

Elle comporte l'application rigoureuse des règles relatives aux incompatibilités prévues aux articles 25 à 31 de la loi organique L/2014/054/CNT portant Statut des magistrats et les engagements personnels du magistrat de concilier l'exercice légitime de ses droits de citoyen et les devoirs attachés à ses fonctions judiciaires. Il se comporte ou s'exprime en public avec prudence et modération et ses engagements associatifs privés ne doivent pas interférer avec son domaine de compétence au sein de sa juridiction d'affectation.

II. L'intégrité

L'**intégrité** est la vertu qui motive une personne à être conforme aux règles de son statut social et professionnel, à ce qu'elle doit être réellement.

L'intégrité signifie, pour le magistrat, être probe, avoir une posture conforme à l'honneur, à la dignité et aux devoirs de son état et présenter, dans son exercice professionnel et dans sa vie personnelle, les qualités d'honnêteté et d'objectivité qui le rendent digne d'exercer légitimement sa mission, son pouvoir et de conserver en lui la confiance du public en la justice.

L'intégrité comporte l'exigence de probité qui oblige le magistrat, dans l'exercice de ses fonctions, à respecter les normes et bonnes pratiques en vigueur relatives à l'utilisation des fonds publics et à la gestion rigoureuse du service public de la justice. Ceux-ci servent à assurer un fonctionnement optimal des juridictions d'affectation en fonction des allocations faites dans le cadre administratif et budgétaire imparti à la justice de l'État.

Il en sera question, plus en détail, dans le Chapitre VIII de ce livre consacré à l'intégrité judiciaire.

III. La loyauté

La loyauté du juge est se manifeste par son dévouement envers les engagements inscrits dans son serment et son obéissance aux règles de probité.

Le magistrat, conformément à son serment, exerce ses fonctions avec loyauté et avec le souci de la dignité des personnes. En s'engageant dans la magistrature, la première obligation que contracte l'impétrant, c'est la loyauté.

En effet, l'article 13 de la Loi organique L/2014/054/CNT portant statut des magistrats lui impose le serment suivant : ***« Je jure de bien et loyalement remplir mes fonctions de magistrat, de les exercer en toute impartialité dans le respect de la Constitution et des lois de la République, de garder scrupuleusement le secret des délibérations et des votes, de ne prendre aucune position publique, de ne donner aucune consultation à titre privé sur les questions relevant de la compétence des juridictions et d'observer en tout la réserve, l'honneur et la dignité et de me comporter en tout comme un digne et loyal magistrat »***.

Ce serment qui commence par *''loyalement''* et s'achève par *''loyal magistrat''* souligne le caractère impératif et inviolable du devoir de loyauté dans l'exercice de ses fonctions, en particulier à l'égard du justiciable, des chefs de juridiction et de ses collègues. Ce devoir s'exerce dans le respect de l'indépendance juridictionnelle et des seuls pouvoirs que les textes confèrent au juge, qui ne doit pas les outrepasser. Dans ce sens, il a obligation d'appliquer loyalement la loi et les principes directeurs des procès, notamment le principe du contradictoire et du respect des droits de la défense.

La loyauté procédurale s'entend du respect dû aux lois et aux principes directeurs de procédure judiciaire, qui fixent le périmètre des pouvoirs et des devoirs des magistrats.

La loyauté comporte, pour le magistrat, l'entretien avec ses confrères de rapports respectueux de leurs devoirs collectifs et individuels et l'observation du champ de leurs compétences respectives.

Le juge loyal n'abdique pas les responsabilités que la loi lui confie. Les magistrats du siège et du parquet veillent à ce que leur appartenance à un corps unique et leur proximité fonctionnelle ne puissent se traduire par des attitudes et des actes de nature à créer, chez le justiciable, une impression de doute ou de confusion entre les missions distinctes de poursuite et de jugement.

Les magistrats du siège et du ministère public doivent se garder de toute connivence, réelle ou apparente, avec une partie, les témoins, les experts, les avocats ou tout autre auxiliaire de justice. C'est par exemple que :

– les attitudes systématiques de refus ou d'acceptation des demandes des parties sont à éviter ;

– à l'audience, les magistrats mènent les débats ou y participent, avec tact, autorité sereine et objectivité, refusent les informations officieuses dans les procédures qu'ils traitent et montrent exigence et rigueur dans la collecte et l'examen des preuves, pour rendre un jugement résultant d'une application loyale du droit et d'une égale considération pour les explications des parties.

IV. La légalité

La légalité s'entend de l'observation rigoureuse et de l'application de toutes les règles de droit en vigueur en Guinée, y compris des normes internationales. Quand l'article 112 de la Constitution de 2020, en disposant : ***« les Magistrats ne sont soumis, dans l'exercice de leurs fonctions, qu'à l'autorité de la loi »***, prescrit explicitement que la règle de droit s'impose au magistrat et doit être appliquée sans restriction mentale, sans complaisance et en toute objectivité et équité.

Ce devoir de légalité est permanent et s'impose aux magistrats du siège, comme du parquet, dans toutes les sphères de leurs attributions respectives et inclut le rejet de toute forme d'intervention individuelle étrangère, conformément à la règle constitutionnelle de la séparation des pouvoirs. S'il ne peut ignorer l'opinion publique, le magistrat n'agit pas sous sa pression, ni pour satisfaire ses attentes particulières réelles ou supposées.

La légalité comporte, pour le magistrat, l'obligation de formation professionnelle continue pour élever, à défaut, pour maintenir son niveau de compétence, qui suppose un effort permanent de réactualiser ses connaissances et celui de se remettre en cause dans sa pratique, en fonction des progrès survenus dans les sciences juridiques. Cette obligation est particulièrement lourde pour l'exercice de fonctions polyvalentes, puisque l'article 35 du statut des magistrats sanctionne ***« tout manquement résultant de l'insuffisance professionnelle »***.

Le principe de légalité comporte également pour le magistrat l'obligation d'agir avec la diligence que requièrent les délais que la loi fixe ou qu'elle qualifie de raisonnable.

V. L'attention à autrui

Le magistrat entretient des relations empreintes de délicatesse avec les justiciables, les victimes, les auxiliaires de justice et les partenaires de l'institution judiciaire, par un comportement respectueux de la dignité et de la liberté des personnes et par son écoute de l'autre.

Il doit s'abstenir d'utiliser, dans ses écrits, comme dans ses propos, des expressions ou commentaires déplacés, condescendants, vexatoires ou méprisants.

CHAPITRE II

La loi, la conscience et le juge

SECTION I : LE DOUBLE EMPIRE DE LA LOI ET DE LA CONSCIENCE SUR LE JUGE

Dans l'exercice de ses fonctions de distribution ou, si l'on veut, d'administration de la justice, le magistrat, qu'il soit du siège ou du parquet, est assujetti à la règle émise par l'article 112 Constitution avril 2020, selon laquelle : ***''Les Magistrats ne sont soumis, dans l'exercice de leurs fonctions, qu'à l'autorité de la loi''***. Telle qu'elle est énoncée, cette règle s'inscrit dans la logique de la séparation des pouvoirs consacrée par le dernier alinéa de l'article 2 de la Constitution et celle de l'indépendance du pouvoir judiciaire proclamée par l'article 110 de la Constitution avril 2020, loi suprême, en ces termes : ***'' le pouvoir judiciaire est indépendant du pouvoir exécutif et du pouvoir législatif''***.

Ainsi, le constituant guinéen place l'activité juridictionnelle sous le double empire de la loi et de la conscience du juge, faisant de celles-ci les deux bornes du champ d'exercices de l'office du juge.

La soumission de la fonction de juger à ces deux données principielles, l'une de nature objective, qu'est la loi, parce qu'extérieure et au-dessus de la volonté du juge et des justiciables et, l'autre de nature subjective, la conscience qui incarne le for intérieur [28]du juge ou le secret de sa pensée intime, implique que l'application de la loi par le juge procède de l'absence de toute influence, pression, interférence ou ingérence pouvant altérer la liberté de décision et l'autonomie fonctionnelle du juge et de la juridiction.

Le magistrat, puisque c'est de lui que parle la constitution, n'est pas juge, parce qu'il accomplit des actes judiciaires, comme juger ou procéder à des actes d'administration judiciaire, mais il doit accomplir

---

[28] *For intérieur* (ou *for de la conscience*). Tribunal intime ; jugement de la conscience.

sa mission : enquêter ou juger, en vertu de la loi et en conformité avec elle, dans le but de déterminer le droit applicable à une situation particulière.

La seule fin de l'action du magistrat, l'essence du pouvoir qui lui est dévolu, est d'arriver à cette détermination du droit propre à une situation spécifique.

Toutefois, il faut faire la part entre le magistrat du parquet et le magistrat du siège. Seul le magistrat du siège est juge, en ce qu'il détient le pouvoir de régler le contentieux, trancher le litige entre des parties, mettre fin au déséquilibre social créé par ce litige, conformément à la loi. Il ne peut recevoir d'instruction de personne et n'a pas de compte à rendre à personne.

Ce qui n'est pas le cas du magistrat du parquet soumis à la règle de la subordination hiérarchique, rendant cette fonction dominée par l'unicité et la substituabilité.

Cette subordination hiérarchique est tempérée par la constitution. Premièrement, son article 2 proclame : ***''….Toute loi, tout texte réglementaire et acte administratif contraires à ses dispositions sont nuls et de nul effet''***. La constitution écarte l'obéissance à tout acte juridique nul, qu'il soit de caractère législatif, réglementaire ou administratif.

Deuxièmement, l'article 6 précise : '' ***nul n'est tenu d'exécuter un ordre manifestement illégal.*** ''[29] Le magistrat, indépendant en vertu de la règle des articles 110 et 112 de la Constitution, ne peut arguer d'un ordre reçu, pour justifier un déni de justice, un excès ou un détournement de pouvoir, surtout qu'il est de principe général de droit que la subordination du magistrat du parquet est exprimée dans l'adage ***''la plume est serve, mais la parole est libre''.***

Comme pour le juge, la corrélation entre la loi et la conscience dans l'action du magistrat du parquet demeure une réalité immuable et comme le disait l'apôtre Paul des païens, dans **Romains 2, 14-16.**, pour les magistrats du parquet aussi ***''l'œuvre voulue par la loi est inscrite***

---

[29] Voir alinéa 2, article 8 Constitution avril 2020

dans leur cœur : leur conscience en témoigne également ainsi que leurs jugements intérieurs qui tour à tour les accusent et les défendent''.

Mais il faut admettre que la conscience n'est pas toute puissante, elle doit être au service de la loi, au service de la Justice. Comme tout homme et plus que tout homme, la mission du magistrat exige de lui qu'il agisse selon un choix conscient et libre, mû et déterminé par une conviction personnelle et par la fidélité à des principes et non sous le seul effet de poussées instinctives ou d'une contrainte extérieure. L'immensité pondéreuse de cette obligation dépend, plus ou moins, de l'importance du contenu de la loi pour le bien commun de la société.

SECTION II : L'INDISSOCIABILITÉ LIANT LE RESPECT DE LA LOI A LA CONSCIENCE

Toute l'autorité attachée à l'office du juge est objectivement hors de lui, dans le texte de loi qu'il se doit de connaître dans le détail, pour l'intérioriser. Dès lors, le juge tiendra son autorité de sa compétence, dans un double sens : celui de connaître la science du droit et celui par lequel il est un organe de l'État, dont les attributions et la mission sont de juger. Autrement dit, il détient une autorité, en tant que juge, parce qu'il est un professionnel qui a acquis, d'une part, une bonne connaissance du droit et, d'autre part, parce qu'il est capable d'appréhender, dans toutes ses dimensions, le type de situation qu'il a à trancher.

Ainsi, en appliquant loyalement et impartialement la loi, le magistrat aura bâti sur ce que l'on a appelé la ***''conscientia humania''***, qui éloigne l'homme de l'animal, la conscience professionnelle qui lui donne l'idée d'un ***''devoir de son état''*** dont l'accomplissement dans l'office du juge exclut toute compétition et tout conflit entre la loi et la conscience, dans la mesure où le respect de la loi est la substance nutritive de la conscience, celle-ci donnant la mesure concrète du processus décisionnel d'application de la loi.

La conscience apparait alors sous la forme d'un rayon de lumière provenant du for intérieur du juge qui éclaire les éléments de faits et de droit du litige et qui illumine le cheminement décisionnel[30] aboutissant à une décision conforme au droit et moralement juste.

---

[30] AKAM AKAM (A), *« la loi et la conscience dans l'office du juge »*, op. cit., p. 506.

Pour saisir, dans son essence, l'indissociabilité qui lie le respect de la loi à la conscience, il faut remonter aux premières **"lois"** de la Rome antique, qui concernaient autant le culte que les rapports de la vie civile, notamment à travers le Code des XII Tables, mélange de rites religieux et de pratiques cultuelles.

En effet, il n'y avait presque aucun acte de la vie de ces époques qui n'eût pas quelque rapport avec la religion, il en résultait que presque tout était soumis aux décisions des prêtres, seuls juges compétents dans un nombre infini de procès.

Toutes les contestations relatives au mariage, au divorce, à l'inceste, au célibat, à l'adoption touchaient à la religion, les actes juridiques de droit civil ne pouvaient se faire qu'avec l'assentiment du pontife. Le testament constituant une rupture de l'ordre, que la religion avait établi pour la transmission des biens pour cause de décès, devait-il donc, à l'origine, être autorisé par le pontife.

Comme les limites de toute propriété étaient marquées par la religion, dès que deux voisins entraient en litige, la cause était portée devant le pontife ou devant des prêtres qu'on appelait frères arvales. Les pontifes ou prêtres étaient les jurisconsultes de l'époque ; droit et religion, en cette ère, ne faisant qu'un. La loi était la conséquence directe et nécessaire de la croyance.

Sacrées, immuables, puisqu'elles étaient d'émanation divine et inabrogeable pendant de nombreuses générations, les lois n'étaient pas écrites. Elles se transmettaient, selon un rituel strict, de père en fils, avec la croyance et la formule sacramentelle ancestrale.

Plus tard, la loi sort des rituels. Son élaboration et son écriture s'opèrent autrement, dans d'autres enceintes, aujourd'hui appelées les parlements.

Appelées par les Romains antiques ***carmina***, les lois étaient écrites en forme de vers, dont le rythme ne devait pas être altéré ; le changement d'une lettre ou le déplacement d'un mot serait un sacrilège destructeur de la loi elle-même, à cause de la forme sacrée sous laquelle elle a été révélée.

Dans ce contexte, la loi était semblable à la prière, en ce qu'elle n'était agréable à la puissance divine qu'à la condition d'être récitée exactement, sans altération d'un seul mot. La validité de la loi n'émanait pas du principe moral qu'elle contenait, mais des mots que sa formule renferme. Sa force résidait dans les paroles sacrées qui la composent.

La pensée ou le principe que le vote, à l'unanimité ou à la majorité, ferait une loi, n'apparut que fort tard ; mais fallait-il encore que la décision du peuple fût approuvée par les pontifes et que les augures attestassent que les dieux étaient favorables à la loi proposée.

SECTION III : DE L'OBLIGATION DE CONNAITRE LE DROIT EXISTANT

La fonction de juger a toujours comporté pour le juge l'obligation de connaitre le droit existant pour pouvoir mettre fin à une situation contentieuse.

Rendre la justice est un pouvoir fondé sur le savoir, la connaissance de la loi à appliquer au litige à trancher.

Notre système de justice demande à tous les citoyens de connaître la loi. La maxime *''nemo censetur ignorare legem*'' disant que nul n'est censé ignorer la loi, ne signifie-t-elle pas que ce qui est su doit l'être de chacun, tandis que ce qui régit s'adresse à tous. Toutefois, cela ne signifie pas qu'ils doivent, tous les citoyens, être des experts en droit. Il ne serait pas réaliste, même pour un juge, d'avoir à connaître par cœur les milliers de dispositions de lois et de règlements qui existent.

La présomption de connaissance de la loi par tous est, en réalité, une fiction, qui veut qu'une personne ne puisse généralement pas se défendre d'une action qu'on lui reproche, en arguant qu'elle ignorait l'existence de la loi.

Aujourd'hui, chaque question soulevée dans les médias, chaque difficulté particulière a tendance à se traduire par l'apparition d'une nouvelle loi, si bien que l'on se retrouve face à une telle quantité de textes, qu'il est souvent fort difficile, pour le citoyen, de savoir précisément lequel est applicable à une situation donnée.

En outre, il est relativement rare qu'aucun texte ne légifère sur une question donnée. Certes, il existe des situations totalement nouvelles, auxquelles personne jusqu'à présent n'avait songé et qui rentrent difficilement dans les catégories du droit connues. La plupart du temps, cependant, la question qui se pose a déjà été abordée par le passé de sorte qu'il existe déjà un régime juridique applicable.

Or, le vote d'une nouvelle loi ne s'accompagne que rarement de l'abrogation ou de la modification de ce régime juridique préexistant. Le résultat de ces incertitudes est soit qu'il est peu aisé de savoir précisément quel texte régit une situation donnée, et que lorsque c'est le cas, il est parfois difficile de savoir précisément les effets de ce texte.

La maxime ***« nul n'est censé ignorer la loi***» occupe ainsi une place importante dans le raisonnement juridique et implique que le droit soit rendu accessible à chacun via sa publication.

Très concrètement, l'adage signifie que la loi a force obligatoire à l'égard de tous, y compris à l'égard de ceux qui l'ignorent, et que l'on ne peut se soustraire à l'application de la loi en invoquant l'ignorance de celle-ci.

Elle s'applique avec plus de rigueur aux magistrats pour lesquels le texte de loi est un outil de travail. Ils ne sont pas seulement présumés connaitre la loi, ils ont l'obligation de bien la connaitre, puisque les justiciables sont dans l'attente légitime d'une bonne application du droit. La source de cette légitimité est l'adage ***''Jura novit curia***" qui signifie que la ***''cour connait le droit***".

Cet adage pose l'exigence de qualification professionnelle basée sur la circonstance que le magistrat a appris, acquis un niveau de connaissance du droit qui lui permet, avec la pratique prétorienne, d'interpréter la loi existante pour une application idoine aux situations contentieuses dont il est saisi. Cette exigence de qualification professionnelle impose, non une totale connaissance de l'ensemble des textes en vigueur, mais un niveau élevé de savoir juridique tel qu'il peut exercer son office de manière à faire du procès la source de la restauration de la paix.

Quand la loi organique L/2013/054/CNT portant statut des magistrats, en son article 35 prévoit le ''***manquement résultant de l'insuffisance professionnelle***'' comme une infraction disciplinaire, on peut en déduire que la maîtrise de la connaissance juridique est considérée comme le facteur prépondérant de l'autorité du magistrat, face à un droit que la complexité de la vie contemporaine rend composite, divers et épars, comprenant des textes de toutes formes et d'origines diverses : infranationale, nationale, bilatérale, sous-régionale, régionale et internationale. Les textes bilatéraux, communautaires et internationaux régulièrement ratifiés ou approuvés ont une autorité supérieure aux textes nationaux (article 151 de la Constitution 2020).

L'apparition de juridictions spécialisées comme la Cour constitutionnelle, la Cour des comptes, le Tribunal militaire et le Tribunal du commerce de Conakry, avec des procédures et des normes spécifiques, la prolifération de situations juridiques engendrées par les nouvelles technologies de l'information et l'accroissement de la pauvreté, élargissent et complexifient le métier de juger.

En effet, la maxime ''***Da mihi factum, dabo tibi jus***'' , principe procédural hérité du droit romain veut que les faits soient exposés au juge pour que celui-ci puisse dire le droit.

À l'article 18 du code de procédure civile on peut lire, citation : ''***Le Juge tranche le litige conformément aux règles de droit qui lui sont applicables. Il doit donner ou restituer leur exacte qualification aux faits et actes litigieux sans s'arrêter à la dénomination que les parties en auraient proposée. Il peut relever d'office les moyens de pur droit, quel que soit le fondement juridique invoqué par les parties. Toutefois, il ne peut changer la dénomination ou le fondement juridique lorsque les parties, en vertu d'un accord exprès et pour les droits dont elles ont la libre disposition, l'ont lié par les qualifications et points de droit auxquels elles entendent limiter le débat***'', fin de citation.

Cette règle procédurale obligeant le juge de statuer en fait et en droit, en donnant aux faits leurs exactes qualifications, laisse entrevoir que le cheminement décisionnel, à cette fin se fera en deux étapes. Dans la première, le juge procède à la constatation et à l'appréciation des faits. Au cours de la seconde étape, il détermine la valeur probante des moyens de preuve invoqués à l'appui des prétentions de chaque partie.

Cette double opération interpelle fortement la conscience du juge, dans la mesure où l'alinéa 2 de l'article 18 susvisé, veut que la mission du juge soit ''***de donner ou restituer leur exacte qualification***'' aux faits, c'est-à-dire de constater, dans un premier temps, la réalité des actes, des faits ou situations qui forment la cause et l'objet du litige, tels que ceux-ci sont définis aux articles 12 et 13 du code de procédure civile.

Sur le fondement de l'article 15 du même code de procédure, ***''la charge d'alléguer les faits propres à fonder leurs prétentions''*** incombe aux parties. Alléguer un fait ne signifie pas que celui-ci est réel, il faut le prouver. La règle posée par l'article 16 de ce code veut que seuls les faits introduits dans le procès par les parties doivent être pris en compte par le juge pour fonder sa décision.

Toutefois, l'alinéa 2 de l'article 16 précise : ***'' parmi les éléments du débat, le Juge peut prendre en considération même les faits que les parties n'auraient pas spécialement invoqués au soutien de leurs prétentions''***. En disposant ainsi, cet article fait interdiction au juge de faire état de la connaissance personnelle qu'il aurait de certains faits de la cause qui lui est soumise. Ce n'est pas tant la connaissance personnelle du juge qui est contestée que le fait qu'elle soit introduite dans sa décision sans discussion avec les parties.

En clair, le juge ne peut fonder sa décision sur des faits qui n'ont pas été débattus devant lui par les parties. Il peut s'agir de faits résultant de mesures d'instruction légalement admissibles, ceux-ci devant être dans les débats quand bien même ils n'y ont pas été introduits par les parties.

Par ailleurs, le juge n'est pas tenu de considérer que les faits allégués sont établis au seul motif qu'ils n'ont pas été expressément contestés et, également, le silence opposé à l'affirmation d'un fait ne vaut pas, à lui seul, reconnaissance de ce fait. Il n'est pas, non plus, interdit à un juge d'en déduire que le fait contesté existe bel et bien, pourvu que le silence d'une partie ne puisse pas être considéré comme un aveu.

En l'article 17 du code de procédure civile, la loi donne pouvoir au juge d'inviter les parties à fournir les explications de fait qu'il estime nécessaire à la solution du litige.

Aucune disposition de la loi n'oblige le juge à tenir pour acquis un fait simplement parce qu'il n'a pas été contesté par la partie adverse, ce fait pouvant être mis en cause par des éléments objectifs tirés du dossier, même dans le silence de la partie en question.

La possibilité ouverte par l'article 20 du code de procédure civile au juge d'inviter ''***les parties à fournir les explications de droit qu'il estime nécessaires à la solution du litige*** permet de provoquer de la part des parties l'introduction dans le débat de faits qui en étaient jusqu'alors absents et qu'il considère comme nécessaires à sa compréhension des prétentions et à l'issue qu'il convient de leur donner.

Toutefois, cette possibilité n'autorise pas le juge à introduire lui-même des faits dans le débat. Il dispose d'un pouvoir relativisé, qui se limite aux faits allégués par les parties, même non spécialement, du moment que la loi est claire : le juge ne peut qu'***« inviter »*** les parties à fournir des explications. Cette invitation n'a pas de caractère particulièrement contraignant. Cette disposition, faut-il le préciser, est destinée à permettre au juge de prendre en considération, parmi les éléments du débat, les faits que les parties n'auraient pas spécialement invoqués au soutien de leurs prétentions.

Dans le second temps, le juge apprécie souverainement les actes, faits et situations. L'article 23 du code de procédure civile fait obligation de, « ***en toutes circonstances, veiller au respect du principe de la contradiction qui s'impose aux parties et à lui-même. Il ne peut retenir dans sa décision, les moyens, les explications et les documents invoqués ou produits par les parties, que si celles-ci ont été à même d'en débattre contradictoirement. Il ne peut fonder sa décision sur les moyens de droit qu'il a relevés d'office sans avoir, au préalable invité les parties à présenter leurs observations*** »

Cette liberté conditionnée d'appréciation de la cause et de l'objet du litige confronte véritablement le juge à sa conscience, du moment que l'article 23 du code de procédure civile est relatif au respect du principe du contradictoire sur lequel doit reposer son intime conviction, c'est-à-dire en fonction du sentiment profond qu'il se forge en conscience sur chaque élément de preuve, sur chaque moyen apporté par les parties.

La recherche par le juge, autant que faire se peut, d'une décision juste se déroule en son for intérieur. À ce propos, Mme Frison-Roche écrit « *qu'un grand juge est celui qui juge bien, c'est-à-dire celui qui non seulement manie bien les règles de droit qui sont ses instruments, mais encore trouve la solution particulière efficace pour éteindre le litige, mais encore arrive à rencontrer, voire à faire naître un sentiment de justice en la personne des parties (...) Le grand juge est habité par le sentiment de justice*[31] ».

Il accomplit l'œuvre de rencontre entre le droit et la justice dans le secret de sa conscience. En effet, il arrive que le juge rende une décision conforme à la loi mais qui soit inéquitable ou trop rigoureuse pour l'une des parties.

La conscience du juge intervient comme cette « *lumière* » qui éclaire son office et lui permet de rechercher la solution de droit qui lui paraît la meilleure possible, voire la plus juste. Elle se manifeste dans cette marge de liberté qui lui est reconnue dans le choix de la règle de droit applicable ou encore dans le choix de la décision finale, comme l'observent MM. Canivet et Molfessis :« *Juger, c'est nécessairement effectuer un choix, guidé certes par un raisonnement et des règles, mais aussi et surtout par la décision. Juger n'est rien d'autre qu'imaginer la bonne solution du litige* ».[32]

SECTION IV : DES CIRCONSTANCES QUI JUSTIFIENT LA MESURE D'INSTRUCTION

Lorsque le juge ne dispose pas d'éléments suffisants pour statuer ou si les faits dont dépend la solution du litige l'exigent ou encore à la demande des parties, l'article 41 du Code de procédure civile confère « ***le pouvoir au juge d'ordonner d'office toutes les mesures d'instruction légalement admissibles »***.

Le recours à des mesures d'instruction signifie, d'une part, que les parties n'ont pas un monopole sur la preuve des faits, d'autre part, que la preuve susceptible d'être caractérisée par la mesure d'instruction doit

---

[31] FRISON-ROCHE (Marie Anne), « *Le juge et le sentiment de justice* », *Mélanges Bézard*, 2002, p. 40 s.

[32] Monsieur le Premier Président Guy Canivet et *Professeur* ***Nicolas Molfessis****, Directeur du Laboratoire de sociologie juridique de l'Université Panthéon-Assas (Paris II),* « *L'imagination du juge* », in *Mélanges Buffet*, p. 125.

être légalement admissible et, par ailleurs, qu'en aucun cas une mesure d'instruction ne peut être ordonnée en vue de suppléer la carence de la partie dans l'administration de la preuve.

Si la loi admet ainsi que le juge soit actif dans la collecte des preuves, cependant, les articles 12 et 13 du code de procédure civile l'obligent à toujours respecter la cause et l'objet du litige et le principe du contradictoire. L'article 14 fixe des bornes à son pouvoir en voulant que le juge examine les demandes des parties, toutes les demandes et seulement ces demandes.

En réglant le choix de la mesure d'instruction, le juge doit limiter ce choix à ce qui est suffisant pour la solution du litige, en s'attachant à retenir ce qui est le plus simple et le moins onéreux.

En conséquence, il ne peut fonder sa décision sur les moyens de droit qu'il a relevés d'office sans avoir, au préalable invité les parties à présenter leurs observations sur de tels moyens.

CHAPITRE III

L'office du juge et les principes de l'instance

« L'office du juge répond à une mission nécessaire de l'État qui s'exerce avec le souci de l'indépendance et de l'éthique professionnelle. De ce point de vue, la première assise de la fonction de juger veut que le juge soit un tiers extérieur aux parties dans sa mission de trancher la contestation qui les oppose, en disant le droit ou en exerçant le contrôle qui lui est dévolu par la loi ».[33]

L'article 9 de la Constitution, qui dispose en ses alinéas 2 et 5 « ***Tous ont le droit imprescriptible de s'adresser au juge pour faire valoir leurs droits face à l'État et ses préposés… Tous ont droit à un procès juste et équitable, dans lequel le droit de se défendre est garanti »***[34] induit le principe d'une égalité des armes, qui signifie une égalité complète, impliquant l'obligation d'offrir aux parties, y compris le ministère public, une possibilité raisonnable de présenter leurs causes dans les conditions de l'alinéa 2 de l'article 8 de la constitution qui veut que « ***nul ne doit***[35] ***être privilégié ou désavantagé en raison de son sexe, de sa naissance, de sa race, de son ethnie, de sa langue, de ses croyances et de ses opinions politiques, philosophiques ou religieuses*** ».

Cette exigence constitutionnelle comporte, pour le juge, l'obligation de faire respecter et respecter lui-même un certain nombre de principes, dont le principe du contradictoire. Ce principe fait du juge un acteur actif du procès. Le professeur **Yves STRICKLER** rappelle que « **le juge est, selon les mots de Sénèque, *ordinator* (qui instruit) et que son office principal est sa *jurisdictio* ».**

Le procès est, dans la recherche de l'équité, un processus délibératif dominé par le principe d'égalité, dans lequel l'acte de juger se confond

---

[33] Conférence du **Pr. Yves STRICKLER** Professeur à l'Université de Nice Sophia Antipolis Directeur du Centre d'études et de recherches en droit privé

[34] Modifié par l'article 13 Constitution Avril 2020

[35] Supprimé dans la constitution Avril 2020

à celui d'administrer et inclut la vigilance nécessaire à l'adaptation de la règle de droit, selon la nature des faits et les circonstances qui les ont engendrés, à la solution du litige.

Ainsi le juge peut être amené soit à décider, c'est-à-dire à choisir et appliquer la mesure la plus adaptée ; soit à concilier les intérêts opposés ou divergents, c'est-à-dire à adopter une solution amiable ; soit à interpréter le droit, du moment que le juge qui refusera de juger sous prétexte du silence, de l'obscurité, ou de l'insuffisance de la loi, pourra être poursuivi comme coupable de déni de justice.

Le pouvoir d'interprétation de la loi par le juge est une forme de la soumission qui lui est imposée par l'article 109 de la Constitution en ces termes : ***« Les Magistrats ne sont soumis, dans l'exercice de leurs fonctions, qu'à l'autorité de la loi. »***[36]

SECTION I – PRINCIPE DE L'INITIATIVE OU DE L'IMPULSION

À - PRINCIPE D'INITIATIVE *:*

Le Code de procédure civile, en disposant en son article 2 : « ***Seules les parties introduisent l'instance, hors les cas où la loi en dispose autrement. Elles peuvent y mettre fin avant qu'elle ne s'éteigne par l'effet du jugement ou en vertu de la loi*. »**, pose le principe que le **droit** d'agir en justice est, pour le demandeur, le droit d'être entendu sur le fond de sa demande[37] et pour le défendeur, le droit de discuter le bien-fondé de cette prétention[38].

L'action en justice est l'objet d'un droit subjectif indépendant du droit qu'elle tend éventuellement à faire valoir, dont l'exercice peut constituer un abus[39]. Cependant, cette notion d'action en justice est à différencier du droit substantiel dont elle permet la sanction judiciaire. Sans oublier qu'il ne faut pas non plus confondre le droit d'agir de la demande en justice.

---

[36] Article 112 constitution Avril 2020

[37] Article 8, alinéa 1er Code de procédure civile, économique et administrative

[38] Article 8, alinéa 2 Code de procédure civile, économique et administrative

[39] Article 11 Code de procédure civile, économique et administrative

La demande est irrecevable en l'absence du droit, de l'intérêt, de la qualité et de la capacité d'agir en justice[40]

La recevabilité de la demande en justice est subordonnée à l'existence de l'intérêt à agir (*« pas d'intérêt pas d'action »* dit l'adage), et à celle de la qualité d'agir.

L'action en justice fait partie des droits de l'homme ou libertés fondamentales garanties par la constitution pour chaque individu. Elle a pour effet de créer un lien d'instance entre les deux parties au litige. Le caractère libre de l'action en justice peut se traduire par exemple par la possibilité de demander une indemnisation ou non.

B - SAISINE D'OFFICE

Si l'instance regroupe le juge chargé du dossier, le ministère public, dans les cas où sa présence est nécessaire, et les parties, l'obligation de conduire l'instance, par l'accomplissement des actes de procédure, incombe aux parties[41] ; il s'ensuit que l'autosaisine du juge ou saisine d'office est limitée aux seuls cas prévus par la loi, telle l'ouverture du redressement judiciaire.

À ce sujet, il faut noter que le droit des procédures collectives, faisant partie intégrante du droit processuel a modifié certains aspects du procès, en autorisant par exemple la saisine d'office lorsqu'une entreprise connait des difficultés, pour cette raison fondamentale que sa situation ne lui est pas individuelle ; elle touche un plus grand nombre d'acteurs que sont les salariés, l'État et divers autres créanciers.

C'est certainement pour contourner ces éventualités que le législateur a doté le juge, d'ordinaire neutre, d'un pouvoir d'initiative dans les procédures collectives, que celui-ci exerce à tous les stades de la procédure.

Le juge des procédures collectives peut justement s'autosaisir, prendre des mesures d'instruction et conservatoires d'offices, modifier le cours de la procédure hors la demande des parties. Cette faculté pour le juge de se passer de la demande des parties pour poser certains actes est reconnue sous l'expression de « pouvoirs d'office ».

---

[40] Article 9, Code de procédure civile, économique et administrative

[41] Article 5, Code de procédure civile, économique et administrative

C - POUVOIRS D'OFFICE ORDINAIRES DU JUGE

Le Pouvoir d'office est le fait pour le juge de "s'auto saisir", c'est-à-dire d'utiliser les informations qu'il détient soit par son greffe, soit par les pièces du dossier pour déclencher une procédure qui aurait normalement été initiée par assignation ou requête d'une partie.

C'était notamment le cas pour ouvrir une procédure de redressement ou de liquidation judiciaire, pour le suivi socio-judiciaire par le juge de l'application des peines (article 940 CPP), pour des mesures de placement à l'extérieur, de semi-liberté, de fractionnement et suspension des peines et de la libération conditionnelle (articles 1027, alinéa 3, 1069, alinéa 4 du CPP)

Les pouvoirs d'office ordinaires du juge civil sont ceux prévus aux articles suivants du CPCEA relatif :

1. **18** aux « *moyens de pur droit, quel que soit le fondement juridique invoqué par les parties* »,
2. **41, 252 et 816** à « *toutes les mesures d'instruction légalement admissibles* »,
3. **76** à la « *la communication d'une affaire au ministère public* »,
4. **80 et 527** à l'irrecevabilité des pièces et conclusions,
5. **82** à procéder à une enquête, déférer d'office le serment, ou commettre un huissier de justice pour procéder à des constatations ou ordonner une mise sous séquestre,
6. **124** aux erreurs et omissions matérielles qui affectent une décision, même passée en force de chose jugée et non exécutée,
7. **126** à déclarer la citation caduque, exceptionnels dans la majorité des situations processuelles, les pouvoirs d'office du juge semblent constituer une règle de premier ordre dans la procédure commerciale,
8. **128 et 827** à radier l'affaire par une décision non susceptible de recours après un dernier avis adressé aux parties elles-mêmes et à leur mandataire si elles en ont un.
9. **129** à la comparution de nouveau du défendeur qui ne comparait pas à l'initiative du demandeur
10. **193** à relever les exceptions fondées sur l'inobservation des règles de fond relatives aux actes de procédure,
11. **217, 218, 219, 221 et 227** à l'incompétence en cas de violation d'une règle de compétence d'attribution,
12. **228** à la litispendance,
13. **238 et 239** au relevé de fins de non-recevoir,
14. **271** aux difficultés d'exécution d'une mesure d'instruction,

15. **332 et 329** A convoquer ou entendre toute personne dont l'audition est nécessaire,

16. **340** remplacer un technicien ayant manqué à ses devoirs,

17. **385** l'audition d'un expert,

18. **392** le dépôt d'un écrit en original,

19. **411** relever des moyens au cours d'une instance,

20. **419** déférer le serment,

21. **477** la jonction de plusieurs instances,

22. **563** ordonner une astreinte pour assurer l'exécution de leurs décisions.

23. **616** ordonner d'office la mise en cause de tous les cointéressés,

24. **700 et 724** prescrire d'office toutes diligences complémentaires, sauf à ordonner les mesures provisoires ou conservatoires nécessaires à la sauvegarde des droits du demandeur,

25. **756** procéder, même d'office, à tous les redressements nécessaires afin de rendre le compte conforme aux tarifs,

26. **773** commettre la juridiction de degré égal ou inférieur qui lui paraît la mieux placée sur le territoire de la République, afin de procéder à tous les actes judiciaires qu'il estime nécessaires,

27. **776** faire procéder dans un État étranger aux mesures d'instruction ainsi qu'aux autres actes judiciaires qu'il estime nécessaires en donnant commission rogatoire soit à toute autorité judiciaire compétente de cet État, soit aux autorités diplomatiques ou consulaires guinéennes.

28. **786 et 788** refuser l'exécution d'une commission rogatoire, s'il estime qu'elle n'entre pas dans le cadre de ses attributions,

29. **800 et 838** constater la caducité de la saisine,

30. **811** lors de la mise en état entendre les parties,

31. **826** le renvoi devant le tribunal et la clôture de l'instruction,

32. **829** irrecevabilité de conclusion ou pièce déposée après ordonnance clôture,

33. **830** révocation de l'ordonnance de clôture après l'ouverture des débats ou par décision définitive,

34. **833** autoriser d'assigner à jour fixe.

Les pouvoirs d'office ordinaires du juge pénal sont ceux prévus aux articles suivants du CPP relatifs :

1. **148,** à procéder à tout acte permettant au Juge d'instruction d'apprécier la nature et l'importance des préjudices subis par la victime ou de recueillir des renseignements sur la personnalité de celle-ci ;

2. **172** à statuer « *d'office ou sur requête de la personne inculpée, de la partie civile ou de toute autre personne qui prétend avoir droit sur l'objet* » ;

3. **173, (dernier alinéa)** aux « *décisions prises en application du présent article font l'objet d'une ordonnance motivée » ;*

4. 189 & 207 à nommer d'office, pour assister le témoin atteint de surdité, « *un interprète en langue des signes ou toute personne qualifiée maîtrisant un langage ou une méthode permettant de communiquer avec les sourds* » ;

5. 258 à ordonner une expertise ;

6. 272 (avant dernier alinéa) poser à l'expert «*toutes questions rentrant dans le cadre de la mission qui leur a été confiée*» ;

7. 280 au droit de la Chambre du Contrôle de l'instruction de relever tous moyens pris de la nullité de la procédure ;

8. 342 (alinéa 2) au droit d'action d'office du « *magistrat, chargé de suivre la mise en œuvre et la mise à jour des traitements automatisés de données à caractère personnel mentionnés à l'article 339* » ;

9. 343 au droit du magistrat d'action du « *magistrat, chargé de contrôler la mise en œuvre des logiciels faisant l'objet du présent code et de s'assurer de la mise à jour des données* »'

10. 466 à faire procéder au supplément d'informer et à la mise en liberté du prévenu dont la comparution devant le juge d'instruction n'a pas eu lieu le jour même où le tribunal statue « sur le maintien du prévenu en détention provisoire » ;

11. 710 (alinéa 3), à l'arrêt de la Chambre du Contrôle de l'instruction en matière de transfèrement ;

12. 727 (al.1) à la déclaration d'incompétence du juge d'instruction ;

13. 774 (al.5) et 1019 à la décision du juge unique de renvoyer devant la formation collégiale de la juridiction, en raison de sa complexité, la demande relative à une interdiction, déchéance ou incapacité ou d'une mesure de publication quelconque résultant de plein droit d'une condamnation pénale ou prononcée dans le jugement de condamnation à titre de peine complémentaire ;

14. 808 (al.3), 824 (al.7) à l'arrêt de la Chambre du contrôle relatif à la publicité de l'audience en matière d'extradition ;

15. 812, 813 et 817(al.3), à la mise en liberté d'office de la personne réclamée pour extradition, lorsque « *l'avis motivé de la chambre de contrôle de l'instruction repousse la demande d'extradition et que cet avis est définitif* » ou lorsque «*dans le délai de 1 mois à* *compter de la notification de ce décret à l'Etat requérant, la personne réclamée n'a pas été reçue par les agents de cet État* » ;

16. 815 à la « *mainlevée du contrôle judiciaire ... ordonnée à tout moment par la chambre de contrôle de l'instruction* »

17. 816 au « *dépassement du délai mentionné au deuxième alinéa entraîne la mise en liberté d'office de l'intéressé* »

18. 832 (al.3) au prononcé par la juridiction de jugement ou la chambre de contrôle de l'instruction de la nullité de « *L'extradition obtenue par le gouvernement guinéen... intervenue en dehors des conditions prévues par le présent chapitre* »

19. 924 (al.1) à la possibilité pour le Juge d'instruction d'ordonner d'office la transmission du dossier par le procureur de la République au procureur général aux fins de saisine de la chambre de contrôle de l'instruction ;

20. 926 (al.1) au pouvoir de la Chambre de l'Instruction d'ordonner la comparution de la partie civile ;

21. 978 au pouvoir du juge de «*désigner un avocat d'office pour le mineur s'il n'en a pas déjà été choisi un* ».

22. 999, 1000, 1001 (al.3) et 1003 au pouvoir de la chambre de rétention en sûreté de mettre « *fin à la rétention de sûreté dès lors que les conditions prévues par l'article 996 ne sont plus remplies* » ;

23. **1025** à l'accord, la modification l'ajournement le refus le retrait ou la radiation « *des mesures relevant de la compétence du juge de l'application des peines* »

24. **1027 (al.3)** au pouvoir du juge de l'application des peines « *de renvoyer le jugement de l'affaire devant le tribunal de l'application des peines.* »

25. **1031 (al.4)** au pouvoir du juge de l'application des peines de se dessaisir « *au profit du juge de l'application des peines du nouveau lieu de détention ou de la nouvelle résidence habituelle du condamné lorsqu'il est situé dans un autre ressort.* » ;

26. **1046 &1092** au pouvoir du juge de l'application des peines d' « *ordonner qu'une copie de la décision de condamnation ou de la décision d'aménagement de la peine, de libération conditionnelle, de surveillance judiciaire ou de surveillance de sûreté est transmise à la personne chez qui le condamné établit sa résidence si cette transmission apparaît nécessaire pour prévenir la récidive.* » Ou « *ordonner un aménagement de peine, d'office ou à la demande du condamné, à la suite d'un débat contradictoire conformément à l'article 1027 du présent code* ».

27. **1096** au pouvoir du juge de l'application des peines quant à *l'exécution de la mesure d'aménagement de la peine*

28. **1138** au pouvoir du juge de l'application des peines quant à substituer au travail d'intérêt général une peine de jours-amende.

29. **1139** au pouvoir du juge de l'application des peines quant à « *ordonner par décision motivée la mise à exécution de l'emprisonnement et de l'amende prononcés par la juridiction de jugement. L'exécution peut porter sur tout ou partie de cette peine* ».

30. **1148** au pouvoir du juge de l'application des peines quant à *ordonner par jugement motivé la prolongation du délai d'épreuve. Il peut aussi, dans les conditions prévues aux articles 156 à 158 du Code pénal, révoquer en totalité ou en partie le sursis.*

31. **1150** au pouvoir du juge de l'application des peines quant à « *déclarer non avenue la condamnation prononcée à son encontre » ;*

32. **1155** au pouvoir du juge de l'application des peines quant à « substituer au sursis assorti de l'obligation d'accomplir un travail d'intérêt général une peine de jours-amende. Cette décision est prise conformément aux dispositions de l'article 1027. »

33. **1156** au pouvoir du juge de l'application des peines quant à « *ordonner par décision motivée de substituer à une peine de jours-amende, de peine de sursis assorti de l'obligation d'accomplir un travail d'intérêt général. »*

34. **1158** au pouvoir du juge de l'application des peines quant à « *décider, par ordonnance motivée, rendue sur réquisitions du procureur de la République, que le condamné sera provisoirement incarcéré dans l'établissement pénitentiaire le plus proche »*

35. **1182** au pouvoir du juge de l'application des peines quant à **«** *ordonner les expertises nécessaires pour l'informer sur l'état médical ou psychologique de la personne condamnée. Les expertises prévues par le présent article sont réalisées par un seul expert, sauf décision motivée du juge de l'application des peines*

36. **1183** au pouvoir du juge de l'application des peines quant à *« la mise à exécution de l'emprisonnement prononcé par la juridiction de jugement. Cette décision est prise selon les dispositions prévues à l'article 1027. »*

37. **1200** au pouvoir du tribunal pour enfants de décider de la suppression des mentions du casier judiciaire ;

38. **1250** au pouvoir de toutes juridictions y compris la Cour suprême de relever d'office l'irrégularité découlant de l'inobservation des formalités substantielles de prononcer la nullité seulement

« lorsque celle-ci a eu pour effet de porter atteinte aux intérêts de la partie qu'elle concerne ».

C - OHADA et SAISINE D'OFFICE

L'Acte uniforme, portant procédure collective, intervenue le 10 septembre 2015, a d'ailleurs laissé intactes, si elle ne les a pas renforcées, toutes les dispositions qui fondent lesdits pouvoirs d'office, en ces termes : « *Article 29 La juridiction compétente peut se saisir d'office, notamment sur la base des informations fournies par le représentant du ministère public, les commissaires aux comptes des personnes morales de droit privé, les membres de ces personnes morales ou les institutions représentatives du personnel qui lui indiquent les faits de nature à motiver cette saisine. La juridiction compétente peut également être saisie par le Ministère public. Dans ce cas, il fournit les éléments motivant sa demande. Le président de la juridiction compétente fait convoquer le débiteur, par les soins du greffe, par signification d'huissier de justice ou notification par tout moyen permettant d'établir la réception effective par le destinataire, à comparaître devant la juridiction compétente siégeant en audience non publique. La convocation doit contenir la reproduction intégrale du présent article, à peine de nullité. Si le débiteur comparaît, le président l'informe des faits de nature à motiver la saisine et recueille ses observations. Si le débiteur reconnaît être en cessation des paiements ou si le président acquiert l'intime conviction qu'il est dans un tel état, le président lui fixe un délai qui ne peut excéder trente (30) jours pour produire les documents visés à l'article 26 ci- dessus. Le même délai est accordé aux membres d'une personne morale indéfiniment et solidairement responsables du passif de celle-ci. Passé ce délai, la juridiction compétente statue en audience publique. Si le débiteur ne comparaît pas, la juridiction compétente statue à la première audience publique utile, par une décision réputée contradictoire à l'égard du débiteur* ».

SECTION II - PRINCIPE DISPOSITIF

Si, en vertu de l'article 2 du Code de procédure civile, économique et administrative, les parties ont l'initiative du procès et l'obligation de conduire l'instance par l'accomplissement des actes de procédure, qui en déterminent le contenu, c'est le juge qui veille, selon l'article 5, au bon déroulement de l'instance conduisant à trancher le litige et ne trancher que les points, tous les points qui lui sont soumis.

Le principe dispositif organise le déroulement du procès, définit et délimite le rôle des parties et du juge, avec cette conséquence que le juge ne peut se saisir d'office qu'exceptionnellement.

Ainsi, l'article 12, alinéa 2 du Code de procédure civile, économique et administrative pose la règle : « *l'objet du litige est la chose ou le résultat que l'on cherche à obtenir par une décision de justice. Il est déterminé par les prétentions respectives des parties qui sont expressément énoncées par l'exploit introductif et par les conclusions en défense. L'objet du litige ne peut être modifié que par des demandes incidentes lorsque celles-ci se rattachent aux prétentions originaires par un lien de connexité suffisant* ».

Ces prétentions sont contenues, d'une part, dans l'assignation, celle-ci valant conclusions, pour le demandeur et, d'autre part, dans les premières conclusions en réponse, pour le défendeur.

A - DE LA REGLE D'IMMUTABILITE

L'obligation des parties de conduire le procès et celle du juge de veiller à son bon déroulement obéissent à la règle d'immutabilité du litige destiné à conserver la cohérence de l'instance et à exclure ou restreindre les dérives pouvant conduire à des procédures abusives ou l'usage de dilatoires pouvant aboutir à remettre en cause la compétence de la juridiction saisie.

L'application de la règle d'immutabilité ne doit faire aucune obstruction aux demandes incidentes s'ajoutant aux demandes initiales au cours du développement du procès, à la condition que les premières se rattachent aux secondes.

Cette règle, formulée par l'article 14 du code de procédure civile, économique et administrative, en ces termes : « *le juge doit examiner tous les chefs de demande qui lui sont soumis. Il est tenu de statuer sur tout ce qui lui est demandé et seulement sur ce qui lui est demandé.* », signifie que le juge ne peut statuer ni *infra petita*, ni *ultra petita, ni extra petita*, c'est-à-dire qu'il ne peut laisser des demandes sans réponses, ni trancher ce qui ne lui a pas été soumis.

B - DE LA DETERMINATION DU LITIGE

L'objet du litige, tel qu'il est défini par l'article 13 du code de procédure civile économique et administrative (CPCEA) est déterminé par « *les prétentions respectives des parties, énoncées par l'exploit introductif et par les conclusions en défense* », en ce qu'il « *est la chose ou le résultat que l'on cherche à obtenir par une décision de justice.* ».

L'article 13 du CPCEA pose ainsi le principe dispositif qui donne la main aux parties, quant à l'engagement du procès, de son contenu et de son extinction. Conséquemment, ce qui est demandé limite le juge, qui ne peut se prononcer que sur ce qui est demandé et sur tout ce qui est demandé. Le juge ne peut, comme l'indique l'alinéa 3 de l'article, rien modifier.

L'article 16 du CPCEA déclare que « *Le juge ne peut fonder sa décision sur des faits qui ne sont pas dans le débat* ».

Précisément, au regard de l'objet du litige, l'alinéa 2 de l'article 16 incombe aux parties la charge d'alléguer les faits qui sont de nature à fonder leurs prétentions ; dès lors, ne pouvant se prononcer sur des faits qui ne sont pas dans le débat, le juge ne peut pas prendre d'initiatives sur des faits hors débat, ni davantage chercher à intégrer dans les débats des éléments de connaissance personnelle qu'il détiendrait.

Toutefois, en matière gracieuse, à laquelle ne s'applique pas le principe dispositif, l'article 61 du CPCEA donne loisir au Juge de fonder « *sa décision sur tous les faits relatifs au cas qui lui est soumis, y compris ceux qui n'auraient pas été allégués* » et de prendre en considération les faits susceptibles de l'éclairer spécialement, même ceux que les parties n'auraient pas invoqués au soutien de leurs prétentions (article 60 et 61 du CPCEA).

Ces dispositions permettent de constater que le principe dispositif ne confine pas le juge à être inactif au regard des faits, puisque l'article 17 du CPCEA l'autorise à « *inviter les parties à fournir les explications de fait qu'il estime nécessaires à la solution du litige* ».

Dans le but de justifier leurs prétentions respectives, l'article 22 du CPCEA prescrit une double obligation, en ces termes : *« les parties doivent mutuellement se faire connaître les moyens de fait sur lesquels elles fondent leurs prétentions, les éléments de preuve qu'elles produisent, ainsi que les moyens de droit qu'elles invoquent. Elles sont tenues de le faire en temps utile. »*

Sous cet angle, les moyens accompagnés des pièces sont les supports de cette double obligation, résultant des articles 22 et 40 du CPCEA, inhérente à la recevabilité des preuves et, plus généralement, au rôle du juge, ce dernier ayant, en ce domaine, des pouvoirs plus étendus que les parties.

C - DEROULEMENT DE L'INSTANCE

L'article 5 du CPCEA assortit l'obligation du juge de veiller au bon déroulement de l'instance du pouvoir d'impartir « *les délais et d'ordonner toutes mesures nécessaires* ». Ce qui rappelle le rôle du président, qui peut apprécier l'état de l'affaire (article 80 du CPCEA) et permet de projeter celui du juge de la mise en état (article 82) et de sa mission(article 81, alinéa 2) « *de veiller au déroulement loyal de la procédure, spécialement à la ponctualité de l'échange des conclusions et de la communication des pièces* » ; lorsqu'il « *fixe, au fur et à mesure, les délais nécessaires à l'instruction de l'affaire* » (article 81, alinéa 3), en ayant la faculté d'accorder des prorogations de délai » (article 85, alinéa 3) et fixer un calendrier de la mise en état, auquel cas les délais ne peuvent plus être prorogés qu'en cas de cause grave et dûment justifiée.

La sanction du défaut d'accomplissement des actes de la procédure dans les délais requis réside dans le rejet des pièces tardives (article 90 alinéa 1) ou encore, l'irrecevabilité des conclusions et pièces qui est prononcée d'office dès l'ordonnance de clôture.

S'y ajoute la radiation de l'affaire du rôle (art. 492 à 494). L'article 492 définit la radiation-sanction comme « *le défaut de diligence des parties* », qui « *emporte retrait de l'affaire du rang des affaires en cours* ». Il existe cependant des limites à ce pouvoir relatif aux délais et, spécialement, lorsque l'une des parties donne « *justification de l'accomplissement des diligences dont le défaut a entraîné la radiation* » (article 494, alinéa 2).

D - DE LA PREUVE

La charge de la preuve incombe normalement aux parties (article 22, 40) du CPCEA. Mais le juge peut ordonner toute mesure légalement admissible (article 41), à la demande des parties et d'office en vérifier l'exécution (articles 42 alinéa 2, 241, 254, 301, 302, 308, 312, 317, 327, 328, 557, et 1226).

Lorsqu'il intervient, le juge ne doit pas inverser la charge de la preuve. Le rôle du juge est une aide et il n'a donc pas à prendre en charge l'administration de la preuve. C'est pourquoi, d'une part, il ne peut pas pallier la carence des parties dans l'administration de la preuve, ce qui s'apprécie de la manière suivante : pour que le juge puisse intervenir, il « *suffit que la demande soit plausible et qu'il n'y ait aucun autre mode de preuve possible que la mesure d'instruction* ».

D'autre part, quand le juge ordonne une mesure, il doit limiter le choix de la mesure à ce qui est suffisant pour la solution du litige, en s'attachant à retenir ce qui est le plus simple et le moins onéreux. Dans une même visée, « seuls les faits dont dépend la solution du litige peuvent, à la demande des parties ou d'office, être l'objet d'une mesure d'instruction».

Le juge dispose également d'un pouvoir d'injonction à l'encontre des parties (article 807 alinéa 3 CPCEA), qui doivent communiquer les pièces dont elles sont en possession et, de même, à l'égard des tiers, qui doivent produire les pièces (articles 42, 390 CPCEA) :

- **communication des pièces** : articles 50, 80, 81, 82, 241, 242, 797, 803, 804, 807, 809, 815, 829, 834, 856, 1020 CPCEA;
- **obtention des pièces des tiers** : art. 248, 1020, alinéa 2. CPCEA

En cas de refus ou d'une abstention d'une partie d'apporter leur concours aux mesures d'instruction, le juge peut en « tirer toute conséquence » (article 42). Mais la communication (qui doit être spontanée), production et obtention de pièces imposent une demande des parties (article, 241).

La preuve, en matière pénale peut être obtenue, selon l'article 497 du nouveau code de procédure pénale, « *Hors les cas où la loi en dispose autrement, « ... , par tout mode de preuve et le juge décide d'après son intime conviction* » ; ainsi la loyauté de la preuve, quant à l'obtention détournée d'éléments de preuve, est conditionnée par la possibilité pour les parties d'en en discuter de manière contradictoire devant le juge.

C'est dans ce sens que la Cour d'Appel de Paris a considéré que si des enregistrements « *ont constitué un procédé déloyal à l'égard de ceux dont les propos ont été insidieusement captés, ils ne doivent pas pour autant être écartés du débat et ainsi privés de toute vertu probante par la seule application d'un principe énoncé abstraitement, mais seulement s'il est avéré que la production de ces éléments a concrètement porté atteinte au droit à un procès équitable, au principe de la contradiction et aux droits de la défense de ceux auxquels ils sont opposés*»[42].

E - DE L'INTERPRETATION DE LA LOI

Fondement juridique : l'obligation de juger

L'article 10 du Code civil, qui dispose que « *Le juge qui refusera de juger, sous prétexte du silence, de l'obscurité ou de l'insuffisance de la loi, pourra être suivi comme coupable de déni de Justice.* », est le

---

[42] Conférence du Pr. Yves STRICKLER : L'OFFICE DU JUGE : QUELS POUVOIRS ? QUELLES DÉCISIONS ? https://hal.archives-ouvertes.fr/hal-01077512

premier élément de la nécessité du pouvoir normatif de la jurisprudence. Le juge apparaît ici, selon l'expression du Professeur Belaïd, comme le législateur des lacunes du droit.[43]

La loi, toujours de caractère général, dispose pour le présent et l'avenir et comporte l'obligation pour le législateur de poser le droit *a priori*. Le règlement des litiges, la résolution des conflits, le rétablissement d'un droit troublé, la réparation d'un préjudice vont exiger que les lois soient appliquées à des faits particuliers, à des situations spécifiques et à des relations humaines singulières.

Cette exigence d'application des lois conduit à la nécessité d'établir, de déterminer le sens et la portée d'un texte, c'est-à-dire d'interpréter la loi, de rendre intelligible le message de la loi, de mettre ce message à la portée de la compréhension de l'humanité moyenne, de rendre simple et accessible le sens de son énoncé.

Cette opération, qui fait passer du *droit a priori,* au *droit a posteriori,* est l'activité du juge, de l'avocat, du greffier, du notaire, de l'huissier de justice, de l'administration, mais aussi de l'enseignant et de l'étudiant en droit, dont les différentes activités convergent vers un même but, interpréter la loi, c'est-à-dire en préciser ou clarifier le sens.

A l'origine, il était reconnu au seul législateur la compétence d'interpréter les textes qu'il édicte, par la voie du référé législatif. Mais la lourdeur de cette la procédure va se révéler très tôt, comme cela a été décrit dans la section I du Chapitre premier de ce livre sur le pouvoir d'interprétation. Elle fut rendue à l'office du juge du fond, d'abord, et à la juridiction de cassation, ensuite.

Le concept "interprétation", désigne la procédure par laquelle, à la demande d'une partie qui en évoque l'imprécision, le juge explicite les dispositions de la loi ou la jurisprudence. Elle peut éventuellement porter sur le sens à donner au texte législatif ou sur l'étendue d'une de ses dispositions.

Les traces de cette ancienne procédure de l'organe législatif subsistent à travers la possibilité pour le législateur d'édicter des lois interprétatives.

Les dispositions de la constitution relative à la Cour constitutionnelle et au Pouvoir judiciaire, les codes de procédure et les lois d'organisation, d'attribution et de fonctionnement des juridictions confèrent aux autorités d'application de la loi le pouvoir d'interpréter la loi, au premier chef desquels le juge du fond, dont la décision assure

---

[43]Sadok Belaïd, *Essai sur le pouvoir créateur et normatif du juge*, op. cit., p.311

la passage de l'état de *droit a priori* à l'état de *droit a postériori,* c'est-à-dire du caractère général et abstrait de la loi, à son caractère concret et contextuel résultant de l'examen d'un cas particulier.

Il ressort des articles 116, alinéa 1er et 117 de la Constitution d'avril 2020 et articles 5 et 6 de la loi organique L/2017/003/AN du 23 février 2017 qu'il appartient à la Cour suprême d'émettre des avis sur l'interprétation des textes dont le sens fait difficulté.

L'interprétation et l'émission d'un avis consultatif par le juge sont la conséquence logique de la nature abstraite et du caractère général de la loi.

L'abstraction et la généralité font de la loi le contenant d'une diversité de significations possibles entre lesquelles il faut choisir. C'est en cela que **l'interprétation est la décision d'opérer un choix**, dans le cadre de l'attribution d'un sens à une loi ou une de ses dispositions. Ce faisant, le juge procèdera à la confrontation de la généralité et de l'abstraction de la loi avec un cas ou une situation, pour découvrir ou révéler un seul et véritable sens concret de la règle.

Telle est la raison pour laquelle, tant au regard de l'office obligatoire que de l'office facultatif, la loi confère au juge un pouvoir considérable d'interprétation, par laquelle celui-ci produit la norme qu'il est censé appliquer.

F - DIVERSES METHODES D'INTERPRETATIONS

1. Analyse grammaticale, interprétation littérale

Pour interpréter la loi, le juge doit opérer par un double acte, acte **de connaissance et acte de volonté**.

L'acte de connaissance, résultant d'un curriculum de formation universitaire et post universitaire, est basé sur les éléments que contient la loi, à savoir sa lettre et l'intention du législateur, car le droit guinéen met le juge face à une règle écrite.

Le juge fondera son interprétation sur la formulation, affirmative ou négative, même du texte. Il fera recours à l'analyse grammaticale pour préciser le sens de la loi, en s'appuyant sur l'usage de la langue, sur les règles de la syntaxe et sur temps d'un verbe.

Cette méthode repose sur le postulat présomptif que le législateur s'exprime correctement, selon les règles ordinaires du langage ou de la communication. On suppose que le législateur connaît bien les règles de grammaire, de syntaxe, de sémantique, et qu'il choisit correctement les mots employés dans la loi.

« *Sans être tenu de leur accorder une importance prépondérante, l'interprète doit désormais prendre également en considération l'objet de la loi et son contexte [...] Bien que son activité demeure encadrée par le texte, le juge participe désormais ouvertement et légitimement à la réalisation du droit* [44]»

Cette interprétation littérale portera le regard du juge sur l'usage des deux conjonctions suivantes : la conjonction ''ou'' ; la conjonction ''et''.

La première conjonction ''ou'' suggère ou marque l'option ou l'alternative. La conjonction ''et'' indique le cumul, l'addition, l'augmentation ou la réunion. Les Avocats prennent avantage de l'usage erroné de ces conjonctions, pour faire échapper leur client à des astreintes ou obligations.

L'interprétation littérale, outil précieux, passant par les mots contenus dans le texte, pourrait s'arrêter à l'apparence et ne pas atteindre l'essence de la loi, qui est la pensée, l'intention, le motif du législateur ou des parties à une convention.

L'adage latin dit : « *cessante ratione legis, cessat ejus dispositio* » signifie : ***« la loi cesse là où cessent ses motifs***, voulant dire que la loi ne doit pas être appliquée à des situations qui, tout en paraissant être prévues par la lettre du texte, se trouvent exclues de son esprit.

Il faut toujours et nécessairement une règle pour appliquer les règles ! En ce sens, la règle de justice a pour fonction de dire comment mettre en œuvre d'autres règles.[45]

En effet, en renversant la formule, on pourrait tout aussi bien dire que les cas dissemblables doivent être traités de façon dissemblable et, de cette façon, on obtient une description plus fidèle de l'activité législative.

---

44 [www.redactionjuridique.chaire.ulaval.ca/fileadmin/files/documents/Chroniques/Resume_Stephane_Beaula c_Driedger.v2.pdf] (20 août 2012); Stéphane BEAULAC, « L'interprétation de la Charte : reconsidération de l'approche téléologique et réévaluation du rôle du droit international », (2005) 27 S.C. Law Rev. (2d) 1.

45 De façon plus technique, on pourrait parler de « méta-norme » c'est-à-dire une norme qui a pour rôle de régler l'application d'autres normes qu'elle prend pour objets. Elle vient « après » d'autres normes, ce qu'exprime le terme grec « méta ». Plus simplement, la méta-norme pourrait être présentée comme un critère d'application des normes. Pour un développement de l'idée de méta-norme comme critère de sélection des théories morales : R. Ogien, Le rasoir de Kant et autres essais de philosophie pratique, L'Eclat, coll. Tiré à part, 2003, p. 75 et s

Le juge, toujours et constamment, confronté à un texte de la loi, est tenaillé par le doute concernant l'adéquation entre la pensée et l'expression du législateur. Dans son esprit se répètent indéfiniment les trois questions suivantes :

- ✓ le législateur a-t-il voulu dire ce qu'il a dit ;
- ✓ a-t-il visé telle hypothèse,
- ✓ l'a-t-il au contraire écartée ?

Interpréter c'est chercher à donner une réponse à ses questions et à fournir un sens précis ou une intelligibilité aux mots ou propositions d'un texte, un sens précis, étant admis que pour le juge, ledit texte, susceptible d'être interprété, porte en général sur une loi, un décret ou un règlement, mais le plus souvent, il s'agira d'un contrat.

2. L'unité du texte

La seconde règle qui se profile est celle de l'unité du texte, selon laquelle la loi forme un tout, dont l'unité se dégage à partir de plusieurs éléments du texte. L'unité du texte repose sur les divisions des mots charnières, les renvois, l'uniformité du vocabulaire. Cette unité amène l'interprète à considérer les éléments de la loi dans leur ensemble et à rechercher l'unité dans les éléments les plus englobants du texte comme le titre, les rubriques, le préambule, l'objet.

En vertu de la règle de l'unité du texte, l'emploi du même mot à plusieurs reprises dans le texte de loi fait présumer que le législateur a voulu lui donner partout la même signification et, a contrario, que l'emploi de mots différents fait présumer que le législateur a voulu leur donner des significations différentes.

3. Harmonisation

Une loi coexiste avec des textes environnants. De ce fait, la hiérarchie voulue par le législateur dans l'ordonnancement des diverses lois, sur une même matière, doit être préservée par le juge, auquel il revient d'éviter ou de résoudre les conflits entre les lois, de veiller à l'uniformité du vocabulaire entre les lois connexes et d'appliquer les lois selon leur finalité. Deux règles utiles pour résoudre les conflits entre les lois sont associées à ces rapports hiérarchiques :

- la primauté de la règle particulière « ***specialia generalibus derogant*** » : « **les lois spéciales dérogent aux lois générales** » ; signifie que lorsque deux cadres juridiques peuvent s'appliquer à une situation, l'un spécifique et l'autre général, c'est le cadre spécifique qui doit être appliqué.

▪ et la primauté de la règle nouvelle sur l'ancienne « ***posteriora prioribus derogant*** ». De deux volontés du législateur, c'est la dernière qui prévaut.

Pour résoudre un conflit de lois, deux méthodes :

a. **primauté de la règle particulière** consistant à donner préséance au texte d'une loi particulière sur un texte plus général énonçant une règle contraire. On dit alors que la règle particulière déroge à la règle générale. Cette règle s'applique dans la mesure naturellement où il est possible de distinguer le niveau de généralité des deux textes de loi qui sont en contradiction.

b. **la primauté de la règle nouvelle** consistant pour le juge, en présence de textes de même niveau de généralité, d'appliquer, à titre subsidiaire, la seconde règle. Dans ce cas, on donne préséance au texte de la loi nouvelle sur tout texte de loi antérieur énonçant une règle contraire. On dit alors que la règle nouvelle déroge à la règle ancienne. Le législateur a la faculté, sans conteste, d'écarter l'application de ces règles, à la condition toutefois de le faire explicitement. À cette fin, le législateur utilise les expressions « ***nonobstant toute disposition contraire*** » ou « ***malgré toute disposition contraire*** » pour hiérarchiser diverses lois ou dispositions d'une même loi entre elles.

c. **la règle *ejusdem generis ou*** a règle relative aux choses du même genre **:** «*La règle ejusdem generis signifie que le terme générique ou collectif qui complète une énumération se restreint à des choses de même genre que celles qui sont énumérées, même si, de par sa nature, ce terme générique ou collectif, cette expression générale, est susceptible d'embrasser beaucoup plus.* [46]»

Selon la jurisprudence, trois conditions doivent être réunies pour que s'applique la règle ejusdem generis :

- l'expression générale doit être précédée de plusieurs termes spécifiques;
- l'expression générale doit suivre et non précéder l'énumération;
- les termes spécifiques doivent avoir certaines caractéristiques significatives en commun.[47]

La règle *ejusdem generis* est une application particulière de la règle *noscitur a socii*s, signifiant que le sens d'un mot est déterminé par celui des autres mots qui l'accompagnent et auxquels il est associé.

---

[46] Renault c. Bell Asbestos Mines Ltd., [1980] C.A. 370, 372.

[47] . 3 St-Luc-de-Vincennes (Municipalité de) c. Compostage Mauricie inc., 2008 QCCA 235

Noscitur a sociis est une règle d'interprétation législative, qui énonce que le sens d'une expression ambiguë, faisant partie d'une énumération dans un texte de loi, peut être déterminé par association avec les autres mots énumérés[48]. Cette règle est aussi nommée la « règle des compagnons », car les termes énumérés s'accompagnent dans le processus d'attribution de sens.

4. Les règles liées à l'objet ou à l'intention

L'objet de la loi se confond souvent avec l'intention ou la volonté du législateur que toutes les méthodes d'interprétation des lois prétendent rechercher dans le texte de loi. Si le texte en vigueur diffère de sa version antérieure, cette différence peut traduire, de la part du législateur, une volonté de changer le fond. Les travaux préparatoires peuvent également éclairer le juge sur l'intention du législateur au moment de l'adoption de la loi.

Les travaux préparatoires font partie du contexte externe de la loi. Ils comprennent tous les documents parlementaires qui entourent l'adoption de la loi et font référence au contexte dans lequel la loi a été conçue et adoptée, contexte social, politique, économique, culturel, historique ou même institutionnel.

5. Le respect du droit international

Le législateur n'est pas censé déroger aux règles du droit international ni au contenu des traités auxquels a adhéré l'État. Le législateur est présumé agir conformément aux articles 148, 150 et 151 de la Constitution d'avril 2020 relatifs à la supériorité de l'autorité des traités et Accords internationaux sur celles des lois nationales. C'est ce que la présomption du respect du droit international enseigne et de la volonté d'harmonisation du droit interne avec le droit international posée par la constitution en son article 151duquel on peut inférer que les traités internationaux, incorporés au droit interne par une loi qui assure l'exécution des obligations internationales, deviennent une source première d'interprétation pour l'application de cette loi.

Il est regrettable de constater que le juge guinéen est réticent à faire droit à l'évocation des règles de droit international, nonobstant le régime du monisme avec primat de la règle internationale. Heureusement que la survenance du Traité OHADA assouplit cette tendance au refus de prendre en compte la norme internationale ou communautaire dans le règlement des contentieux.

---

[48] Stéphane Beaulac et Frédéric Bérard, *Précis d'interprétation législative*, 2e édition, Montréal, LexisNexis Canada, 2014

Le choix du monisme oblige le juge guinéen à admettre que les règles issues des conventions et traités régionaux et internationaux s'imposent à son office.

6. Le respect de la Constitution

Tant qu'un jugement d'inconstitutionnalité d'une loi n'est pas rendu, la loi est présumée valide. Lorsqu'un jugement d'inconstitutionnalité survient, la loi devient inopérante.

7. La modification du droit antérieur

L'adoption d'un texte législatif fait présumer que le législateur a entendu modifier le droit antérieur. Elle est censée traduire une volonté de changement par rapport au texte antérieur, avec la conséquence qu'une modification de forme dans le texte de la loi fera présumer une modification de fond.

8. La non-rétroactivité des lois

La règle ***« Nova constitutio futuris formam imponere debet, non praeteritis »***, signifiant que la loi ne rétroagit pas; elle doit régir le présent et le futur, non pas le passé. « *Sa rétroactivité pourrait causer un préjudice à l'honnête justiciable qui s'était conformé aux lois en vigueur et qui avait le droit de s'en prévaloir* »[49].

Lorsque la loi s'applique à des situations ou des faits accomplis. La présomption de non-rétroactivité qui assure la sécurité des actes juridiques doit faire éviter « *que des actes accomplis sous l'empire d'une loi soient, après coup, appréciés par rapport à des règles qui n'existaient pas jusqu'alors*[50]».

L'interprétation de la loi par le juge est le fruit de la combinaison de l'acte de volonté et de l'acte de connaissance porteurs, tous deux, d'un véritable pouvoir créateur. Elle ne doit pas s'exercer de manière arbitraire, mais en considération des méthodes engendrées par l'expérience et destinées à préserver la cohérence et la stabilité de l'ordre juridique.

9. Rôle de la juridiction de cassation

L'absence, l'obscurité, l'ambivalence, les ambiguïtés ou les lacunes au moment où il faut donner une solution concrète à un cas concret font surgir la nécessitent de l'interprétation de la loi.

---

[49] Albert MAYRAND, Dictionnaire de maximes et locutions latines utilisées en droit, 4e éd. par Mairtin MAC AODHA, Cowansville, Éditions Yvon Blais, 2007, p. 408.

[50] Pr. Pierre-André **CÔTÉ, avec la collaboration** de Stéphane BEAULAC et ... 69 **P.-A. CÔTÉ, avec la collab.** de **S. BEAULAC** et **M. DEVINAT, préc., note 30, p. 144.**.

En raison de ces caractères de la loi, le droit est, de manière générale, une discipline d'interprétation de règles juridiques, procédant par une démarche interprétative unique et permettant de dégager une intelligibilité du sens et une détermination de la portée de la loi proches de la véritable nature du droit.[51]

L'une des missions de la Cour suprême, découlant de la fonction de censure que lui attribue l'article 65 de la loi organique L/2017/003/AN du 23 février 2017, est d'harmoniser l'interprétation de la loi, de façon à ce que les citoyens soient jugés de la même façon sur l'ensemble du territoire national, conformément aux principes de l'égalité et de l'équité.

En adoptant et promulguant une loi, le législateur entend prévenir une situation ou fournir une solution de droit à un problème et il attend, comme suite, que les citoyens obéissent à la loi et, qu'en cas de contestation, le juge tranche en appliquant ladite loi.

Cependant, les choses se passent différemment, puisqu'au contact de la réalité, notamment en cas de survenance de contestation, il apparaît que de nombreuses lois comportent silence, vacuité ou ambiguïté ou même ambivalence.

Par l'interprétation qu'il donne de la loi, dans une cause qui lui est soumise, le juge détermine, en même temps, le sens et la portée de la loi.

Cette interprétation indique la manière adéquate, dont la loi doit être appliquée. Tel est l'effet quasi-normatif de la jurisprudence, qui sera renforcé dans la mesure où l'interprétation donnée est maintenue par la Cour suprême. [52]

Le pouvoir d'interpréter la loi est consubstantiel à la fonction de l'appliquer. C'est donc au juge que revient, au premier chef, la mission d'interpréter les textes à l'occasion de l'application la loi, d'assurer le passage de la règle générale au cas particulier.

De plus en plus, et sous certaines conditions, le juge sera même parfois investi du pouvoir d'émettre des avis sur l'interprétation des textes dont le sens fait difficulté.[53]

Au demeurant, il faut admettre que l'interprétation est une composante essentielle du droit, découlant du raisonnement juridique,

---

[51] Mme Claudia GHICA-LEMARCHAND, Maître de conférences de droit privé, Université de Bretagne Occidentale

[52] M. Paul MAFFEI, Président de la Cour de cassation de Belgique

[53] CAROLINE BOUIX colloque annuel institut catholique « la loi et le juge » 20 octobre 2016

qui est le cheminement processuel de l'application d'une règle à un cas. Elle est l'approche qui consiste à donner ou à préciser le sens de la loi, en vue de déterminer le périmètre de la portée de la règle qu'elle édicte, dans le contexte de l'application de celle-ci.

Dans un sens plus large, l'interprétation juridique désigne toute forme de raisonnement du juge, qui conduit à la solution d'un cas ou à la découverte d'une règle.[54]

Lorsqu'elle émane du juge de cassation, la Cour suprême, elle tend, par l'effet de la censure, à **uniformiser** et **unifier** l'application des règles de droit par l'ensemble des juridictions et de faire respecter leur interprétation par les juges des juridictions inférieures.

Le rôle de la Cour suprême ne se limite pas à vérifier si les règles de droit ont bien été appliquées par les juges, au regard de l'affaire qui leur était soumise et des questions qui leur étaient posées. Elle doit également vérifier la conformité au Droit, des décisions juridictionnelles rendues en dernier ressort par les Cours et Tribunaux, au sommet desquels elle est placée.

En outre, elle dispose, en vertu des articles 2 et 5 de la loi organique L/2017/003/AN, d'une mission d'interprétation des lois dite "procédure d'avis", dont elle peut se trouver saisie.

Les pourvois sont motivés sur des moyens, tels que la violation des formes, la violation de la loi, et le défaut de base légale. La violation des formes comprend notamment l'adjudication sur choses non demandées, l'omission de statuer, l'absence ou la contrariété de motifs, le respect de la forme légale des jugements ou la non-communication au Ministère public dans le cas où cette formalité est déclarée obligatoire par un texte de loi.

La violation de la loi inclut l'excès de pouvoirs, l'incompétence, la contrariété de jugements ou d'arrêts rendus entre les mêmes parties par les mêmes cours et tribunaux et la violation de l'autorité de la chose jugée.

Le manque de base légale est le moyen qui est invoqué lorsqu'une décision rendue en dernier ressort ne permet pas de distinguer si la juridiction qui l'a rendue, a statué en droit ou en fait. Ce moyen peut viser également le cas où le jugement ou l'arrêt, qui est déféré par le pourvoi en cassation, ne s'est pas expliqué, soit sur l'application qu'il a

[54] Benoît FRYDMAN, Professeur ordinaire à la Faculté de Droit de l'ULB., *Le sens des lois, Bruylant Bruxelles et LGDJ Paris, 2005, n° 1, p. 15.*

faite d'une disposition légale, soit sur le refus d'appliquer une disposition qui était invoquée par le demandeur au pourvoi.

G - DEUX ACCEPTIONS DE L'INTERPRETATION

La première acception de l'interprétation apparaît chaque fois que le juge doit assurer le passage d'une loi qui, par définition, est générale, impersonnelle et abstraite, à un cas concret qui lui est soumis, à l'occasion d'une contestation génératrice de l'obligation de juger, de donner une réponse à la demande qui lui est adressée, de trouver une solution au litige dont il est saisi, sous peine d'engager sa responsabilité, tant pénale que civile, pour déni de justice. En effet, un texte de loi, conçu dans le but d'apporter une solution de droit, doit s'interpréter de la manière la plus équitable et la plus large qui soit compatible avec la réalisation de son objet. Toute interprétation d'un texte doit assurer, affirme un auteur « *l'accomplissement de son objet et l'exécution de ses prescriptions suivant leurs véritables sens, esprit et fin* ».

La seconde acception de l'interprétation provient de la nécessité de compréhension et de détermination du champ d'application d'une loi, c'est-à-dire de l'impératif de chercher le sens de la loi et déterminer la portée de son application.

Le rôle essentiel et exclusif d'unification ou d'uniformisation de la jurisprudence conféré à la Cour suprême, au sommet de la hiérarchie judiciaire, consiste à interpréter la règle de droit, que cette règle soit de fond ou de procédure, qu'elle soit ancienne ou nouvelle, ce qui confère d'autant plus d'intérêt à ses décisions.

Cette interprétation est fournie par les réponses qu'elle donne dans ses arrêts aux moyens qui sont soutenus devant elle, et plus spécialement, aux moyens qui invoquent une violation de la loi.

SECTION III – PRINCIPE DU CONTRADICTOIRE

L'article 21 du CPCEA affirme l'exigence de la contradiction, en indiquant : « *Il n'y a de jugement ou arrêt contradictoire que si les parties ont été régulièrement entendues ou appelées* ».

L'article préliminaire du CPP dispose : « *la procédure pénale doit être équitable et contradictoire et préserver l'équilibre des droits des parties. Elle doit garantir la séparation des autorités chargées de l'action publique et des autorités de jugement* ».

Ces deux exigences procédurales impliquent pour le juge l'obligation de relever d'office l'éventuelle inobservation du principe du contradictoire par les parties. Ce principe constitue une règle d'ordre public et l'alinéa 1er de l'article 23 lui incombe l'obligation d'opérer cette vérification en ces termes : «: *Le juge doit, en toutes circonstances, veiller au respect du principe de la contradiction qui s'impose aux parties et à lui-même* ».

Il convient de noter que la violation d'un principe fondamental de procédure peut constituer un excès de pouvoir, de sorte que la loi a ouvert des voies de recours au plaideur qui est victime de cette violation d'un principe directeur de la procédure, telle la contradiction.

L'exigence de la connaissance, par le destinataire de l'acte de saisine du juge, se retrouve dans les règles particulières relatives aux notifications internationales de l'article 603, alinéa 3 du CPCEA « *la demande n'est recevable que si elle est formée dans un délai raisonnable à partir du moment où le défendeur a eu connaissance de la décision, sans jamais pouvoir l'être plus d'un an après la notification de celle-ci; ce délai n'est pas suspensif d'exécution* » , avec des nuances, puisque le juge pourra statuer au fond, sous certaines conditions.

En outre, si, selon l'article 700 du CPCEA, il n'est pas établi que le destinataire de l'acte en a eu connaissance en temps utile, « *le juge peut prescrire d'office toutes diligences complémentaires, sauf à ordonner les mesures provisoires ou conservatoires nécessaires à la sauvegarde des droits du demandeur* ».

Lorsqu'il entend faire usage de ses pouvoirs d'office, l'article 23 du CPCEA dispose : « Le juge doit en toutes circonstances, veiller au respect du principe de la contradiction qui s'impose aux parties et à lui-même ». De même, l'alinéa 3 du même article prescrit que « *le juge ne peut fonder sa décision sur les moyens de droit qu'il a relevés d'office sans avoir, au préalable, invité les parties à présenter leurs observations* ». Etant entendu que l'article 286 de ce code confère au juge le pouvoir d'« *entendre les parties elles-mêmes et toute personne dont l'audition paraît utile à la manifestation de la vérité* ».

Le juge ne peut « *retenir, dans sa décision, les moyens, les explications et les documents invoqués ou produits par les parties que si celles-ci ont été à même d'en débattre contradictoirement* » (article 23, al. 2). Et c'est pourquoi, l'article 245 attribue au juge le droit d'« *écarter des débats les pièces qui n'ont pas été communiquées en temps utile.* »

Les articles 241 et 304 du CPCEA, ensemble, imposent aux parties l'obligation de communiquer leurs pièces à leur adversaire, spontanément, sur sommation, voire sur injonction du juge (article 243) qui peut, le cas échéant, être accompagnée du prononcé d'une astreinte (articles 244 et 246).

La sanction prévue par l'article 245, qui vise à rejeter les pièces tardives, ce que le juge apprécie souverainement, s'étend aux conclusions déposées tardivement, comme dans l'effet produit par la décision de clôture qui prévoit une irrecevabilité de plein droit des conclusions et pièces produites aux débats (article 98).

La sanction repose davantage sur le respect du temps utile que sur une obligation qu'aurait le juge de caractériser les circonstances particulières pouvant empêcher le respect du principe de la contradiction. Selon l'article 796, les pièces communiquées et les conclusions signifiées sont réputées communiquées ou signifiées lorsque, conformément à son alinéa 2 « *copie des conclusions est remise au greffe avec la justification de leur notification ou de leur communication* ».

La procédure judiciaire est fortement imprégnée du principe de la contradiction qui impose aux parties, article 45 à 47 du CPCEA, une obligation présentielle aux audiences, personnellement ou par représentant autorisé par la loi, avec la conséquence que toute pièce ou écriture communiquée ou déposée, sans comparaître, est irrecevable, en l'absence physique des parties pour s'y référer à l'audience. Telle est la raison pour laquelle un plaideur ne peut, oralement, former une demande nouvelle ou reconventionnelle alors que son adversaire est défaillant.

Dans ces conditions, lorsqu'une partie est présente à une audience et soutient oralement ses prétentions, tout en déposant des écritures, le juge saisi de celles-ci est tenu de statuer dans une audience ultérieure sur leur bien-fondé.

En dehors des prétentions et des pièces, il est important de relever que le principe du contradictoire s'applique aussi dans le domaine probatoire et spécialement aux opérations d'expertise, dans la mesure où l'article 378 pose la règle selon laquelle : « *l'expert doit prendre en considération les observations ou réclamations des parties, et lorsqu'elles sont écrites, les joindre à son avis si les parties le demandent.* »

Cette disposition de la loi montre que le respect du contradictoire est posé dans l'intérêt des parties, mais aussi de celui de la justice.

Au regard de la preuve du respect de la contradiction, il est admis que les moyens retenus par la décision, y compris ceux soulevés d'office, sont présumés avoir été débattus contradictoirement, conformément à l'alinéa 2 de l'article 23 du CPCEA.

Le principe du contradictoire est présent dans le CPP en ses articles 229, 232, 238, 294, 412, 478, 483, 484, 493, 495, 497, 579, 586, 611, 872, 997, 1001, 1024, 1027, 1028, 1034, 1041,1042, 1069, 1092, 1095, 1102, 1115, 1131, 1138, 1139, 1156, 1198, 1228,

SECTION IV : PRINCIPES DE MOTIVATION, DE PUBLICITE, D'IMPARTIALITE, DE CELERITE ET DE LOYAUTÉ

« La meilleure garantie de l'objectivité se situe dans la qualité de la motivation de la décision »[55].

Ainsi, Claude-Joseph de Ferrière souligne, dans le Dictionnaire de droit et de pratique, que « *les motifs étant l'âme du jugement, se servir d'un arrêt sans en rapporter le motif, c'est se servir d'un corps sans âme* »[56]

Camille-Julia GUILLERMET, ajoute : « *la motivation sert à la construction de la règle dans le cas concret* ».[57]

La motivation éclaire l'office de la juridiction supérieure compétente pour statuer sur le bien-fondé des décisions de justice qui lui sont déférées.

On peut noter quatre raisons à l'exigence de la motivation :

1. la transparence de la justice ;
2. le fait que la motivation facilite l'acceptation de la décision, par les parties et par le public ;
3. le fait que la motivation pose une limite au pouvoir judiciaire ;
4. et, enfin, le fait que la motivation est nécessaire, compte tenu de la fonction des juges qui est de créer les précédents jurisprudentiels.

---

[55] Frédéric DREIFUSS-NETTER professeur à l'Université Paris-Descartes

[56] Cité par Papa Assane Touré, La réforme de l'organisation judiciaire du Sénégal. Commentée et annotée, Dakar, L'Harmattan-Sénégal /CREDILA, 2016, p. 320.

[57] Camille-Julia Guillermet, La motivation des décisions de justice. La vertu pédagogique de la justice, Paris, L'Harmattan, 2006, p. 53.

Ces quatre raisons incombent au juge les devoirs et obligations ci-après :

1. S'assurer de certaines prescriptions de la loi, comme le fait de rendre la décision en délibérant conformément aux prescriptions des articles 56, 110, 112, 115, 117, 175, 595, 1284 du CPCEA, c'est-à-dire par les juges qui ont assisté aux débats et en nombre tel que prévu par les textes ;
2. Motiver sa décision (47, 86, alinéas 4 & 5, 89, alinéa 2, 116, alinéa 2, 151, alinéa 2, 568, alinéa 2, 741, 789, 818, 826, 827, 830 alinéa 3 CPCEA). Le juge, qui statuerait par simple affirmation, violerait les dispositions susmentionnées ;
3. Ordonner la réouverture des débats, chaque fois que les parties n'ont pas été à même de s'expliquer contradictoirement sur les éclaircissements de droit ou de fait qui leur avaient été demandés ou en cas de changement survenu dans la composition de la juridiction

Au sujet de la valeur des décisions du juge, dont il a été question plus loin, elles ne doivent pas seulement être conformes aux dispositions susmentionnées relatives aux règles de la délibération et de la motivation.

La valeur des décisions du juge, prises sur le fondement de la contradiction, s'apprécie en termes de morale et d'éthique, suivant la règle de l'impartialité du juge, qui touche à l'égalité des citoyens devant la loi et forme un élément essentiel de la confiance du public dans la justice.

La garantie de l'impartialité des juridictions judiciaires est énoncée aux articles 450, 452 et 457 du CPCEA, ce dernier précise que : « *Le juge, dès qu'il a communication de la demande, doit s'abstenir jusqu'à ce qu'il ait été statué sur la récusation* ».

La notion d'impartialité renvoie à deux réalités différentes complémentaires :

- le for intérieur, la conscience du magistrat, ;
- les fonctions antérieurement exercées par le juge.

L'impartialité personnelle est présumée. La preuve contraire est difficile à établir et c'est pourquoi il est admis que des faisceaux d'indices objectifs peuvent conduire à cette démonstration.

Deux critères dominants se dégagent de l'étude de la jurisprudence :

- Un lien entre le juge et l'une des parties ;
- Les fonctions exercées antérieurement.

Ainsi l'impartialité est violée chaque fois que le juge, qui a déjà connu de l'affaire, aborde des questions identiques. La partialité du juge est démontrée si l'intervention antérieure du juge dans l'affaire peut révéler une idée préconçue sur la solution au fond. À cet égard, le juge doit :

1. Assurer la célérité de la procédure dans le respect d'un délai raisonnable, prévu par diverses les dispositions législatives, réglementaires ou conventionnelles sachant que la sanction du délai raisonnable n'est pas l'annulation de la procédure mais la réparation du préjudice subi, résultant éventuellement du non-respect du délai.

2. Obéir à trois exigences de loyauté :

- celle des débats contradictoires,
- celle des preuves admises par le droit,
- celle de l'intervention impartiale du juge dans l'échange entre les parties.

Le juge doit nécessairement motiver sa décision pour justifier, légitimer sa décision, car sa décision, solution du litige, qui prend la forme d'un syllogisme juridique exprimant une logique imparable, est dérivée d'une proposition majeure, la règle de droit. Celle-ci est suivie d'une proposition mineure, les faits de l'espèce, et d'une conclusion, sa décision.

La décision du juge doit être motivée, parce qu'il est admis dans le système de droit d'obédience française que les juges sont libres d'élaborer les grands principes du droit : la découverte prétorienne de l'enrichissement sans cause en est un bon exemple.

La transparence de la décision, résultant de la motivation, est susceptible de diminuer la possibilité de l'exercice des voies recours car, bien motivée, une décision doit pouvoir traduire les besoins et les désirs des parties de comprendre le résultat de leurs procès, d'identifier et de comprendre la règle de droit contenue dans la jurisprudence.

Plus important encore, la transparence de la décision du juge met en exergue son impartialité, car l'autorité de la décision judiciaire ne doit pas faire de doute, elle doit être sans équivoque.

SECTION V : PRINCIPE DE PUBLICITE

La publicité des débats et du prononcé de la décision est un principe fondamental du fonctionnement de la justice. Ce principe est consacré par l'article 10 de la Déclaration universelle des droits de l'homme et 14 du Pacte international relatif aux droits civils et politiques, et inscrit dans nos codes. Il se justifie par le fait que la justice étant rendue « *au nom du peuple* », les citoyens doivent pouvoir en contrôler l'exercice quotidien et en apprécier la crédibilité.

Il existe un principe général de publicité des débats judiciaires et du prononcé des jugements. Cependant, la mise en œuvre de cette règle fondamentale permet d'en aménager la portée :

- **la publicité des débats** peut être aménagée en fonction de considérations tenant à l'intérêt général (ordre public, sécurité nationale, sérénité de la justice) ou à l'intérêt des parties (protection des mineurs, protection de la vie privée). Sauf les cas où la loi le prévoit (comme devant les juridictions pour mineurs), il revient au président de statuer sur l'éventualité d'un **huis clos** ;
- **la publicité du prononcé de la décision** ne souffre par contre d'aucune exception, qu'il soit fait par lecture à l'audience ou par dépôt au greffe. Dans tous les cas, les tiers peuvent se faire délivrer gratuitement une copie de la décision.

Le principe de publicité de la justice pose enfin la question de sa **médiatisation**, et notamment celle de la diffusion audiovisuelle des débats judiciaires. Si les journalistes possèdent un libre accès aux salles d'audience, l'enregistrement des débats est interdit (sauf procès historique ou autorisation spéciale). La pression des médias audiovisuels est aujourd'hui forte pour obtenir, au nom de la transparence, le droit de diffuser les procès. Mais quelles en seraient les conséquences sur la qualité du **service public** de la justice ?

1. La publicité des audiences

Le principe de la publicité des débats judiciaires, articles 100, 251, 269, 674, alinéa 2, 924, 1162 du CPCEA et 60 de la loi organique L/2017/003/AN relative à la Cour suprême, vise à encourager le débat public dans une société libre et démocratique. Ce principe existe afin que les décisions des tribunaux et celles des poursuivants, ainsi que la conduite des officiers de police judiciaire et celles des accusés ou des personnes, qui font l'objet d'une ordonnance judiciaire soient débattues, scrutées, analysées, critiquées ou approuvées.

Traditionnellement, on considère que la publicité de la justice, est une garantie de bonne justice, notamment parce qu'elle assure une transparence. Mais cette exigence de transparence peut, parfois, être contrariée par d'autres exigences : justice rendue dans la sérénité, sans porter atteinte à l'intimité des justiciables, d'où l'aménagement des audiences à huis-clos, en chambre du conseil.

L'enjeu de la procédure détermine l'exigence ou non de publicité. Il 'agit, pour le public, de se rendre lui-même compte de la manière dont la justice est rendue, afin d'en apprécier la transparence et d'y placer sa confiance. Grâce à la publicité, le justiciable, et plus largement le corps social, exerce un contrôle sur la justice ; contrôle d'autant plus important pour la société, en matière pénale, qu'il s'agit de punir l'un de ses propres membres.

Le public va donc avoir librement accès aux salles d'audience, mais il sera tout de même tenu d'assister aux débats, sans donner aucun signe d'approbation ou d'improbation, sans quoi les perturbateurs peuvent être évacués de la salle sur ordre du Président de la juridiction, lequel peut même faire évacuer la salle (art. 51, 52, 101 & 102 CPCEA).

Celle-ci est considérée comme une garantie essentielle pour la bonne administration de la justice. Cette garantie ne concerne seulement les parties à la cause mais elle protège aussi le jugement contre la suspicion du public.

Cependant, devant la Cour suprême, on peut néanmoins mettre un bémol sur la pertinence de la garantie de la publicité, lorsque l'on sait que les audiences de pourvoi en cassation sont peu suivies par le public.

Enfin, il y a lieu de noter que la publicité des audiences est d'ordre public, conférant ainsi une importance particulière à la publicité des débats et à celle du prononcé de la décision judiciaire.

2. La publicité du jugement

Au regard de l'article 13 de la Constitution de 2020 et de très nombreuses dispositions des Codes de procédure (soit articles 96, 674, al 2 et 924 du CPCEA, 59 de la loi organique L/2017/003/AN du 23 février 2017), il est indiqué que les jugements sont rendus, c'est à-dire prononcés en audience publique, même dans le cas où une partie de la procédure se déroulerait en chambre de conseil. Dans certains cas, ces jugements font l'objet d'une publicité spéciale, ainsi doivent être publiés par extrait dans le journal officiel, les jugements prononçant le divorce ou la faillite. Enfin, la publication d'un jugement doit être ordonnée par le tribunal ; notamment à titre de réparation civile.

SECTION VI: PRINCIPE DE COLLEGIALITE, D'IMPARITE ET DE MAJORITE

1. Principe de collégialité

Le principe de collégialité désigne **le fait qu'une affaire soit jugée par plusieurs juges**, siégeant et délibérant ensemble. Ce mode de composition des juridictions possède de multiples avantages, il trouve cependant dans la pratique une application contrastée.

La collégialité présente **plusieurs garanties, tant pour les magistrats que pour les justiciables :**

- d'une part, la collégialité permet au magistrat de se former et d'enrichir sa réflexion au contact de ses collègues. Elle lui assure, en outre, une protection qui garantit la sérénité des délibérés et l'indépendance de sa décision ;
- d'autre part, la collégialité assure au justiciable une décision mesurée, peu susceptible d'avoir été influencée par la partialité d'un juge, et dotée d'une plus grande autorité.

Pour autant, la collégialité ne constitue **ni un droit pour le justiciable, ni un principe fondamental du procès**. Le Conseil constitutionnel français, par exemple, considère qu'elle ne possède pas valeur constitutionnelle. Il s'agit plutôt d'un mode d'organisation traditionnel des juridictions : les formations criminelles, sociales et commerciales du tribunal de première instance, de la Cour d'appel et des hautes juridictions nationales sont collégiales.

Il faut, cependant, **distinguer la véritable collégialité dite "cachée"**, prévue par le code de procédure civile qui permet, lors de la mise en état, au magistrat chargé de la mise en état, si les avocats ne s'y opposent pas, de tenir seul l'audience, pour entendre leurs conclusions orales et d'en rendre compte au tribunal au moment de son délibéré. Il faut, en outre, prendre en compte les atteintes multiples au principe de collégialité par le recours massif au juge unique dans certaines matières.

Le principe de collégialité signifie que les magistrats composant la formation collégiale doivent délibérer ensemble. Les articles 95, alinéa 2 et 107, alinéa 2 du CPCEA indique : « *En cas de changement survenu dans la composition de la juridiction après l'ouverture des débats, ceux-ci doivent être repris* ».

2. Principe d'imparité et de majorité

Les Cours et Tribunaux siègent soit à juge unique, soit en formation collégiale. Le collège de magistrats est absolument à composition impaire (articles 34, 35 et 41, al.3 de la loi organique L/2017/003/AN du 23 février 2017).

Sauf disposition expresse contraire, toute décision rendue dans les affaires contentieuses, en violation de ce principe d'imparité, est entachée de nullité.

Les magistrats, dont les noms sont mentionnés sur la minute du jugement ou de l'arrêt, comme ayant composé la juridiction lors du prononcé de la décision, sont présumés être ceux qui en ont délibéré.

À ce sujet, l'article 56 du CPCEA dispose : « Dans les formations collégiales, la décision est rendue à la majorité des voix ». Ce principe de majorité, repris par l'alinéa 2 de l'article 41 de la loi organique L/2017/003/AN du 23 février 2017, exclut la prépondérance de voix, précisément celle du président de la formation.

SECTION VII : PRINCIPE DU FORMALISME

Devant les juridictions de droit commun, la procédure est écrite, alors qu'elle est orale devant les juridictions d'exception où les conclusions ne sont pas obligatoires et la demande peut être modifiée jusqu'au dernier moment.

La dénomination du code guinéen : CODE DE PROCÉDURE CIVILE ECONOMIQUE ET ADMINISTRATIVE (CPCEA), est éloquemment indicative de ce que la procédure civile a pour objet de préciser les règles que les parties à un procès doivent observer devant les cours et tribunaux et les formalités auxquelles elles-mêmes et les hommes de loi (magistrat, avocats, huissiers de justice et notaires) doivent se soumettre, en vue d'aboutir au jugement et à son exécution.

De cette dénomination du code, on peut induire que la procédure civile régit également le procès du contentieux administratif et fiscal, du droit économique, du droit commercial.

Une instance judiciaire, plus clairement un procès, ne peut valablement être engagée et suivie que si les formalités rituelles imposées par la loi aux parties et au juge, consistant à se plier à l'accomplissement d'actes successifs obligatoires, selon leurs formes et conditions, sont respectées et leur violation sanctionnée.

Le formalisme tire sa rigueur de deux vertus essentielles. La première se déduit de la célèbre phrase de **Rudolf von Jhering** *« ennemie jurée de l'arbitraire, la forme est la sœur jumelle de la liberté »*, dans la mesure où la forme apporte la sécurité et la certitude à celui qui y soumet l'exercice de son droit ou de son action. La seconde réside dans la garantie pour le plaideur d'avoir connaissance de l'acte qui lui est destiné et il y trouve les informations nécessaires à l'organisation de la défense de ses intérêts.

Le formalisme, en ce qu'il impose des contraintes au plaideur, peut être si rigoureux qu'il est susceptible de paralyser le fond même de la procédure et la jouissance entière d'un droit. L'utilité du formalisme juridique est évidente, par cela qu'il garantit le bon fonctionnement de la justice en empêchant que celle-ci soit laissée à la fantaisie du plaideur et à l'arbitraire du juge.

Le formalisme est également la source de la loyauté des discussions et des débats. Il revêt le caractère de l'égalité des armes des parties et de celui du mécanisme monté par le législateur pour la sauvegarde de leurs droits, dès l'instant où chacun a respecté le rituel imposé par la loi.

Il est à noter que le formalisme juridique parfois choque souvent les esprits des justiciables guinéens, dont la mentalité est nourrie par le pragmatisme de la tradition et de la moralité africaines, de sorte qu'ils ne peuvent admettre que la vérité puisse être sacrifiée à l'autel du formalisme du droit positif moderne.

Ce divorce entre le droit positif guinéen, construit sur la conception occidentale du formalisme basée sur la sécurité juridique et la conception africaine fondée, avant tout, sur la moralité, est à l'origine des plus virulentes des critiques et des plus grossiers brocards contre les magistrats.

Il incombe donc aux juges et à la communauté des juristes guinéens de faire preuve d'imagination créatrice pour faire naitre une compréhension conciliatrice des deux conceptions : l'harmonisation de la rigueur de la conception de sécurité juridique et celle de la rigueur de la moralité.

SECTION VIII : DES OBLIGATIONS DU JUGE

Au regard du droit, le juge doit :

- trancher « le litige conformément aux règles de droit qui lui sont applicables » (article 18, alinéa 1er) ;
- « donner ou restituer leur exacte qualification aux faits et actes litigieux sans s'arrêter à la dénomination que les parties en auraient proposée » (article18, alinéa 2), sauf (al. 3) si les parties ont entendu, en vertu d'un accord exprès et pour les droits dont elles ont la libre disposition, lier le juge « par les qualifications et points de droit auxquels elles entendent limiter le débat ».

La qualification des faits est toujours opérée d'office par le juge, suivant le principe *''jura novit curia''* (article 17, alinéa 2 CPCEA). Le juge a ainsi l'obligation de qualifier ou requalifier les faits et actes litigieux qui ont été spécialement évoqués par les parties. Il doit donc vérifier la qualification proposée par les parties et la corriger si elle devait s'avérer erronée, dans la limite cependant de l'objet du litige que le juge ne peut modifier. L'alinéa 2 de l'article 16 du CPCEA prescrit que « *parmi les éléments du débat, le Juge peut prendre en considération les faits que les parties n'auraient pas spécialement invoqués au soutien de leurs prétentions* ».

Cette règle, qui oblige le juge à qualifier ou requalifier, signifie aussi que si les parties n'ont pas précisé le fondement de leurs demandes, le juge doit rechercher la règle de droit appropriée. Lorsque les parties ne qualifient pas les faits, lorsqu'aucun fondement juridique n'est invoqué par elles, le juge a pouvoir de « *relever d'office les moyens de pur droit, quel que soit le fondement juridique invoqué par les parties* ». Inversement, lorsque le demandeur a précisé le fondement juridique de sa prétention, le juge, s'il peut rechercher lui-même la règle de droit applicable au litige, n'en a pas l'obligation. Mais lorsqu'une règle est invoquée, le juge doit vérifier que les conditions de son application sont réunies.

« *Qu'en est-il lorsque le fondement juridique de la demande, tel que proposé par les parties n'était pas le seul envisageable ? Le juge doit-il examiner, d'abord, la demande telle que formulée par les parties, puis, toutes celles qui n'ont pas été envisagées par elles ?*

La Cour de cassation française a tranché cette interrogation par un arrêt d'Assemblée plénière du 21 décembre 2007 : « *si, parmi les principes directeurs du procès, l'article 12 du nouveau code de procédure civile oblige le juge à donner ou restituer leur exacte qualification aux faits et actes litigieux invoqués par les parties au soutien de leurs prétentions, il ne lui fait pas obligation, sauf règles particulières, de changer la dénomination ou le fondement juridique de leurs demandes ; qu'ayant constaté, par motifs propres et adoptés, qu'elle était saisie d'une demande fondée sur l'existence d'un vice caché dont la preuve n'était pas rapportée, la cour d'appel, qui n'était pas tenue de rechercher si cette action pouvait être fondée sur un manquement du vendeur à son obligation de délivrance d'un véhicule conforme aux stipulations contractuelles, a légalement justifié sa décision de ce chef* ».

Les règles particulières, qu'évoque la décision, tiennent à l'ordre public (par ex. l'article 120, qui vise les exceptions de nullité *« fondées sur l'inobservation des règles de fond relatives aux actes de procédure [quand] elles ont un caractère d'ordre public » ; ou des fins de non-recevoir d'ordre public, art.238 et 239) ou à l'application d'une loi étrangère.»* [58] .

Il s'ensuit qu'au regard des moyens de droit, l'alinéa 3 de l'article 18 crée, pour le juge, la faculté de les « *relever d'office, quel que soit le fondement juridique invoqué par les parties* ».

Dans ce sens, les articles 191, 192 et 193, le CPCEA indique « *les exceptions de nullité fondées sur l'inobservation des règles de fond relatives aux actes de procédure sont relevées d'office lorsqu'elles ont un caractère d'ordre public. Le juge peut relever d'office la nullité pour défaut de capacité d'ester en justice* ».

Au sujet des fins de non-recevoir, les articles 238 et 239 du CPCEA précisent qu'elles « *doivent être relevées d'office lorsqu'elles ont un caractère d'ordre public, notamment lorsqu'elles résultent de l'inobservation des délais dans lesquels doivent être exercées les voies de recours ou de l'absence d'ouverture d'une voie de recours. Le juge peut relever d'office la fin de non-recevoir tirée du défaut d'intérêt, du défaut de qualité ou de capacité*», de la forclusion, de la prescription, du délai préfix et de la chose jugée (article 235 du CPCEA).

Cette faculté, résultant des articles191, 193, 238 235 et 239 du CPCEA, laisse la place, par exception, à une obligation en présence de moyens de pur droit, c'est-à-dire la règle d'ordre public, le moyen dit de '*'pur droit*'', qui n'exige l'appréciation d'aucun fait non déduit devant le juge du fond », c'est un moyen implicitement invoqué compte tenu de l'exposé des prétentions en fait et en droit, ou, présenté encore autrement. Ce moyen porte sur des motifs de droit, ainsi que sur le fond d'une affaire ou sur la procédure qui est nécessairement dans la cause, telle que celle-ci est ainsi définie par l'article 12 du CPCEA, « *le fait ou l'acte juridique qui sert de fondement à la demande. Elle délimite l'étendue du litige* ».

Le concept de **moyen de pur droit** est surtout utile pour l'appréciation du pourvoi en cassation, puisque le moyen de pur droit, présenté pour la première fois lors du pourvoi en cassation, n'est pas

---

[58] Conférence du Pr. Yves STRICKLER : L'OFFICE DU JUGE : QUELS POUVOIRS ? QUELLES DÉCISIONS ? https://hal.archives-ouvertes.fr/hal-01077512, page 15

recevable ; mais il montre aussi, ce faisant, que le juge, qui n'a pas soulevé d'office un moyen de pur droit, pourra voir sa décision sanctionnée lors du pourvoi en cassation.

Il est à noter que la notion ***''moyen de pur droit''*** existe dans la législation guinéenne, dans les dispositions de l'article 18 du CPCEA relatives à l'obligation de trancher « *le litige conformément aux règles de droit qui lui sont applicables* », assortie à l'article 20 du même code de la faculté d'« *inviter les parties à fournir les explications de droit qu'il* [le juge] *estime nécessaires à la solution du litige* ».

Aux termes des articles 91 109, 199 et 239 du CPCEA, aucun moyen, même d'ordre public, non soulevé par les parties, ne pourra être examiné, sans que celles-ci aient été appelées à présenter leurs observations à cet égard.

De ce qui précède, le juge peut donc soulever d'office ''***les moyens de droit''***. A *contrario*, le juge ne peut pas, du moins en principe, soulever d'office des moyens dont l'objet est de protéger des personnes, alors même que ces moyens seront d'ordre public. Il relève du droit de la seule personne protégée d'invoquer les dispositions concernées. Cette modalité d'application a été dénommée règle d'''***ordre public de protection***''.

On ajoutera, pour terminer sur ces questions, que la demande initiale formée par assignation ou par remise d'une requête conjointe au greffe de la juridiction, selon les articles 44 et 524 du CPCEA et l'article 49 de la loi L/2017/003/AN du 23 février 2017 relative à la Cour suprême, doit contenir, à peine de nullité, outre l'objet de la demande avec un exposé des moyens en fait et en droit : « *1. l'indication de la juridiction devant laquelle la demande est portée ; 2. la date et l'heure de la comparution des témoins; 3. l'objet de la demande avec un exposé des moyens propres à la fonder; 4. l'indication que le tribunal pourra statuer même si le défendeur est défaillant; 5. la mention des pièces sur lesquelles la demande est fondée.* »

Du moment que cette nullité, pour vice de forme, suppose la demande de la partie intéressée, le juge ne peut relever d'office le moyen. La demande en nullité doit caractériser le grief résultant de l'irrégularité soulevée. À défaut de l'initiative de l'adversaire de soulever la nullité, le juge aura l'obligation d'envisager tous les fondements possibles de la demande portée devant lui…

L'article 44 du CPCEA impose aux parties l'obligation de concentration des moyens, dans le but d'empêcher de saisir à nouveau un juge d'appel de moyens qui n'ont pas été portés devant le juge de première instance, du moment que le paragraphe (3) de l'article 44 incombe au demandeur, de présenter, dès l'instance relative à la première demande, l'ensemble des moyens qu'il estime de nature à fonder celle-ci.

Pour la raison évidente qu'en invoquant un fondement juridique qui n'a pas été soulevée en temps utile, le plaideur génère une similitude de cause entre la demande initiale et l'Appel, dont la conséquence est le heurt de la demande en Appel contre la chose précédemment jugée relativement à la même contestation. La concentration des moyens s'opère donc par la sanction de la chose jugée.

CHAPITRE IV

Juge et voies de recours

SECTION I : NOTION DE RECOURS

L'action en justice a pour objet d'obtenir du Juge compétent qu'il se prononce sur une situation litigieuse au moyen d'un acte de procédure particulier : le jugement.

Si le jugement tranche le litige et dessaisit le juge, il ne met, cependant, pas fin au procès. L'action en justice, fondée sur le principe d'un procès juste et équitable, donne droit aux parties de critiquer le jugement prononcé, de marquer leur désaccord avec la décision du juge et d'obtenir que l'affaire litigieuse soit réexaminée à nouveau.

Ce sont les voies de recours, procédures de droit public, qui mettent en œuvre ce droit de critiquer le jugement rendu.

L'article 121 du CPCEA précise que « *la nullité du jugement ne peut être demandée que par les voies de recours prévues par la Loi* ». A cet égard, les voies de recours, prévues par les articles 590 et suivants du CPCEA, constituent des moyens processuels que la loi a mis à la disposition des parties, pour leur permettre la remise en cause d'un acte juridictionnel et d'obtenir un nouvel examen du litige ou du jugement.

Il est à noter que la pluralité des voies de recours a donné naissance à plusieurs classifications des voies de recours. Cette étude se limite à dégager, de l'énumération par l'article 509 du CPCEA, la seule classification légale qui repose sur l'étendue du recours ou de son effet : « *Les voies de recours ordinaires sont l'appel et l'opposition, les voies de recours extraordinaires sont la tierce opposition, la prise à partie, le pourvoi en cassation, la requête civile* ».

Le rabat d'arrêt est une voie de recours extraordinaire spéciale prévue par les articles 151 et 152 de la loi organique 003/AN du 23 février 2017.

Les articles 153 à 155 de cette loi organique prévoient la révision pour les seules matières criminelles et correctionnelles.

L'étendue du recours distingue, comme l'indique l'article 509 susvisé, les voies de recours ordinaires des voies de recours extraordinaires.

L'effet de la voie de recours, quant à lui, distingue la voie de la reformation ou dévolution de la voie de la rétractation.

L'article 606 dispose : « *La voie de l'appel est ouverte en toutes matières, même gracieuse, contre les jugements de première instance s'il n'en est autrement disposé* ».

L'article 636 définit l'opposition comme le moyen procédural, ouvert au seul défaillant, qui *« tend à faire rétracter un jugement rendu par défaut »*.

L'article 658 donne la précision suivante : « *La requête civile est une voie de recours extraordinaire par laquelle un plaideur demande à une juridiction ayant rendu une décision passée en force de chose jugée de bien vouloir rétracter cette décision pour qu'il soit à nouveau statué en fait et droit* ».

En matière criminelle ou correctionnelle, il existe la voie de recours spéciale de rétractation ou de réformation contre les décisions pénales définitives, devant la Cour suprême, pour erreur matérielle, dénommée révision (art. 153 loi organique L/2017/003/AN).

a. Effets des voies de recours

Les voies de recours ont pour effet soit de reformer ou d'annuler (appel, art. 605 CPCEA), soit de rétracter ou anéantir (opposition, art. 636 CCEA), soit à rétracter ou réformer (tierce opposition, art.646 CPCEA), soit de rétracter (requête civile, art. 658 CPCEA et révision), soit de ne rétracter ou réformer le jugement que partiellement, exclusivement dans la mesure où existe un préjudice (Prise à partie, art.667 et 668 CPCEA), soit à censurer pour non-conformité (pourvoi en cassation, art. 676 CPCEA et 65 de la loi organique L/2017/003/AN).

- **Effet dévolutif**

Toutes les voies de recours ordinaires ont un effet dévolutif, signifiant que le cas sera entièrement rejugé. L'aspect le plus connu de l'effet dévolutif est l'application du double degré de juridiction, qui permet à un plaideur de demander à une juridiction hiérarchiquement supérieure d'examiner une seconde fois le litige tranché en première instance (premier ressort ou premier degré).

L'effet dévolutif signifie que la juridiction saisie du recours tranche toutes les questions de droit ou de fait du procès

- **Effet suspensif**

Seules les voies de recours ordinaires ont pour effet de temporairement faire échec à l'exécution du jugement durant le temps nécessaire au règlement du recours formé, sauf exécution provisoire ordonnée par le juge.

Seules, parmi les voies de recours extraordinaires, la tierce opposition a effet suspensif, à ce sujet l'article 182 dispose : « *Le Juge peut également suspendre l'instance lorsque l'une des parties invoque une décision frappée de tierce opposition, de requête civile ou de pourvoi en cassation* ».

Ni le délai de recours, ni le pourvoi ne sont (article 79 de la loi organique L/2017/003/AN) suspensifs, sauf dans les cas prévus par les articles 80, 90 alinéa 3 et 91 de la même loi.

- **Effet confirmatif ou infirmatif**.

Les voies de recours ont toutes pour effets soit de confirmer, soit d'infirmer le jugement attaqué. La confirmation se traduit par le rejet du recours de l'appelant et par le maintien de la décision attaquée. La solution du premier juge est adoptée par les seconds juges.

A contrario, la décision infirmative annule la décision attaquée par le recours et donne une nouvelle solution au procès. Elle retire toute autorité juridique au jugement qu'elle a censurée et s'y substitue.

L'exercice d'une voie de recours peut déboucher sur une décision juridictionnelle partiellement confirmative (une partie de la solution est adoptée) et partiellement infirmative (une partie du recours est rejetée). Dans ce cas de figure, la décision juridictionnelle est amendée.

Le critère de distinction est simple, il repose sur l'idée que les voies de recours sont ou non ouvertes, selon que la loi en dispose ainsi ou non, et elles ne peuvent être utilisées que dans la mesure où le recours n'est pas épuisé.

Les articles 132 et 134 du CPCA ont prévu des voies de recours particulières contre les décisions qui soulèvent une difficulté d'interprétation ou qui sont entachées d'une erreur matérielle ou d'une omission de statuer ou encore qui ont été prises « ultra petita », « infra petita » ou « extra petita ».

Selon l'article 134 du CPP, le jugement contradictoire ou réputé tel n'est frappé de recours que par les voies ouvertes contre les jugements contradictoires.

Une voie de recours spécifique est prévue par l'article 201 du CPCEA, par laquelle une partie attaque une décision qui a statué sur la compétence et non sur le fond : le contredit

Exception faite de ces voies de recours particulières, l'article 590 distingue les voies de recours ordinaires et les voies de recours extraordinaires.

Les voies de recours ordinaires sont l'appel et l'opposition, les voies de recours extraordinaires, la tierce opposition, la prise à partie, la requête civile, le pourvoi en cassation (CPCEA, art. 590) et la révision.

L'article 679 du CPP prévoit deux voies de recours extraordinaires : le pourvoi en cassation et la révision ouverts selon la procédure prévue par les articles 49 à 58, 66 à 87, 105 à 141 de la loi organique L/2017/003/AN/SGG du 23 février 2017 portant attribution, organisation et fonctionnement de la Cour suprême.

Les voies de recours ordinaires, l'appel et l'opposition, qui sont ouvertes à tous les plaideurs, sauf texte contraire, suspendent l'exécution du jugement (CPCEA, art. 590). Quand les délais de recours ordinaires sont expirés ou que ces recours ont été utilisés, le jugement acquiert force de chose jugée (CPCEA, art. 551 à 553).

Le recours par voie extraordinaires et le délai ouvert pour l'exercer ne sont pas suspensifs d'exécution si la loi n'en dispose autrement (CPCEA, art. 643) et ne sont ouvertes que dans les cas spécifiés par la loi (CPCEA, art. 644).

Lorsque les délais de recours extraordinaires sont expirés ou que ces recours ont été épuisés, le jugement est déclaré irrévocable.

SECTION II : VOIES PARTICULIERES DE RECOURS

Les voies de recours particulières font revenir l'affaire devant le tribunal qui a statué. Les règles de la procédure écrite doivent donc être respectées.

1. Recours en interprétation (CPCEA, art.122, 123, 139)

Le CPCEA donne au juge le pouvoir d'interpréter ou de rectifier un jugement qui serait obscur ou ambigu. Mais la décision à interpréter ne doit pas avoir été frappée d'appel et le juge est saisi par simple requête de l'une des parties ou par requête commune ; mais il peut également se saisir d'office. Le juge se prononce, les parties entendues ou appelées.

2. Recours en rectification d'erreurs ou omissions matérielles (CPCEA, art. 124)

Les erreurs ou omissions matérielles, qui affectent un jugement, même passé en force de chose jugée, donnent droit au recours en rectification. De même que pour le recours en interprétation, le juge est saisi par simple requête de l'une des parties ou par requête commune ; mais il peut également se saisir d'office (art. 124, al.2). Le juge statue après avoir entendu les parties, ou celles-ci appelées.

La décision rectificative est mentionnée sur la minute et sur les expéditions du jugement. Elle est notifiée comme le jugement. Si la décision rectifiée est passée en force de chose jugée, la décision rectificative ne peut être attaquée que par la voie du recours en cassation.

3. Omission de statuer - Décision prise « ultra petita »

Quand le jugement est entaché d'une omission ou d'une erreur matérielle, le juge peut étendre son réexamen à la rectification de la décision prise « *ultra petita* » ou « *infra petita » « extra petita »*, c'est-à-dire celle rendue au-delà ou en deçà de ce qui a été demandé, sans porter atteinte à la chose jugée, quant aux autres chefs de la demande, sauf à rétablir, s'il y a lieu, le véritable exposé des prétentions respectives des parties et de leurs moyens.

Les juges du fond doivent, en effet, statuer dans les limites fixées par les conclusions des parties dans leurs mémoires signifiés (art.14 du CPCEA).

Le juge est saisi par simple requête de l'une des parties ou par requête commune. Il statue après avoir entendu les parties ou celles-ci appelées. La décision est mentionnée sur la minute et sur les expéditions du jugement. Elle est notifiée comme le jugement et donne ouverture aux mêmes voies de recours que celui-ci.

SECTION III - LES DIVERSES VOIES DE RECOURS

Dans le chapitre V, à la Section III, il sera question des juridictions de recours avec un regard sur la répartition des recours entre les degrés de juridictions, la Cour d'Appel et la Cour suprême.

A. L'appel

L'appel est une voie de recours ouverte en toute matière, y compris grâcieuse, à l'encontre des jugements rendus en première instance.

L'Appel est porté par le justiciable, qui y a intérêt, devant la Cour d'Appel, pour solliciter la réformation partielle ou totale ou l'annulation de la décision du juge du 1er degré, décision susceptible de faire grief à la partie appelante.

La voie de recours selon le ''taux de ressort'' n'existe pas dans le système juridictionnel guinéen. Le premier degré ou premier ressort est attribué aux tribunaux de première instance et aux justices de paix.

Pour que l'Appel (voie de recours confirmatif ou infirmatif), qui est également une voie de réformation, soit ouverte, il faut que le jugement soit rendu en premier ressort, c'est-à-dire par un tribunal de première instance.

En matière civile, le délai d'appel est, en principe, de dix jours à compter de la signification de la décision (art.66, 147, 153 al.2, 373 al.2, 601, 789 CPCEA).

L'appel des ordonnances de référé doit être formulé (art.147 al.2 du CPCEA) dans les 10 jours de la signification de l'ordonnance.

Au pénal, l'appel doit intervenir dans le délai de 15 jours et, ce, non pas à compter de la signification (art. 579), mais à compter du prononcé de la décision. L'alinéa 2 de cette disposition prévoit deux exceptions et fait courir le délai à compter de la signification du jugement, « *quel qu'en soit le mode :*

1. pour la partie qui, après débats contradictoires, n'était pas présente ou représentée à l'audience où le jugement a été prononcé, mais seulement dans le cas où elle-même ou son représentant n'aurait pas été informé du jour où le jugement serait prononcé ;

2. pour le prévenu ou l'accusé qui a été jugé en son absence ».

Le délai d'appel court (art.580 CPP) pour le jugement par défaut ou par itératif défaut à compter de la signification du jugement à personne ou à domicile et, « pendant les délais ci-dessus, les autres parties ont un délai supplémentaire de 8 jours pour interjeter appel ».

Article 583 CPP : « *Lorsque le tribunal statue sur une demande de mise en liberté en conformité des articles 244 et 245, l'appel doit être formé dans un délai de 24 heures. Le prévenu détenu est maintenu en prison jusqu'à ce qu'il ait été statué sur l'appel du procureur de la République, et dans tous les cas jusqu'à l'expiration du délai de cet appel ».*

« *Une requête contenant les moyens d'appel peut être remise dans les délais prévus pour la déclaration d'appel au greffe de la juridiction, elle est signée de l'appelant ou d'un Avocat inscrit au barreau. La requête ainsi que les pièces de la procédure sont envoyées par le procureur de la République au parquet de la cour dans le plus bref délai. Si le prévenu est en état d'arrestation, il est également, dans le plus bref délai et par ordre du procureur de la République, transféré dans la maison d'arrêt du lieu où siège la cour d'appel » (*Art. 587 CPP*).*

L'appel du procureur général est formé (art.588 CPP) par déclaration faite au greffe de la cour d'appel, dans le délai de 2 mois à compter du jour du prononcé du jugement.

Le président de la chambre du contrôle de l'instruction rend d'office une ordonnance de non admission de l'appel, qui n'est pas susceptible de voies de recours, lorsqu'il est fait appel, après expiration des délais prévus par le CPP aux articles 571, 578 et 583 ou lorsque l'appel est devenu sans objet ou lorsque l'appelant s'est désisté de son appel (Art. 589 CPP).

Lorsque le tribunal statue par jugement distinct du jugement sur le fond (Art. 591 CPP), l'appel est immédiatement recevable, si ce jugement met fin à la procédure. Dans le cas contraire, et jusqu'à l'expiration des délais d'appel, le jugement n'est pas exécutoire et le tribunal ne peut statuer au fond.

La partie appelante peut déposer au greffe, avant l'expiration des délais d'appel, une requête adressée au président de la chambre compétente et tendant à faire déclarer l'appel immédiatement recevable.

Le greffier avise (Art. 592, CPP) le président du tribunal du dépôt de cette requête. Le jugement n'est pas exécutoire et le tribunal ne peut statuer au fond tant qu'il n'a pas été prononcé sur ladite requête.

Dès que le greffier a reçu l'appel et la requête, il fait parvenir celle-ci au président de la chambre des appels correctionnels ainsi qu'une expédition du jugement et de l'acte d'appel.

Le président statue sur la requête, par ordonnance non motivée, dans les 8 jours de la réception de ce dossier.

S'il rejette la requête, le jugement est exécutoire et le tribunal se prononce au fond ; aucun recours n'est recevable contre l'ordonnance du président et l'appel n'est alors jugé qu'en même temps que l'appel formé contre le jugement sur le fond.

Si, dans l'intérêt de l'ordre public ou d'une bonne administration de la justice, le président fait droit à la requête, il fixe la date à laquelle l'appel sera jugé.

La cour doit statuer dans le mois qui suit l'ordonnance du président, sans que puisse être soulevée devant elle une exception tirée de ce que l'appel formé contre la décision entreprise ne serait pas suspensif ; l'exécution du jugement est suspendue dans ce dernier cas jusqu'à ce qu'intervienne l'arrêt de la cour.

En raison de l'appel, l'affaire est dévolue à la cour d'appel (Art. 593 CPP) dans la limite fixée par l'acte d'appel et par la qualité de l'appelant, ainsi qu'il est dit à l'article 599.

L'appel de l'assureur produit effet à l'égard de l'assuré en ce qui concerne l'action civile. Il est, dans un délai de 3 jours, notifié à l'assuré, par lettre recommandée avec demande d'avis de réception adressée par l'assureur. La cour doit statuer dans les 3 mois de la déclaration d'appel.

a. Conditions de l'Appel

L'acte d'appel ouvre une nouvelle instance distincte de celle qui s'est éteinte par la décision de la justice. En conséquence, le demandeur sur appel doit remplir les conditions de fond que sont :

- Le respect du délai d'appel indiqué plus haut ; en matière d'appel le délai de distance ne joue pas ;
- L'appel incident peut être relevé en tout état de cause, jusqu'à la clôture des débats.

b. Les sortes d'Appel

L'appel est principal ou incident.

L'appel principal est celui qui défère à la Cour d'Appel la connaissance du litige. Il est formé par la partie ou par un fondé de pouvoir spécial, soit par une déclaration reçue et actée par le greffier de la juridiction d'appel, soit par lettre recommandée à la poste adressée au greffier de la même juridiction.

Par contre, l'appel incident ou reconventionnel est celui qui est formé en réponse à l'appel principal par l'intimé, c'est-à-dire le défendeur en appel. L'appel incident ou reconventionnel est formé par voie de conclusion.

Par ailleurs, l'appel contre un jugement préparatoire ne peut être interjeté qu'après le jugement définitif et conjointement avec l'appel de ce jugement tandis que le délai d'appel ne court que du jour de la signification du jugement définitif.

Toutefois, l'appel d'un jugement interlocutoire peut être interjeté avant le jugement définitif, il en est de même du jugement provisionnel, parce que le jugement interlocutoire qui préjuge déjà le fond peut porter un préjudice fâcheux à la partie lésée.

c. Les effets de l'appel

L'appel produit les trois types d'effets décrits plus haut : suspensif, dévolutif et relatif.

L'acte d'appel transporte la cause et les parties devant le juge d'appel et remet en question tout le litige soumis au juge de première instance (effet dévolutif). S'il s'agit d'un jugement définitif, en principe, le juge d'appel ne peut aller au-delà de ce qui avait été jugé en première instance en vertu de l'adage « tantum devolutum quantum juducatum ».

En cas d'appel incident ou d'un jugement avant-dire droit, le juge devra prendre soin de demander aux parties de conclure pour toutes fins utiles.

Le juge d'appel ne peut, sur le seul appel d'une partie aggraver la situation de l'intimé (effet relatif), toutefois l'intimé peut former l'appel incident, qui élargit en quelque sorte les débats.

B. L'opposition

Le jugement rendu par défaut (art.133 CPCEA) peut être frappé d'opposition, voie de rétractation offerte à la partie défaillante devant le même Juge, par laquelle la même juridiction réexamine l'affaire sur laquelle elle avait statué, en vue de substituer une seconde décision à la première

Lorsqu'il est réputé contradictoire, il ne peut être frappé de recours (article 134) que par les voies ouvertes contre les jugements contradictoires. Pour que l'opposition soit possible, notamment au civil, il faut que le jugement ne soit pas susceptible d'appel (jugement en dernier ressort) et que la signification de l'assignation n'ait pas été faite à personne.

Lorsque le jugement est réputé contradictoire (art.131 CPCEA), c'est-à-dire, une fois la citation délivrée à la personne du défendeur, l'opposition devient irrecevable.

Ne sont pas susceptibles d'opposition :

1. les décisions relatives à l'exécution d'une mesure d'instruction (art.274 CPCEA) ;
2. la décision qui ordonne ou modifie une mesure d'instruction (art.258 CPCEA).

Elles ne peuvent être frappées que d'appel ou de pourvoi en cassation, indépendamment du jugement sur le fond, que dans les cas spécifiés par la Loi.

L'Ordonnance rendue par défaut est susceptible d'opposition. Le délai d'opposition est de dix jours (art. 147, al.2 CPCEA).

L'utilité de cette voie est de permettre à la partie défaillante de présenter ses moyens de défense pour que, mieux éclairé, le tribunal se prononce ; en conséquence l'opposition est signifiée par l'exploit de l'huissier contenant citation à comparaître devant le juge qui a rendu le jugement par défaut.

L'opposant devient demandeur sur opposition et c'est à ses moyens que l'adversaire doit répondre.

1. Procédure

L'opposition est formée par la partie intéressée ou par un fondé de pouvoir spécial, soit par déclaration reçue ou actée par le greffier du tribunal qui a rendu le jugement, soit par lettre recommandée à la poste adressée au greffier de cette juridiction.

L'opposition peut aussi être faite par déclaration sur le commandement, le P.V de saisie ou tout autre acte d'exécution, à charge, pour l'opposant, de la réitération dans les 10 jours outre 1 jour par 100 km de distance, suivant les formalités ci-dessus.

À défaut de l'opposition n'est pas recevable et l'exécution peut être continuée sans qu'il soit besoin de la faire ordonner, article 63 alinéa 4 CPC. Le demandeur originaire est assigné dans les formes ordinaires des assignations. Enfin, opposition sur opposition ne vaut.

2. Effets de l'opposition

L'acte d'opposition est susceptible de produire les trois types d'effets exposés plus haut : dévolutif, relatif et suspensif

a. effet dévolutif

L'acte d'opposition détermine une nouvelle saisine du tribunal qui avait statué par défaut pour qu'il procède à un nouvel examen contradictoire de la demande originaire, c'est la continuation de la 1re demande, le défendeur sur opposition ne peut plus modifier sa demande que s'il y a eu des conclusions nouvelles, contradictoires fondées sur un fait ou sur un acte invoqué dans la citation.

b. Effet relatif

En principe, l'opposition ne peut profiter qu'au plaideur qui en a pris l'initiative. La seule opposition d'une partie ne peut permettre d'aggraver des condamnations contre elle, mais le demandeur originaire peut conclure et dès lors introduire les demandes incidentes autorisées.

c. Effet suspensif

L'opposition n'anéantit pas le jugement par défaut mais suspend uniquement son exécution sous réserve des dispositions sur l'exécution provisoire.

***C.* La tierce opposition**

Tendant à faire rétracter ou réformer un jugement au profit du tiers qui l'attaque (art. 646, CPCEA), la tierce opposition remet en question, relativement à son auteur, les points jugés qu'elle critique, pour qu'il soit à nouveau statué, en fait et en droit.

Elle rend la décision de justice inopposable au demandeur.

Si la loi n'en dispose autrement (art.649, CPCEA), tout jugement est susceptible de tierce opposition. Celle-ci est formée, à titre principal (art. 652 CPCEA), et portée devant la juridiction dont émane le jugement attaqué, sans limitation de temps contre un jugement.

La tierce opposition, incidente à une contestation, dont est saisie une juridiction, est tranchée par cette dernière (article 653), si elle est de degré supérieur à celle qui a rendu le jugement ou si, étant d'égal degré, aucune règle de compétence d'ordre public n'y fait obstacle.

La tierce opposition est alors formée de la même manière que les demandes incidentes.

Dans les autres cas, la tierce opposition incidente est portée, par voie de demande principale, devant la juridiction qui a rendu le jugement attaqué.

Le jugement rendu sur tierce opposition est susceptible des mêmes recours que les décisions de la juridiction dont il émane (art.657 CPCEA).

Toutes les parties au jugement attaqué doivent (article 661 CPCEA) être appelées à l'instance en rétractation par l'auteur de la requête civile, à peine d'irrecevabilité.

D. **La requête civile**

Formée par citation (art.662 CPCEA), la requête civile est une voie de rétraction ou de réformation contre une décision passée en force de chose jugée (art.658 CPCEA).

Elle n'est suspensive qu'en matière d'état des personnes (art.663, al. 1er CPP) et est obligatoirement communiquée au Ministère public (art.664).

En matière de requête civile, le juge doit rendre des décisions distinctes :

- la première sur l'admission de la requête ;
- la seconde sur le fond du litige, à moins que les parties n'aient déjà conclu au fond.

La requête civile n'est recevable (art.659, CPCEA) que pour l'une des causes suivantes :

- S'il se révèle après le jugement, que la décision a été surprise par la fraude de la partie au profit de laquelle elle a été rendue ;
- Si, depuis le jugement, il a été recouvré des pièces décisives qui avaient été retenues par le fait d'une autre partie ;
- S'il a été jugé sur des pièces reconnues ou judiciairement déclarées fausses depuis le jugement ;

- S'il a été jugé sur des attestations, témoignages ou serments judiciairement déclarés faux depuis le jugement.

Dans tous les cas, le recours n'est recevable que si son auteur n'a pu, sans faute de sa part, faire valoir la cause qu'il invoque avant que la décision ne soit passée en force de chose jugée.

Le délai d'exercice de la requête civile est de 1mois (art.660).

E. **La prise à partie (articles 667 à 674 CPCEA)**

Voie de recours exceptionnelle contre un juge ou une juridiction entière, qui aura abusé de son pouvoir, la prise à partie tend faire condamner le juge à des dommages-intérêts (art.667 à 675 du CPCEA ; art.145 loi organique L/2017/003/AN).

La prise à partie s'exerce avec l'autorisation préalable du Premier Président de la Cour suprême, sur avis du Procureur général près la Cour suprême.

La requête, portée devant le Premier président de la Cour suprême, contient, à peine d'irrecevabilité, l'énoncé des faits reprochés. Elle est accompagnée des pièces justificatives.

Lorsque le déni de justice est invoqué (art.670, CPCEA), le requérant doit produire deux sommations de juger délivrées par huissier de justice au greffe de la juridiction.

La prise à partie n'est pas recevable contre les formations de la Cour suprême'.

Les conditions de la prise à partie sont celles prévues à l'article 668. Cette dispose énumère les 4 cas, les seuls auxquels la prise à partie est limitée :

1- S'il y a dol, fraude, concussion ou faute lourde professionnelle qu'on prétend avoir été commis, soit dans de l'instruction, soit lors des jugements ;

2- Si la prise à partie est expressément prononcée par la loi ;

3- Si la loi déclare les juges responsables, à peine de dommages-intérêts ;

4- S'il y a déni de justice.

Les articles 669 et 670 définissent chacune des transgressions donnant droit à la prise à partie.

La cour d'appel est compétence pour les cas concernant un membre d'une Justice de Paix, d'un Tribunal de Travail, ou d'un Tribunal de Première Instance. Lorsqu'elle concerne un membre de la Cour d'Appel, la prise à partie est portée devant la Cour Suprême (article 671 CPCEA ; 145 à 148 de la LO/003/AN). La requête est obligatoirement communiquée au ministère public (art. 672 CPCEA), avant admission ou rejet.

Elle n'est pas recevable contre les formations de la Cour suprême (alinéa 2, article 147 CPCEA).

La procédure peut aboutir, en cas de recevabilité de la requête, à la condamnation du juge à des dommages-intérêts (article 148 LO 003/AN du 23 février 2017), sans préjudice de condamnation pénale. En cas de rejet, le demandeur peut être condamné à des dommages-intérêts envers les parties en cause sans préjudice de poursuites pénales de la part des magistrats injustement pris à partie (article 675 CPP).

F. Le recours en révision

Une *révision* est le nouvel examen d'une décision de justice. Elle est un recours contre une décision de condamnation permettant de juger à nouveau une affaire à la lumière de faits nouveaux ou d'éléments inconnus lors du procès initial et susceptibles d'écarter la culpabilité du condamné.

En droit guinéen, il s'agit d'une voie de recours tout à fait exceptionnelle ouverte en matière criminelle ou correctionnelle devant la Cour suprême (art.153 loi organique L/2017/003/AN) lorsque postérieurement à la décision on découvre des faits ou des pièces qui, s'ils avaient été connus à l'époque, auraient permis d'aboutir à une toute autre décision, quelle que soit la juridiction.

Cette voie appartient (art. 154, loi organique L/2017/003/AN), dans trois cas :

- Au ministre de la justice, garde des sceaux ;
- Au condamné ou, en cas d'incapacité, à son représentant légal ;
- Après la mort ou l'absence déclarée du condamné, à son conjoint, à ses enfants, ses parents, à ses légataires universels ou à titre universel et à ceux qui ont reçu de lui la mission expresse.

Dans le quatrième cas, c'est le ministre de la justice, gardes des sceaux, seul, qui statue après avoir pris l'avis d'une commission.

Les effets de la révision :

Il y a 3 effets :

a. *L'effacement de la condamnation.*

b. *La réparation morale* : affichage, publication au JO et insertion dans 5 journaux, à la charge du trésor public, de la décision en révision.

c. *La réparation pécuniaire* : le condamné ou toute autre personne justifiant d'un préjudice causé par la condamnation, peut obtenir réparation payée sur les fonds publics. C'est la commission juridictionnelle d'indemnisation instituée par les articles 162 à 165 de la LO 003/AN du 23 février 2017 qui alloue les indemnités à la charge de l'État, sans préjudice d'une action récursoire contre le magistrat fautif.

G.* Le pourvoi en cassation *(art. 676 et 677 du CPCEA et loi organique L/2017/003/AN)

Ce pourvoi, destiné à faire censurer la décision attaquée, s'exerce dans les deux mois de la signification de la décision (jugement en dernier ressort ou arrêt d'appel).

La requête, sous peine d'irrecevabilité, contient :

En matière civile, le recours en cassation est formé (art.105 et 106 loi organique L/2017/003/AN) par requête écrite, signée par un avocat, dans le délai de 2 mois à compter de la signification de la décision attaquée (art.107 loi organique L/2017/003/AN), par acte extrajudiciaire contenant élection de domicile (art.51 loi organique L/2017/003/AN).

A compter de la date de signification (art. 52 loi organique L/2017/003/AN) la partie adverse dispose de 2 mois pour produire sa défense.

Le pourvoi dans les affaires de la compétence du tribunal du travail, ainsi que dans les conflits de travail, est formé (art.122 loi organique L/2017/003/AN) dans les 2 mois à compter de la notification de la décision querellée à personne ou à domicile, par une déclaration au greffe soit de la juridiction, soit au greffe de la Cour suprême.

Formé par requête écrite, déposée au greffe de la Cour suprême, le pourvoi en cassation et les recours en annulation doivent, sous peine d'irrecevabilité (art.49 loi organique L/2017/003/AN) :

1. indiquer, pour les personnes physiques, les nom, prénoms et domicile des parties, pour les personnes morales, leur forme, leur dénomination et leur siège social ;
2. être accompagnée de l'expédition de la décision juridictionnelle ou de la décision administrative attaquée ou d'une pièce justifiant du dépôt de la réclamation.

Autant de copies de l'expédition qu'il y a de parties en cause doivent être jointes à la requête.

Dans les 2 mois à compter de l'introduction du recours (article 150 loi organique L/2017/003/AN), le demandeur est tenu de consigner une caution, acquise au Trésor en cas de rejet, dont le montant est fixé par ordonnance du Premier président, sur avis du bureau de la Cour Suprême.

En matière pénale (art.124 loi organique L/2017/003/AN), le pourvoi contre les décisions rendues contradictoirement est exercé par le ministère public et toutes les parties en la cause dans les 6 jours francs, à compter du prononcé.

L'action en révision (article 154 LO/003/AN du 23 février 2017) appartient au ministre de la justice, au condamné ou son conjoint ou son représentant légal ou, après décès à ses enfants, ses parents, ses légataires ou à titre universel et à ceux qui ont reçu de lui la mission expresse.

La saisine de la Cour suprême suspend de plein droit l'exécution de la condamnation si elle n'a pas encore été exécutée (article 154). La mise en état est réglée conformément aux dispositions des articles 155 et 156 de la LO/003/AN du 23 février 2017.

L'arrêt ou le jugement de révision, d'où résulte l'innocence d'un condamné peut allouer, à la charge de l'État, des dommages-intérêts à raison d'un préjudice.

En matière administrative, le délai de recours en cassation devant la Cour suprême est de 2 mois à compter de la publication de la décision attaquée ou du rejet de la réclamation.

Il convient de faire une nette distinction, devant la Chambre administrative, entre le recours en cassation contre les arrêts de la Cour des Comptes et des décisions des entités administratives à caractère juridictionnel et les recours en premier et derniers contre les décisions des autorités exécutives.

Le CPCEA et la loi organique L/2017/003/AN) ne contiennent pas dispositions permettant de faire la différence entre les procédures de la compétence de la chambre administrative et celles des autres chambres de la Cour suprême.

Des Avocats, faisant la confusion entre les matières sur lesquelles la chambre administrative statue en premier et dernier ressorts et celles sur lesquelles elle statue en cassation en cassation, soulèvent des moyens ou des griefs inopérants ou mal fondés.

H. Le contredit

Dans un premier sens, le "contredit" est la procédure destinée à statuer sur la compétence d'une juridiction et non sur le fond de l'affaire. Par ce recours, une partie, qui a excipé de l'incompétence de la juridiction saisie par son adversaire, et qui n'est pas satisfaite de la décision rendue en première instance, fait vérifier par la Cour d'appel, la conformité de ce jugement avec les règles du CPCEA contenues dans les **articles 201 à 216 du CPCEA,** sur la question.

La décision qui a statué sur la compétence et a ordonné une mesure d'instruction, ne peut être attaquée que par la voie du contredit (article 201, alinéa 2).

Le contredit suspend la procédure au fond jusqu'au moment où la juridiction supérieure aura statué.

L'arrêt de la Cour d'appel, qui en sera l'aboutissement, confirmera ou invalidera la décision, qui lui aura été ainsi déférée.

En d'autres termes, la cause sera renvoyée devant la juridiction de première instance, contre la décision de laquelle cette voie de recours a été formée et, dans le cas contraire, si la Cour d'appel infirme la décision du premier juge, le demandeur devra recommencer sa procédure, en saisissant le tribunal que la Cour aura désigné comme étant compétent.

Au cas où la partie qui était appelante devant la Cour d'appel n'a pas obtenu gain de cause relativement à l'observation des règles sur la compétence, il pourra se pourvoir en cassation.

Le CPCEA dispose : **Article 216** *« Lorsque la Cour estime que la décision qui lui est déférée par la voie du contredit devait l'être par celle de l'appel, elle n'en demeure pas moins saisie. L'affaire est alors instruite et jugée selon les règles applicables à l'appel des décisions rendues par la juridiction dont émane le jugement frappé de contredit ».*

Cette voie d'action a un champ limité aux questions de compétence.

Cette voie de recours, en ce qu'elle réfute la compétence de la juridiction saisie, n'est pas ouverte à la partie qui a effectué l'acte de saisine.

La voie de recours par contredit est ouverte lorsque :

– le juge statue sur la compétence (le contredit est alors la voie de recours exclusive), et ceci même s'il a dû trancher la question de fond dont dépend la compétence ;

– le juge statue sur sa compétence et ordonne une mesure d'instruction ;

– le juge statue sur sa compétence et ordonne une mesure provisoire ;

– la juridiction statuant en premier ressort se déclare d'office incompétente.

Pour les jugements qui statuent sur la compétence et ordonnent une mesure d'expertise, le contredit et l'appel sont tous deux possibles.

Sur ce point, il est important de rappeler que la partie qui entend faire un recours contre la décision :

- si elle n'entend critiquer que le chef du jugement qui se prononce sur la compétence, elle doit former un contredit. Inversement ;
- si elle entend critiquer que le chef du jugement ordonnant une expertise, elle devra solliciter auprès du premier président de la Cour une autorisation d'interjeter appel immédiat ;
- si elle entend critiquer les deux chefs du jugement, elle aura intérêt à former un contredit sur la compétence puis à solliciter auprès du premier président l'autorisation de faire un appel immédiat.

Le contredit est un « passage obligé » des actions formées et reçues devant la juridiction incompétente.

Les formes du dépôt du contredit et les effets limitatifs de l'acte même de contredit sur le domaine d'action font de cette voie de recours une procédure essentiellement écrite.

Dans le second sens, le contredit est, aux termes de l'article 1196, la procédure de distribution correspondant à une critique du règlement provisoire établi par le juge-commissaire (nullité d'une créance, modification d'un rang attribué à une hypothèque, etc.).

Il désigne le recours exercé par un créancier contre le projet de répartition des deniers provenant de l'exécution d'un jugement, lorsque la somme à distribuer entre tous les créanciers ne permet pas d'assureur le règlement intégral des créances et que ce créancier estime que la part qui lui a été attribuée par le juge-commissaire est dérisoire.

Il doit être formé devant le tribunal (article 1199) dans les 30 jours à compter de la notification du règlement provisoire, déclaration sur procès-verbal dudit règlement (article 1198).

Le contredit est, avec l'appel, l'une des voies de recours contre des jugements rendus par les juridictions de premier degré.

I. **Rectification d'erreur matérielle**

Les jugements peuvent comporter des erreurs matérielles, il est utile d'en solliciter la rectification.

La requête en rectification d'erreur matérielle, qui ne tend qu'à réparer les erreurs ou omissions matérielles affectant une décision de justice et qui ne peut aboutir à une modification des droits et obligations reconnus aux parties dans la décision déférée, n'est pas soumise à un délai de prescription.

L'"erreur" est une "méprise". Le droit s'intéresse à l'erreur soit pour la rectifier soit pour en tirer des conséquences sur la validité de l'acte qui en est entaché.

Cette procédure qui ne vise pas à trancher une contestation et à réparer les erreurs et omissions matérielles affectant un jugement.

Avant de statuer sans audience sur une requête en rectification d'une erreur ou omission matérielle, le juge doit s'assurer que la requête a été portée à la connaissance des autres parties, aucun texte ne prescrit une telle exigence dans le cas où les parties sont convoquées à l'audience en vue de statuer sur une requête en rectification d'erreur matérielle.

Une partie ne saurait, sous le prétexte d'erreur matérielle, remettre en cause la décision rendue. Sont seules rectifiables, les erreurs matérielles commises par le juge. Si l'erreur provient d'une partie, il lui appartient d'exercer les voies de recours que la loi met à sa disposition.

Ne peuvent être considérées comme réparables, par voie de rectification d'erreur matérielle, notamment les erreurs d'ordre intellectuel, les appréciations inexactes d'un fait, d'une responsabilité, d'une preuve ou de tout autre *élément de la cause*, les erreurs d'ordre juridique concernant l'application ou même le visa d'une règle de droit, la confusion sur la personne d'une partie, la signature d'un jugement par un magistrat n'ayant pas connu de l'affaire. Dans ces cas seule une voie de recours peut offrir la possibilité d'une rectification.

La procédure en rectification de l'erreur matérielle affectant un jugement, même passé en force de chose jugée, est soumise aux règles de représentation des parties applicables à la procédure ayant abouti à cette décision.

Article 889 : - Sauf dispositions contraires, la demande en rectification d'un acte de l'état civil est présentée soit au président de la juridiction dans le ressort duquel l'acte a été dressé ou transcrit, soit au président de la juridiction du lieu où demeure l'intéressé.

Article 890 : - La demande en rectification des jugements déclaratifs ou supplétifs d'actes de l'état civil est présentée soit à la juridiction qui a rendu le jugement, soit à celle dans le ressort duquel le jugement a été transcrit, soit à celle du lieu où demeure l'intéressé.

Article 892 : - Le président ou le tribunal territorialement compétent pour ordonner la rectification d'un acte ou d'un jugement est également compétent pour prescrire la rectification de tous les actes, même dressés ou transcrits hors de son ressort, qui reproduisent l'erreur ou comportent l'omission originaire.

Article 894 : - La demande en rectification des actes de l'état civil et des jugements déclaratifs ou supplétifs d'actes de l'état civil est formée, instruite et jugée comme en matière gracieuse.

L'acquiescement à un jugement n'emporte pas renonciation à en demander la rectification pour cause d'erreur matérielle, s'il n'est pas établi que l'acquiescement est intervenu en connaissance de l'erreur invoquée.

La loi pourvoit à la rectification des erreurs affectant les actes de l'état civil et celles affectant les jugements (article 124 du CPCEA). En ce qui concerne les premiers, elle prévoit une procédure simplifiée qui est confiée au Procureur de la République lorsqu'il s'agit d'erreurs purement matérielles (article 893 CPCEA) et au Tribunal lorsque le rétablissement des mentions de l'acte nécessite une appréciation juridique.

En ce qui concerne les jugements, c'est à la juridiction qui a statué qu'il incombe de réparer l'erreur matérielle qu'elle a commise (article 893 CPCEA). L'affaire est alors remise au rôle d'une proche audience et il est statué contradictoirement. Le jugement rectificatif fait alors corps avec le jugement rectifié et sur la minute, le Greffier fait porter une mention renvoyant au jugement rectificatif.

Les cas de rectification d'erreurs matérielles les plus fréquemment admis concernent :

1) les erreurs de frappe, de plume, de rédaction ;

2) les erreurs de calcul, les confusions ou altérations de chiffres, les confusions de noms, de dates ;

3) l'erreur dans la désignation d'une partie ;

4) l'erreur matérielle contenue dans le dispositif par rapport aux motifs ;

5) une interversion de paragraphes exposant les prétentions des parties,

6) une confusion entre le nom de l'appelant et celui de l'intimé dans l'énoncé de leurs prétentions respectives.

Par ailleurs, la notion de rectification matérielle fait présumer que le rapporteur à un délibéré rend un compte fidèle des débats aux autres magistrats, en ce qui concerne les juges ayant assisté aux débats, qui doivent être ceux-là mêmes qui délibèrent, et que les juges ayant prononcé le jugement sont ceux qui avaient participé effectivement au délibéré.

Ne sont pas considérées comme réparables par voie de rectification d'erreur matérielle :

1) les erreurs d'ordre "intellectuel" : les appréciations inexactes d'un fait, d'une responsabilité, d'une preuve ou de tout autre "élément de la cause" ;

2) les erreurs d'ordre juridique concernant l'application ou même le visa d'une règle de droit , la confusion sur la personne d'une partie, la signature d'un jugement par un magistrat n'ayant pas connu de l'affaire.

L'erreur doit avoir exercé une influence déterminante sur le jugement de l'affaire. La réalité de l'influence se manifestera par le fait que le dispositif ou les motifs de la décision ne sont pas ce qu'ils devraient être : cela a donc eu une incidence sur la portée de la décision.

Des conditions requises pour qu'il y ait erreur matérielle :

La rectification ne doit pas concerner des éléments nouveaux.

Pour qu'il y ait erreur ou omission purement matérielle réparable selon la procédure de l'article 124 CPCEA, il faut que soient réunies au moins trois conditions :

1- que l'erreur ne laisse pas d'incertitude sur sa nature matérielle à la lumière du dossier et de la "raison" ;

2- qu'elle n'enfreigne pas une prescription de la loi ;

3- que la rectification de l'erreur ne fasse l'objet d'aucune contestation sérieuse et qu'elle ne modifie pas le sens de la décision.

Aucun délai, après la date du jugement, n'est requis, pour déposer une requête auprès de la juridiction qui a rendu la décision.

Après son dessaisissement, la Cour d'appel reste seule compétente pour réparer une erreur ou une omission matérielle affectant les dispositions du jugement qui lui a été déféré et ce, même si elle a déjà statué.

Le justiciable qui sollicite la rectification doit être entendu par la juridiction qui a rendu le jugement.

La décision constitue un jugement rectificatif. La procédure qui y aboutit permet aux plaideurs de procéder, sous certaines conditions, à la correction d'une erreur matérielle affectant un jugement.

Lorsque le juge est saisi par requête, il statue sans audience, à moins qu'il n'estime nécessaire d'entendre les parties.

En cas de décision rectificative, celle-ci sera simplement mentionnée sur la minute et sur les expéditions de la décision.

Lorsqu'un plaideur forme une requête en rectification, il saisit le juge qui a rendu la décision non pas pour que celui-ci porte un nouveau regard sur la décision qu'il a rendue mais simplement pour qu'il écume les scories qu'elle contient. Comme le dit justement un auteur, « la matérialité de l'erreur est la condition nécessaire à la rectification ».

Le CPCEA dispose : « *Article 124 : Les erreurs et omissions matérielles qui affectent une décision, même passée en force de chose jugée et non exécutée, peuvent toujours être réparées par la juridiction qui l'a rendue ou par celle à laquelle il est déféré selon ce que le dossier révèle ou, à défaut, ce que la raison commande. Le juge est saisi par simple requête de l'une des parties, ou par requête commune, il peut aussi se saisir d'office. Le juge statue après avoir entendu les parties ou celles-ci appelées. Si la décision rectifiée est passée en force de chose jugée, la décision rectificative ne peut être attaquée que par la voie du recours en cassation. Cette disposition est sans application à la décision qui rejette la requête en rectification.*

Il existe une véritable distinction, malgré leur synonymie dans le langage courant, entre les notions *d'« erreurs », « omissions »* et *« omissions de statuer »* pouvant affecter une décision de justice (jugement ou un arrêt).

Il convient tout d'abord d'énumérer les différents types d'omissions susceptibles d'être commises par le juge dans une décision de justice, puis d'analyser plus précisément les notions de requête en omission matérielle et, enfin, la notion de requête en omission de statuer.

Les différents types d'omission des juges dans leurs décisions de justice

Le CPCEA dispose : **Article 14 :** *le juge « ... est tenu de statuer sur tout ce qui lui est demandé et seulement sur ce qui lui est demandé ».*

En pratique, cette obligation de statuer n'est pas toujours respectée, pour de multiples et diverses raisons.

En effet, il peut arriver que le juge statue :
- *Ultra petita* : en accordant **plus** que ce qui est demandé ;
- *Extra petita* : en accordant **des choses qui n'étaient pas demandées ;**

- *Infra petita* : en **omettant de statuer sur une ou plusieurs demandes.**

L'omission de statuer est le cas lorsque le juge ne tranche pas une ou plusieurs demandes soumises par les parties.

En revanche, lorsque le **juge omet de motiver sa décision**, à savoir s'il omet de mentionner les raisons qui lui ont permis de décider comme il l'a fait, alors le défaut de motifs ne donne lieu qu'à l'annulation du jugement et ne peut fonder une demande en omission de statuer.

La requête en omission matérielle

Aux termes de l'article 124 du CPCEA, *« Les erreurs et omissions matérielles qui affectent une décision, même passée en force de chose jugée et non exécutée, peuvent toujours être réparées par la juridiction qui l'a rendue ou par celle à laquelle il est déféré selon ce que le dossier révèle ou, à défaut, ce que la raison commande ».*

L'erreur consiste à croire vrai ce qui est faux, et faux ce qui est vrai. Quant à l'omission, il s'agit d'un oubli, d'une négligence, volontaire ou non du juge.

L'omission matérielle est une partie de la substance du jugement qui est laissée sous silence, à la suite d'un oubli, d'un défaut d'attention lors de transcription ou de la rédaction de la décision.

Appliquée au jugement, l'omission matérielle consiste en une inadvertance qui affecte, dans sa substance, la lettre ou l'expression de la pensée réelle du juge.

À l'évidence, toute erreur matérielle n'est pas réparable ; c'est le cas de celle conduisant à une interprétation erronée d'un document, qui ne peut donner lieu à un recours en omission de statuer pour la réparer.

L'inadvertance, l'erreur dans la terminologie utilisée (comme la substitution d'un terme par un autre qui change le sens de la décision) ou d'orthographe comme l'erreur de frappe entrainant une différence de chiffres, ou encore la désignation erronée du nom de famille d'une partie, sont des situations que couvre l''omission matérielle réparable.

La volonté défaillante est à l'origine de la lacune que recouvre l'omission dite matérielle.

La requête en omission de statuer

La lecture combinée des articles 14 et 18 du CPCEA fait apparaître la règle posée par l'article 463 du Code français de procédure civile : *« La juridiction qui a omis de statuer sur un chef de demande peut également compléter son jugement sans porter atteinte à la chose jugée quant aux autres chefs, sauf à rétablir, s'il y a lieu, le véritable exposé des prétentions respectives des parties et de leurs moyens ».*

Il apparaît que concrètement, tout oubli ou toute négligence ou inattention du juge ne constitue pas une omission de statuer au sens de cette règle.

Il convient de noter que :

Premièrement, la loi n'oblige pas le juge à répondre à toutes les demandes des parties, mais il est tenu à répondre à celles dont il a été effectivement saisi.

Deuxièmement, l'omission de statuer doit être relative à **une demande**, et à **non un moyen** présenté à l'appui d'une prétention ; il s'en suit que l'absence de réponse à un moyen constitue **un défaut de motifs. Celui-ci est censuré par la nullité**.

Troisièmement, l'omission de statuer ne peut concerner qu'une demande **présentée par les parties dans leurs conclusions régulièrement déposées**, et ne permet pas de réparer un oubli d'une partie ou de son représentant.

En vertu de cette règle, la juridiction qui a omis de statuer peut compléter son jugement.

Le juge est saisi par la requête de la partie au procès qui y a le plus intérêt ou par requête commune.

Le juge peut également se saisir d'office par lui-même.

Le juge doit statuer sur la demande omise, mais ne peut pas, dans sa décision modificative :

1) Ajouter une disposition nouvelle à la décision initiale ;
2) Modifier l'étendue de la condamnation ;
3) Admettre d'autres moyens, arguments ;
4) Réexaminer la demande initiale.

Enfin, il est important de mentionner que la décision modificative est soumise aux mêmes voies de recours classiques que le jugement modifié.

Il est à retenir que la procédure de rectification ne saurait conduire à porter atteinte à la substance même de la décision, c'est-à-dire aux droits et obligations qui ont été reconnus par le juge et qui ont été cristallisés par l'autorité de chose jugée qui lui est reconnue et par l'acte juridictionnel qui les renferme.

Il est proscrit de modifier les droits et obligations des parties tels qu'ils résultent du jugement et se livrer à une nouvelle appréciation des éléments de la cause ; entendu que la rectification du jugement ne peut, d'un point de vue technique, constituer un recours mettant en cause l'autorité de la chose jugée attachée à la décision de justice, surtout que des voies de recours sont prévues et strictement réglementées par le législateur.

Aucun texte n'impose un délai de prescription particulier, quant à l'exercice de l'action en rectification. Bien au contraire, le législateur a pris soin de concevoir largement cette possibilité en prévoyant, au sein même de l'article 124 du CPCEA, que les erreurs et omissions peuvent *« toujours »* être réparées.

Omission de statuer sur un ou plusieurs moyens

Le juge est tenu statuer, article 14 du CPCEA, sur tous les chefs de la demande qui lui sont soumis, soit par la requête, par l'assignation, soit par les conclusions ultérieures des parties. En rejetant tout ou partie d'une demande, le juge a nécessairement rejeté, par la même occasion, les prétentions qui en étaient la cause ou l'objet, c'est-à-dire les questions de fait et de droit soumises au juge et qui sont fixées, pour le demandeur par l'acte introductif d'instance, pour le défendeur par les conclusions en défense (exceptions, fins de non-recevoir, dénégations).

Viole les articles 124 du CPCEA, la cour d'appel qui qualifie d'erreur matérielle l'omission faite dans son dispositif d'une prétention sur laquelle elle s'est expliquée dans ses motifs. Dans ce cas, il s'agirait, non d'une erreur matérielle, mais bien d'une omission de statuer.

Lorsque la rectification en est demandée, elle s'opère comme en matière de rectification d'erreurs matérielles. En cause d'appel, il appartient à la cour d'appel, en raison de l'effet dévolutif, de statuer sur la demande en réparation d'une omission de statuer qui lui est faite.

Questions communes aux différentes rectifications d'erreurs ou omissions des jugements ou arrêts

Il convient de rappeler qu'il existe plusieurs catégories de rectifications, que le juge peut apporter à sa décision :

- soit en vue de réparer une *"erreur ou omission matérielle"*, comme cela est prévu par l'article 124 du CPCEA ;

- soit dans la perspective d'ajouter à sa décision ou de la compléter, pour cause d'*omission de statuer (infra petita)* ;

- soit dans le but d'effectuer un retranchement ou une réduction de *"choses non demandées"* (extra petita) ou a accordées *"plus qu'il n'a été demandé" (ultra petita)*, ce qui correspond aux prévisions de l'article 892 CPCEA.

Par ailleurs, les changements résultant des "rabats" d'arrêts ou de jugements ou de l'exercice de voies de recours ordinaires ou extraordinaires n'entrent pas dans le champ des rectifications des jugements ou arrêts, notamment :

- ceux issus d'une rétractation sur opposition (article 139 CPCEA), sur tierce-opposition (article 139 CPCEA) ou à la suite d'un recours en requête civile (article 662 CPCEA) ;

- ceux dus à une réformation ou à une annulation en appel (article 605 CPCEA) ;

- ceux entraînés par une censure consécutive à un pourvoi en cassation (article 676 CPCEA et articles 65 et 87 alinéa 2 LO/003/AN du 23 février 2017).

Toutes les rectifications de décisions judiciaires se heurtent aux 3 principes généraux de droit suivants:

- le principe selon lequel "le jugement, dès son prononcé, dessaisit le juge de la contestation qu'il tranche" (139, alinéa 1er CPCEA) : *"Lata sentencia, judex desinit esse judex"*, ou encore *"Ne bis in idem"*, selon les maximes consacrées;
- le principe selon lequel "le jugement ... a, dès son prononcé, l'autorité de la chose jugée relativement à la contestation qu'il tranche" (article 140, alinéa 1er CPCEA et 823 du Code Civil) ;

- le principe selon lequel il existe des voies de recours qui ont été prévues par la loi, qu'elles soient de réformation ou de rétractation, à l'encontre des erreurs commises par le juge.

Il appert des dispositions susvisées qu'il n'est plus possible au juge, qui s'est prononcé, de modifier lui-même les droits des parties résultant de sa décision.

Tout jugement rectificatif qui déroge à ces principes ne peut, dès lors, être admis que dans les conditions limitatives édictées par la loi et sous le contrôle strict de la juridiction de cassation. À défaut, le juge qui transgresserait ces principes commettrait un "*excès de pouvoir*" rendant sa décision susceptible d'un pourvoi en cassation ou d'un appel-nullité.

Le régime de la rectification, ainsi exposé, oblige le juge à tenir compte de considérations, en toute apparence, contradictoires, que le doyen PERDRIAU exprime en ces termes : "*Revenir devant le juge qui s'est prononcé pour qu'il corrige, amende ou explique sa décision constitue toujours une épreuve, et pour lui, et pour le demandeur, et pour son mandataire. C'est pourtant une démarche naturelle que d'inviter celui qui a commis une malfaçon, si légère soit-elle, à la réparer, au cas où il la reconnaîtrait. Et cela ne devrait en aucune façon ternir l'image de l'institution judiciaire ; bien au contraire, dès lors qu'on n'a que trop tendance à croire que la justice est inaccessible*"[59].

Dans certains cas, la rectification du jugement devrait, en favorisant la réparation d'une erreur, ayant significativement affecté une décision de justice, faire éviter la mise en cause de la responsabilité de l'État pouvant résulter du fonctionnement défectueux du service de la justice.

À ce sujet, il convient de noter ce qu'en dit le doyen PERDRIAU : "*toute rectification de jugement n'en atteint pas moins la chose jugée et est contraire au dessaisissement de la juridiction. Il importe donc qu'elle n'ait lieu que dans les strictes limites fixées par la loi et sous le contrôle vigilant de la Cour de cassation. Il doit s'agir dès lors d'une mesure très exceptionnelle*".

Régime particulier des rectifications d'erreurs ou omissions "matérielles" :

L'article 124 CPCEA fixe les limites des rectifications relatives aux "*erreurs ou omissions matérielles*", en précisant qu'elles doivent être effectuées "*selon ce que le dossier révèle ou, à défaut, ce que la raison*

---

[59] Cf. : En ce sens : André Perdriau : "La rectification des jugements civils" - JCP 1995-I-3886,

commande". Deux critères de référence sont donc proposés par cet article :

- d'une part, "le dossier", tel que défini à l'article 57 CPCEA du CPCEA, à savoir le dossier '' *où toutes les pièces de la procédure seront au fur et à mesure insérées*'', contenant toutes les indications, les actes, toutes les notes et tous les documents relatifs à l'affaire, avec la minute du jugement qui y est intégrée. Celle-ci constitue l'élément de référence essentiel pour corriger les erreurs matérielles au vu des données intrinsèques à l'affaire.

Il s'ensuit que l'erreur matérielle ne peut être constatée à partir de productions de pièces ou de documents, qui ne figuraient pas dans le dossier, au vu duquel il a été statué, ni à l'aide de témoignages ou de souvenirs d'un membre du ministère public ou de la juridiction. Elle ne peut concerner non plus l'interprétation erronée d'un document, ni l'erreur imputable aux seules parties.

- d'autre part, "le motif", c'est-à-dire les raisons de fait ou de droit que le juge énonce dans sa décision, pour permettre d'apprécier les justifications qui fondent son "dispositif". Quand bien même la part de subjectivité paraîtrait importante dans cette appréciation, elle demeure limitée : le recours aux raisons, intervenant à défaut de précision dans le dossier, est subsidiaire.

Le juge ne peut corriger que les erreurs manifestes, évidentes. Celles qui ne soulèvent aucune contestation sérieuse, qui sont *"purement matérielles*", involontaires et n'affectent que l'expression littérale du jugement.

Il s'agit des erreurs qui sont susceptibles d'empêcher de reproduire la véritable pensée du juge, résultant de son inadvertance ou de son inattention, laquelle a trahi son intention et a conduit à une rédaction qu'il n'a pas voulue et à la mauvaise traduction d'une pensée juste.

Les décisions de rectification, qui modifient le contenu ou la substance même de la décision, les droits et obligations reconnus aux parties, à partir d'une nouvelle appréciation des circonstances de fait ou des règles de droit applicables, encourent la cassation.

Comme le rappelait le premier avocat général Michel Jéol dans ses conclusions lors de l'assemblée plénière de la Cour de cassation française le 1er avril 1994[60], il est indispensable de marquer ainsi la

[60]Cf. : cass. Ass. plénière 1er avril 1994, *Bull.*, n° 3 ; cass. 2ème civ., 13 novembre 1981, *Bull.*, n° 198 ; 12 décembre 1990, *Bull.*, n° 262 ; cass. com., 3 novembre 1981, *Bull.*, n° 376 et 2 février 1988, *Bull.*, n° 58.

distinction entre l'erreur "réparable" et l'erreur "réformable", afin d'éviter des utilisations abusives de la rectification d'erreur matérielle et de poser *"un ultime rempart contre les abus d'une procédure que les regrets des parties et les remords des juges ne doivent pas détourner de son objet".*

Par ailleurs, il est à préciser :

- que la rectification d'une erreur purement matérielle peut concerner toute décision émanant de n'importe quelle juridiction, quel que soit son degré ;
- que l'erreur matérielle n'est pas un cas d'ouverture à cassation, mais qu'elle relève des articles 124 CPCEA et 151, al. 1et 2 de la LO/003/AN ;
- que l'existence d'un pourvoi en cassation ne retire pas à la juridiction ayant rendu la décision frappée de pourvoi la possibilité de rectifier celle-ci lorsqu'elle comporte une erreur matérielle.

J. Rabat d'arrêt

Rabat est le substantif de "rabattre". Il est synonyme de "retrait" ou de "rétractation" d'une décision, dans l'intérêt d'une bonne administration de la justice. Donc, la requête en rabat d'arrêt, articles 151 et 152 de la LO/2017/003/AN, a pour objectif de « rabattre » un arrêt, afin de procéder à un « retrait », c'est dire à une « rétractation », à l'effet de permettre un nouvel examen. Ce procédé est utilisé en instance de cassation et réservé à des hypothèses très exceptionnelles.

Le rabat d'arrêt découle des articles 676 du CPCEA et 65 de la LO 2017/003/AN du 23 février 2017, qui fixent comme obligation procédurale à la Cour suprême de censurer la non-conformité aux règles de droit des jugements attaqués. Cette **obligation** de la Cour suprême consiste à effacer toute erreur de droit commise par ses chambres sur des faits constatés.

La référence à ces dispositions ci-dessus, qui sont les seules à régir le rabat d'arrêt, montre qu'aucune d'elles ne mentionne l'effet suspensif de la requête du rabat. La loi organique du 23 février 2017 qui prévoit le rabat d'arrêt ne prévoit nullement et aucunement le caractère suspensif du rabat.

Le rabat d'arrêt est, au sens de la loi organique L/2017/003/AN du 23 février 2017, une procédure initiée contre un arrêt rendu par la Cour suprême. C'est un moyen de contestation d'une décision émanant de l'une des Chambres de la Cour suprême, rendue à la suite d'une erreur de procédure, qui n'est pas imputable à une partie et qui apparaît *a posteriori*.

La requête en rabat d'arrêt invite la Cour à rétracter la décision qu'elle a rendue au motif qu'il y a eu une faute imputable au dysfonctionnement des services de la Cour. Un élément de taille doit être intégré sur la recevabilité de la requête correspondant à un critère supplémentaire d'erreur de procédure que l'adverbe « *obligatoirement* » vient renforcer.

Cette procédure ne porte ni sur les faits, ni sur le droit, mais a pour effet de corriger l'erreur relative à la procédure et exclusivement imputable à la Cour suprême.

C'est le cas, quand la Cour suprême reconnait avoir statué sur le pourvoi du demandeur, sans avoir examiné le mémoire d'une partie, de n'avoir pas pris en compte un désistement, ou encore de s'être prononcée à deux reprises sur le même pourvoi.

Par définition, l'erreur de procédure, qui est le fait générateur du rabat d'arrêt, doit provenir de la manipulation des pièces ou de la transformation d'informations relatives au déroulement de l'instance, (erreur de plume).

L'erreur peut porter également sur les éléments du dossier, un document qui y est produit, un mémoire par exemple, mais est classé par erreur par le greffe dans une procédure différente ou négligé dans les tiroirs.

Le rabat d'arrêt, intenté afin d'amener la Cour suprême à reconsidérer sa décision, met à néant l'arrêt attaqué. Celui-ci, si l'action prospère, est censé n'avoir jamais existé.

La recevabilité de ce recours exceptionnel est enserrée dans un corset de conditions rigoureuses et cumulatives par l'alinéa 3 de l'article 152 de la LO 2017/003/AN du 23 février 2017. **Premièrement,** il doit s'agir d'une erreur de procédure commise par la Cour suprême. **Deuxièmement,** l'erreur est imputable non aux parties, mais à un dysfonctionnement des services de la Cour suprême. **Troisièmement**, l'erreur doit affecter la solution de l'affaire, de manière déterminante. **Quatrièmement**, ce recours ne s'applique pas aux arrêts rendus par la Cour statuant toutes Chambres réunies. **Enfin**, les magistrats qui ont antérieurement connu de l'affaire, à l'occasion de l'examen d'un pourvoi en cassation ou d'un recours en annulation, ne prennent pas part, ni aux débats, ni au délibéré.

Ces conditions du rabat d'arrêt s'expliquent par le fait qu'il s'analyse comme un recours qui affecte le principe même de l'intangibilité des décisions de justice devenues définitives et qui peut donner, si on y prend garde, lieu à des manœuvres dilatoires de justiciables de mauvaise foi.

La requête est présentée, alinéa 1 de l'article 153 susvisé, par le procureur général ou déposée par les parties elles-mêmes au greffe de la Cour suprême, à peine d'irrecevabilité, dans le délai d'un mois suivant la notification de l'arrêt.

L'admission d'une requête en rabat d'arrêt suppose, en tout état de cause, qu'une erreur de nature procédurale, non imputable à une partie, ait été commise et qu'elle ait eu une influence déterminante sur la solution du litige.

Elle ne peut, en aucun cas, être admise lorsque ce qui est dénoncé est en réalité un prétendu mal jugé, ou une erreur de droit.

La requête en rabat n'a pas effet suspensif. Le législateur guinéen n'a pas aménagé les cas dans lesquels il peut y avoir effet suspensif. Mais, on peut envisager cet effet, comme le souligne A. Diouf, en matière :[61].

1. d'état des personnes (divorce, successions..) ;
2. de vente immobilière;
3. de faux incident;
4. pénale, sauf pour les condamnations civiles ou s'il y a des dispositions législatives contraires.

SECTION IV : EFFET SUSPENSIF DES VOIES DE RECOURS ORDINAIRES

L'exercice des voies de recours ordinaires, appel et opposition, comme il a déjà été dit dans le chapitre précédent, point 2 de la section II, suspend l'exécution de la décision, sauf si, ainsi que rappelé supra, l'exécution provisoire a été ordonnée.

Il est à préciser, cependant, que même en cas d'exécution provisoire, il est possible aux parties de saisir le Président de la Cour d'Appel pour solliciter le sursis à exécution.

---

[61] Abdourahmane DIOUF, « Le rabat d'arrêt devant le juge de cassation », rapport Cour suprême, Dakar 2014, p.112)

Les conditions du sursis à exécuter sont très strictes, puisqu'il faut notamment qu'il existe, en cas d'exécution, un risque de conséquence irrémédiable, notamment en matière d'expulsion, ou de démolition ou la crainte fondée de ne pas recouvrer les biens consomptibles dans le cadre de l'exécution de la décision.

En revanche, même si la décision des premiers Juges apparaît erronée, de manière flagrante, il n'y a pas lieu à sursis à exécution.

Le sursis à exécution est un mécanisme dérogatoire à la règle selon laquelle le pourvoi n'est pas suspensif. Il permet à la partie qui a succombé en appel ou devant une juridiction statuant en premier et dernier ressort de contester l'exécution immédiate de la décision attaquée devant le Président de la Cour suprême. Il est donc d'interprétation restrictive. Il est ordonné, aux termes de l'article 81 de la loi organique L/2017/003/AN du 23 février 2017 relative à la Cour suprême, qu'il soit sursis à l'exécution d'une décision administrative ou judiciaire :

- si les moyens invoqués par le demandeur au pourvoi paraissent sérieux et de nature à justifier, outre l'annulation ou la réformation du jugement attaqué, le rejet des conclusions à fin d'annulation accueillies par ce jugement ;
- si cette exécution risque d'exposer le demandeur à la perte définitive d'une somme qui ne devrait pas rester à sa charge dans le cas où ses conclusions de pourvoi seraient accueillies ;
- si l'exécution de la décision administrative ou judiciaire risque d'entraîner des conséquences difficilement réparables et si les moyens énoncés dans la requête paraissent sérieux ;
- si cette exécution risque d'exposer le demandeur à la perte définitive d'une somme qui ne devrait pas rester à sa charge dans le cas où ses conclusions de pourvoi seraient accueillies.

Le pourvoi en cassation, la tierce opposition, et le recours en révision n'ont pas, en principe, d'effet suspensif.

L'erreur judiciaire et l'injustice, résultant de l'excès ou du détournement de pouvoir, de la fausse interprétation ou de la mauvaise application de loi sont réparées ou doivent l'être par les voies de recours, qui sont les moyens que la loi met à la disposition des justiciables, pour opérer un nouvel examen du procès, conformément à des délais légaux impératifs.

Comme vu précédemment, la voie de recours s'entend de tous les moyens procéduraux que la loi ouvre aux parties, en vue d'obtenir, en toute circonstance, que leur affaire soit jugée à nouveau, en se prévalant de tout grief quelconque de fait ou de droit, de fond ou de forme.

Par ailleurs, sauf disposition contraire de la loi, toutes les décisions du juge sont susceptibles de recours. Enfin, sauf exécution provisoire, les voies de recours ordinaires ont un effet suspensif sur l'exécution de décision judiciaire.

Sursis en droit OHADA

Article 16 du traité OHADA : « *La saisine de la Cour Commune de Justice et d'Arbitrage suspend toute procédure de cassation engagée devant une juridiction nationale contre la décision attaquée. Toutefois cette règle n'affecte pas les procédures d'exécution. Une telle procédure ne peut reprendre qu'après arrêt de la Cour Commune de Justice et d'Arbitrage se déclarant incompétente pour connaître de l'affaire* ».

Dans l'arrêt n°002/2001, en date du 11 octobre 2001, tout en se déclarant incompétente, la CCJA a jugé que l'article 32 de l'Acte uniforme sur les voies d'exécution n'est pas applicable lorsque la procédure, qui a abouti à l'arrêt attaqué, n'avait pas pour objet de suspendre une exécution forcée déjà engagée, mais plutôt d'empêcher qu'une telle exécution puisse être entreprise sur la base d'une décision assortie de l'exécution provisoire et frappée de recours.

Ainsi, selon la CCJA, un sursis à exécution, qui a pour objet d'empêcher qu'une exécution forcée, basée sur un titre exécutoire par provision, soit entreprise, est parfaitement concevable.

Selon donc l'**article 16 du traité OHADA**, mis à part les procédures d'exécution, la saisine de la CCJA suspend automatiquement toute procédure de cassation engagée devant une juridiction nationale contre la décision attaquée, une telle procédure ne pouvant reprendre qu'après le prononcé de l'arrêt de la CCJA.

1. **Les réactions à la méconnaissance des droits de la défense**

L'exercice des pouvoirs exorbitants reconnus aux autorités judiciaires est confiné, par le législateur, dans des limites que fixe un formalisme procédural rigoureux. Celui-ci encadre les mesures que ces autorités sont légalement habilitées à prendre.

Le CPCEA avertit en l'article 119 : « *Ce qui est prescrit par les articles 110, 115, 116, 117 et 118 doit être observé à peine de nullité. Toutefois, aucune nullité ne pourra être ultérieurement soulevée ou relevée d'office par le Juge pour inobservation de ces dispositions si elle n'a pas été invoquée au moment du prononcé du jugement par simples observations dont il est fait mention au registre d'audience* ».

La transgression ou l'inefficacité de ces mesures peut déboucher sur la réparation de dommages et entrainer l'application de sanctions.

a. Les sanctions consacrées

Lorsque les droits d'un plaideur ont été méconnus, diverses sanctions sont susceptibles d'être prononcées, les unes visent l'autorité défaillante, les autres aboutissent à l'annulation de l'acte irrégulièrement accompli. Tel est le sens de l'article 28 du CPCEA qui dispose : *«La sanction des irrégularités relevées aussi bien dans les actes que dans la signification est la nullité relative. Le Juge ne peut la prononcer d'office. Elle n'est admise que si l'irrégularité porte grief à la partie qui l'invoque ».*

Deux types de nullités sont susceptibles d'être invoqués :

- **les nullités d'ordre public ou nullités textuelles** : expressément visées par les textes, elles peuvent être invoquées par toutes les parties et soulevées par le juge lui-même.
- **les nullités d'ordre privé ou substantielles**, sont des nullités personnelles, qui sont prouvées par l'existence d'un grief, c'est-à-dire une atteinte substantielle aux droits de la défense de la personne mise en examen.

L'on peut tenter de dresser la liste suivante des nullités strictement textuelles :

i. La nullité des actes irrégulièrement accomplis

L'inobservation des règles de formes, qui accompagnent et garantissent l'accomplissement des actes de procédure, est sujette à sanction.

L'article 109 du CPCEA, en son alinéa 3, limitant les prérogatives du juge, précise : « *La nullité ne peut être relevée d'office* » et l'article 187 ajoute : « *Aucun acte de procédure ne peut être déclaré nul pour vice de forme si la nullité n'est pas expressément prévue par la Loi, sauf en cas d'inobservation d'une formalité substantielle ou d'ordre public* ».

❖ ***Les hypothèses de nullité***

Le CPCEA présente 2 hypothèses de nullités : la nullité des actes pour vice de forme et la nullité des actes pour irrégularité de fond.

- **La nullité des actes pour vice de forme**

La nullité des actes de procédure, pour vice de forme, peut être invoquée au fur et à mesure de leur accomplissement, mais sera irrecevable pour la partie qui ne l'aura pas invoquée en première instance, et avant toute défense au fond.

Aucun acte de procédure ne peut être déclaré nul pour vice de forme si la nullité n'est pas expressément prévue par la loi, sauf en cas d'inobservation d'une formalité substantielle ou d'ordre public.

- **La nullité des actes pour irrégularité de fond**

Le CPCEA (art.190 à 194) indique les faits constitutifs d'irrégularité de fond affectant la validité d'un acte. Ces irrégularités peuvent être proposées en tout état de la procédure et doivent être accueillies sans que celui qui les invoque ait à justifier d'un grief et alors même que la nullité ne résulterait d'une disposition expresse.

ii. La nullité en procédure pénale

L'article 276 du CPP dispose : «*il y a nullité lorsque la méconnaissance d'une formalité substantielle prévue par une disposition du présent code ou toute autre disposition de procédure pénale a porté atteinte aux intérêts de la partie qu'elle concerne* ».

L'organisation des mécanismes permettant de garantir l'accomplissement régulier des actes est destinée à protéger les droits des parties et assurer l'égalité de leurs armes au cours du procès. C'est ce qu'exprime le CPP dans l'article 1251, en ces termes : « *En cas de violation des formes prescrites par la loi à peine de nullité ou d'inobservation des formalités substantielles, toute juridiction, y compris la Cour suprême, qui est saisie d'une demande d'annulation ou qui relève d'office une telle irrégularité ne peut prononcer la nullité que lorsque celle-ci a eu pour effet de porter atteinte aux intérêts de la partie qu'elle concerne* ».

C'est pourquoi la violation des règles de formes est sanctionnée par les nullités absolue, relative, textuelle et virtuelle.

Les actes de procédure pénale susceptibles de nullités sont :

- Les saisies (art. 69, al.9, 70 dernier alinéa) ;
- Le Procès-verbal ;
- Les procédures incidentes (art. 136, 370 al.2, 891, 895)
- Les actes de l'interprète (art.188)
- Les actes du juge d'instruction ou les pièces de procédure ;
- Les ordonnances du juge d'instruction (art. 396) ;
- La citation (art. 447, 450) ;
- L'exploit d'Huissier (art676, 677) ;
- La Perquisition (art.72, 133)
- L'Extradition (art. 832)

*2. **Les suites de l'annulation***

i. La portée de la nullité

La question qui se pose à ce niveau est de savoir si la sanction contre un acte, pris en violation des droits de la défense, n'atteint-elle que l'acte litigieux ou si elle s'étend à toute la procédure subséquente. Le législateur semble avoir évité toute réponse, en laissant le soin d'apprécier la portée de l'annulation à la juridiction de jugement.

Par ailleurs, l'article 124 alinéa 4 du CPP dispose que l'inobservation des règles relatives à l'interrogatoire d'un suspect, gardé à vue, et de celles relatives à l'établissement des procès-verbaux entraîne la nullité de toute la procédure.

ii- Le sort des actes annulés

La principale conséquence de l'annulation d'un acte consiste en son retrait du dossier et son classement au greffe de la juridiction. C'est la solution préconisée par l'article 280 alinéa 3 du CPP selon lequel : « *Les actes ou pièces annulés sont retirés du dossier d'information et classés au greffe de la cour d'appel. Les actes ou pièces de la procédure partiellement annulés sont cancellés après qu'a été établie une copie certifiée conforme à l'original, qui est classée au greffe de la cour d'appel. Il est interdit de tirer des actes et des pièces ou parties d'actes ou de pièces annulés aucun renseignement contre les parties, à peine de poursuites disciplinaires pour les avocats et les magistrats* ».

Cette solution novatrice constitue, en elle-même, une réelle avancée, quant au droit à un procès juste et équitable. La prohibition, sous menace de poursuite judiciaire, introduite par le CPP est pratiquement dissuasive.

Une réserve est cependant admise. Elle se trouve à l'article 133, alinéa 2 du CPP, aux termes duquel les objets saisis au cours d'une perquisition déclarée nulle peuvent être admis comme pièces à conviction s'ils ne font l'objet d'aucune contestation. Cette solution ne semble pas préjudiciable aux intérêts de la personne poursuivie, si tant est qu'elle peut valablement s'y opposer.

L'on peut épiloguer sur le devenir du dossier en cause. Si la chambre de contrôle de l'instruction ne prononce aucune annulation, elle renvoie le dossier au juge initialement saisi. L'hypothèse contraire peut receler des difficultés.

Premièrement, selon l'article 294 du CPP, alinéas 6, 7 et 8 : « *Le président de la chambre de contrôle de l'instruction ou le magistrat qui le remplace peut, s'il estime que les conditions prévues par l'article 235 ne sont pas remplies, infirmer l'ordonnance du juge d'instruction et ordonner la remise en liberté de la personne. La chambre de contrôle de l'instruction est alors dessaisie. Dans le cas contraire, il doit* *renvoyer l'examen de l'appel à la chambre de l'instruction. S'il infirme l'ordonnance du juge d'instruction, le président de la chambre de contrôle de l'instruction ou le magistrat qui le remplace peut ordonner le placement sous contrôle judiciaire de la personne inculpée* ».

Deuxièmement, selon les alinéas 2 et 3 de l'article 311 du CPP, si la Chambre de contrôle de l'instruction « *...découvre une cause de nullité, elle prononce la nullité de l'acte qui en est entachée et, s'il y échet, celle de tout ou partie de la procédure ultérieure. Après annulation, elle peut soit évoquer et procéder dans les conditions prévues aux articles 307, 308 et 309 soit renvoyer le dossier de la procédure au même juge d'instruction ou à tel autre, afin de poursuivre l'information.* »

Quoiqu'on en dise, la quintessence des sanctions de la violation des conditions prévues aux articles 235, 307, 308 et 309 n'épuise pas ses effets sur les actes procéduraux, étant donné que les autorités défaillantes sont également sujettes à des poursuites disciplinaires.

3. **Les sanctions applicables aux autorités défaillantes**

La loi de 2016 n'a pas oublié de sanctionner les autorités laxistes, défaillantes ou excessivement zélées. L'arsenal répressif encouru par ces acteurs-là peut se résumer en sanctions civiles et disciplinaires (A) et pénales (B).

A- Les sanctions disciplinaires:

1. Article 234 : L'inobservation des formalités prescrites pour les mandats de comparution, d'amener, de dépôt, d'arrêt et de recherche peut donner lieu à des sanctions disciplinaires contre le juge d'instruction ou le procureur de la République. Ces dispositions sont étendues, sauf application de peines plus graves, s'il y a lieu, à toute violation des mesures protectrices de la liberté individuelle prescrites par les articles 68, 73, 76, 167, 169, 239 et 240.

2. Article 238 : À l'issue d'un débat contradictoire, les parties dûment appelées ou entendues, le renouvellement ou la prolongation du mandat de dépôt est décidé par ordonnance spécialement motivée, dans les 5 jours précédant l'expiration de la période en cours. Toute carence du juge d'instruction dans l'accomplissement des diligences relatives au renouvellement ou à la prolongation du titre de détention, entraine des mesures disciplinaires à son encontre. À l'expiration du délai de validité du mandat de détention provisoire, le juge d'instruction doit, sous peine de poursuites disciplinaires, ordonner immédiatement la mise en liberté de l'inculpé, à moins qu'il ne soit détenu pour autre cause.

4. **Article 280, dernier alinéa : «** …… Il est interdit de tirer des actes et des pièces ou parties d'actes ou de pièces annulés aucun renseignement contre les parties, à peine de poursuites disciplinaires pour les avocats et les magistrats. »

5. **Article 332 :** La chambre de contrôle de l'instruction peut, sans préjudice des sanctions disciplinaires qui pourraient être infligées à l'officier de police judiciaire par ses supérieurs hiérarchiques, lui adresser des observations ou décider qu'il ne pourra, soit temporairement, soit définitivement, exercer ses fonctions d'officier de police judiciaire et de délégué du juge d'instruction sur tout ou partie du territoire national. Si la chambre de contrôle de l'instruction estime que l'officier de police judiciaire a commis une infraction à la loi pénale, elle ordonne, en outre, la transmission du dossier au procureur général, à toutes fins qu'il appartiendra. Les décisions prises par la chambre de contrôle de l'instruction contre les officiers de police judiciaire sont notifiées, à la diligence du procureur général, aux autorités dont ils dépendent.

6. **Sanctions civiles**

Article 1249 : L'inobservation par tout magistrat, greffier en chef, greffier ou secrétaire, des délais et formalités prévus par le présent code constitue une faute professionnelle entraînant l'application des sanctions disciplinaires prévues par les statuts particuliers.

7. **Sanctions pénales**

Article 678 : Tout huissier ou huissier ad hoc qui a sciemment porté des mentions inexactes dans les exploits, est puni d'un emprisonnement de 6 mois à 2 ans et d'une amende de 1.000.000 à 3.000.000 de francs guinéens ou de l'une de ces deux peines seulement, sans préjudice des peines du faux en écritures publiques et des sanctions disciplinaires, le cas échéant.

Ces sanctions civiles et disciplinaires coexistent avec celles de nature pénale.

CHAPITRE V

Les juridictions de recours

Le jugement une fois rendu, la partie qui succombe, le demandeur débouté ou le défendeur condamné, peut exercer un recours devant la juridiction à laquelle la loi a attribué compétence.

La nature du recours susceptible d'être exercé dépendra de savoir s'il s'agit d'un jugement en premier ou en dernier ressort. Dans la première hypothèse, la voie de recours est l'appel (voie de réformation) tandis que dans la seconde le seul recours ouvert est le pourvoi en cassation. Il existe en conséquence deux types de juridictions devant lesquelles s'exercent les voies de recours :

- celle consistant en une voie de réformation (l'appel)
- celle consistant en une voie de censure, le pourvoi en cassation.

En principe, il y a d'abord l'appel, puis le pourvoi en cassation.

Lorsque le jugement est rendu en dernier ressort, la seule voie de recours ordinaire possible est le pourvoi en cassation.

SECTION I- LA COUR D'APPEL

Il s'agit du second degré de juridiction.

Sous les conditions de la loi, tout plaideur, qui a succombé en première instance, peut obtenir que le litige soit jugé une seconde fois par une formation collégiale de la Cour d'Appel.

Le ressort territorial d'une Cour d'Appel s'étend sur plusieurs régions. Deux Cours d'Appel se répartissent les juridictions de première instance.

L'appel est toujours porté devant la Cour d'Appel dans le ressort territorial de laquelle se trouve située la juridiction de première instance dont le jugement est attaqué.

À hauteur d'appel et en raison de l'unicité d'ordre de juridiction du système guinéen, il n'existe pas d'ordre de juridiction spécialisé comme en France.

En matière pénale, une place à part entière revient à la Chambre du contrôle de l'Instruction. Elle est la seule chambre qui connait une triple saisine directe (articles 243, 275 à 278 et 294).

Il ressort de la lecture combinée de ces dispositions, selon les termes de Phillipe CONTE et Paul Maistre du Chambon, que la chambre de l'instruction constitue la « *Tour de contrôle de l'instruction* », qui détient une prérogative dérogatoire liée à sa fonction de contrôle de la régularité des actes d'instruction et d'enquêtes préliminaires.

La Cour d'Appel est composée de Magistrats appelés "Conseillers" et chaque Cour est dirigée par un "Premier Président".

La Cour d'Appel est divisée en chambres, alors que les Tribunaux de première instance se subdivisent en sections, dirigées respectivement par des présidents de chambre et présidents de section.

SECTION II - LA COUR SUPREME

L'article 113 de la Constitution fait de la Cour Suprême « *la plus haute juridiction de l'État en matière administrative et judiciaire* ».

Cette Cour suprême est unique et sa compétence couvre tout le territoire de la République de Guinée.

A) Caractères spécifiques

La Cour Suprême n'est pas un troisième degré de juridiction. Elle est régie par les articles 113 à 115 de la Constitution et par les dispositions de la loi organique L/2017/003/AN du 23 février 2017. Elle est liée par les règles et procédures définies par les lois en vigueur.

Elle « *est juge en premier et dernier ressorts de la légalité des textes réglementaires et des actes des autorités exécutives. Elle connaît des décisions de la Cour des Comptes par la voie du recours en cassation. Elle connaît, par la voie du recours en cassation ou en annulation, des décisions des Cours et Tribunaux relatives aux autres contentieux administratifs. En toute autre matière, la Cour Suprême se prononce par la voie du recours en cassation ou en annulation sur les jugements rendus en dernier ressort par les juridictions inférieures* ».

Elle « *est consultée par les Pouvoirs exécutif et législatif sur toutes les matières administratives et juridictionnelles* »[62].

1) ELLE JUGE EXCLUSIVEMENT EN DROIT ET NON EN FAIT.

La Cour suprême ne procède pas à un nouvel examen des faits, elle vérifie si, dans le cas d'espèce, la règle de droit a été correctement interprétée et appliquée.

---

[62] Article 113 de la Constitution

Dans sa fonction de contrôle, une place essentielle est réservée à la notion de violation de la loi, celle-ci entendue comme toute illégalité résultant de la méconnaissance ou de la mauvaise application ou la fausse interprétation de la loi par un juge, qui ne s'analyse pas seulement en une incompétence, en un vice de forme ou en un détournement de pouvoir.

La violation s'entend de l'inobservation ou de la méconnaissance :

- **des formes** telles que l'adjudication sur des choses non demandées, l'omission de statuer, l'absence ou la contrarié de motifs, le non-respect de la forme légale des jugements ou la non-communication au ministère public dans le cas où cette formalité est déclarée obligatoire par un texte de Loi ;
- **de la loi** incluant notamment l'excès de pouvoirs, l' incompétence, la contrariété de jugements ou d'arrêts rendus entre les mêmes parties par les mêmes cours et tribunaux ;
- **de l'autorité de la chose jugée**.

Elle s'entend également du manque de base légale, lorsqu'une décision rendue en dernier ressort ne permet pas de distinguer si la juridiction, qui l'a rendue, a statué en Droit ou en fait.

Ainsi la Cour suprême ne se prononcera pas sur des questions de fait que la loi laisse à l'appréciation souveraine des juges du fond.

2) ELLE EST JURIDICTION DE CASSATION.

L'article 65 de la loi organique OO3/AN de février 2017 relative à la Cour suprême indique que *« le pourvoi en cassation tend à faire censurer par la Cour suprême la non-conformité aux règles de droit de la décision qu'il attaque »*

De toute évidence, son rôle n'est pas de rejuger l'affaire, comme le ferait une Cour d'Appel qui substitue son propre arrêt à la décision qui lui est déférée. « *Le pourvoi en cassation est une voie d'achèvement, au sens le plus plein du terme, car dans les faits, le plus souvent, les arrêts mettent fin au litige en rendant irrévocable la décision des juges du fond*[63] ».

La Cour suprême a deux possibilités :

- en considérant que la juridiction a correctement appliqué la règle de droit, elle prononce un rejet du pourvoi,

---

[63] M. Gérard Pluyette, Doyen de la 1re chambre civile de la Cour de cassation

- dans le cas contraire, elle rend une décision de cassation et de renvoi devant une juridiction de même degré que celle qui a rendu la décision.

Toutefois, une troisième voie, plus rare, existe : la cassation sans renvoi par substitution de motif. La substitution de motif a pour effet de fournir une base légale à la décision dont le dispositif est maintenu. Elle permet d'éviter la cassation qui aurait dû être prononcée ; le juge de cassation exerce alors son office de façon positive.

Dans ce cas, la décision est cassée pour mauvaise application du droit, mais elle est néanmoins maintenue pour des motifs de droit précisés par la Cour de Cassation. Il y a donc bien "substitution de motif".

En cas de cassation, quel est le pouvoir de la juridiction de renvoi ?

La juridiction de renvoi va reprendre l'affaire dans son ensemble (en fait et en droit) et garde toute liberté de se plier ou non à l'arrêt.

Cependant, s'il existe un second pourvoi, l'affaire est examinée par les chambres réunies. Dans ce cas, la juridiction de renvoi doit se conformer à la décision des chambres réunies.

B) Organisation

La Cour suprême est dirigée par un Premier Président (**''Premier Magistrat''** de la République de Guinée), des Présidents de Chambre et de différents Conseillers.

L'article 7 de la loi organique 003/AN de février 2017 indique que les formations juridictionnelles de la Cour suprême sont

- des Chambres;
- les Chambres réunies
- l'Assemblée Générale consultative.

Les articles 162 à 165 et 166 de la loi organique de 2017 prévoient deux commissions juridictionnelles compétentes respectivement sur le recours :

- en indemnisation des personnes ayant fait l'objet d'une décision définitive de non-lieu, de relaxe ou d'acquittement ;
- des officiers de police judiciaire en cas de retrait ou de suspension d'habilitation.

3) ELLE EST JUGE DE L'EXCES DE POUVOIR

La loi guinéenne a prévu, en raison de la diversité de leurs effets, deux recours pour excès de pouvoir, lesquels signifient, l'un comme l'autre, que la légalité qu'ils ont pour conséquence d'assurer, conformément aux principes généraux du droit, n'est pas une et indivisible, mais plurielle et séparable. Il n'existe pas un, mais des moyens d'annulation des actes qui en sont entachés, des vices susceptibles d'affecter leur légalité, communément qualifiés de « cas d'ouverture » du recours pour excès de pouvoir.

Ces recours, puisqu'il en existe deux, peuvent être entendus, selon M. Hauriou, comme les *« diverses manifestations caractérisées de l'excès de pouvoir, constituant vices de l'acte »*[64].

Qu'il s'attache aux actes du juge ou aux actes de l'administration, l'excès de pouvoir soulève la validité par rapport aux vices relatifs à la « compétence », à la « forme » et à la « procédure », à la « violation directe de la règle de droit », et des vices relatifs aux «motifs», parmi lesquels l'« erreur de fait », l'« erreur de droit », l'« erreur manifeste», la « qualification erronée », le « détournement de pouvoir » et le « détournement de procédure».

SECTION III : REGLES COMMUNES AUX DEUX RECOURS

Les moyens de droit, que le requérant peut invoquer contre l'excès de pouvoir des Juges comme l'excès de pouvoir de l'administration, sont au nombre de quatre, regroupés en deux catégories.

1. L'**illégalité externe** de l'acte administratif.

o L'**incompétence** de l'auteur de l'acte. Elle peut être matérielle, territoriale ou temporelle.

o Le **vice de forme** (y compris le défaut de motivation), de procédure ou dans la composition d'un organisme dont l'avis doit obligatoirement être recueilli.

2. L'**illégalité interne**, liée au contenu, au fondement de l'acte :

a. La **violation de la loi** :

o erreur de faits (les faits qui fondent l'acte sont inexacts, dénaturés ou inexistants),

o erreur sur la qualification juridique des faits,

o erreur de droit.

b. Le **détournement de pouvoir** ou de procédure, si l'autorité publique a utilisé ses pouvoirs ou la procédure à des fins autres que celles pour lesquelles ces pouvoirs lui ont été confiés.

---

[64] M. Hauriou, Précis de droit administratif et de droit public général, L. Larose, 1900-1901, p. 308)

I. EXCÈS DE POUVOIR DES JUGES

Le premier recours pour excès de pouvoir est celui prévu par le dernier alinéa de l'article 72 de la Loi organique L/2017/003/AN du 23 février portant attributions, organisation et fonctionnement de la Cour suprême, relatif à l'excès de pouvoir des juges. Cet article 72 indique que : « *les juges excèdent leurs pouvoirs soit, notamment par erreur de droit, fausse application de la loi ou par erreur manifeste dans la qualification juridique des faits en méconnaissant le principe de la séparation des pouvoirs, soit en transgressant une règle d'ordre public* ».

Tout excès de pouvoir du juge est une incompétence, comme toute incompétence renferme un excès de pouvoir. La raison est que dans l'un comme dans l'autre, le juge franchit le périmètre de ses attributions.

Cela s'opère de deux manières : soit par des jugements, soit par des actes.

L'incompétence appartient, d'une manière spéciale, aux jugements, tandis que l'excès de pouvoir découle des actes ou formalités à accomplir.

Lorsque le juge statue sur une question qui ne relève pas de sa compétence matérielle ou territoriale ou même personnelle, la voie de recours est l'appel pour cause d'incompétence. C'est le cas lorsqu'un tribunal de commerce statue sur un contentieux pénal ou administratif ou lorsqu'une cour d'appel se prononce en matière de révision ou sur une infraction commise par un magistrat de la Cour suprême, de la Cour constitutionnelle ou de la Cour des Comptes et même de la Cour d'Appel.

L'incompétence *ratione materiae* est réputée absolue, en ce que l'ordre de juridiction n'est laissé à la discrétion ni des parties, ni même des juges.

Le moyen de nullité, qui en découle, peut être soulevé devant le juge d'appel comme devant le juge de cassation, puisque cette nullité est le fait du juge, qui doit la déclarer d'office, pour l'évidente raison que l'on ne peut déroger ni par convention, ni par acquiescement à l'ordre de la juridiction.

L'excès de pouvoir du juge, quant aux actes ou aux formalités, consistera dans le fait d'accomplir les actes de sa compétence contrairement aux formes prescrites par la loi, en violation du contenu de la loi. Il pourrait arriver, qu'après avoir tranché le point litigieux, le juge statue sur l'avenir ou par voie de disposition générale, ou en encore qu'il s'abstienne d'accomplir un acte de ses obligations, par exemple rouvrir les débats, après un changement survenu dans la composition de la formation de jugement, en choquant le principe de la séparation de l'autorité de poursuite et de l'autorité de jugement.

Le juge devant lequel est formulée une réquisition ou une demande tendant à l'accomplissement d'une formalité légale est tenu de faire droit à cette réquisition ou cette demande ou d'y statuer par jugement motivé, devenu nécessaire, alors même que la loi sur laquelle se fonde la réquisition ou la demande n'est plus en vigueur ; car c'est au juge que l'article 14 du CPCEA a incombé de décider si la loi invoquée doit continuer à recevoir son exécution[65].

La décision du juge, sauf disposition expresse contraire, qui n'est pas motivée ou ne contient pas les termes de la loi appliquée est nulle.

L'instruction et le jugement sont nuls, si la foi due aux procès-verbaux et actes instrumentaires a été méconnue, soit jusqu'à inscription de faux, soit jusqu'à preuve du contraire.

Est également nul, le jugement ou arrêt rendu par un nombre insuffisant de juges, ou dans lequel les juges n'ont pas assisté à toutes les audiences, y compris celles où aurait lieu le prononcé du jugement ou de l'arrêt, ou lors desquelles le ministère public n'a pas résumé l'affaire et donné ses conclusions, ou encore si les débats n'ont pas été publics ou contradictoires.

Les juges, n'étant légalement saisis et ne pouvant connaitre que de toutes les demandes et seulement celles qui ont été débattues devant eux, excèderaient leurs pouvoirs dans le cas où ils prendraient leurs décisions sur des points qui n'ont pas fait l'objet des contestations qui leur étaient soumises.

Il y a ouverture à cassation pour excès de pouvoir des juges, non pas seulement en raison de l'empiètement d'une juridiction sur une attribution que la loi ne lui a pas donnée, mais encore dans le refus de faire ce que la loi ordonne ; dans ce sens le refus de juger ou d'accomplir un acte de juridiction prescrit par la loi.

II. EXCÈS DE POUVOIR DES AUTORITÉS EXÉCUTIVES

Le second recours pour excès de pouvoir est celui dirigé contre une décision explicite ou implicite d'une autorité administrative. À son sujet la loi organique L/2017/003/AN dispose : « *le recours pour excès de pouvoir n'est recevable que contre une décision explicite ou implicite*

[65] Achille MORIN, Dictionnaire du droit criminel: répertoire raisonné de législation et de jurisprudence en matière criminelle, correctionnelle et de police 1842 pages 546

d'une autorité administrative. Le délai pour se pourvoi est de deux mois. Ce délai court de la date de la publication de la décision attaquée, à moins qu'elle ne doive être notifiée ou signifiée, auquel cas le délai court de la date de la notification ou de la signification.

Article 89 : *Le silence gardé plus de quatre mois sur une réclamation par l'autorité compétente vaut décision de rejet. Le délai de deux mois pour se pourvoir contre le rejet d'une réclamation court du jour de la décision explicite de rejet d'une réclamation et, au plus tard, à compter de l'expiration de la période de quatre mois prévus au présent alinéa.*

Toutefois, avant de se pourvoir contre une décision administrative les intéressés peuvent présenter, dans le délai de recours pour excès de pourvoir, un recours administratif hiérarchique ou gracieux tendant à faire rapporter ladite décision.

Le silence gardé plus de quatre mois par l'autorité compétente sur le recours administratif vaut décision de rejet.

Le délai de deux mois prévus ci-dessus ne commence à courir qu'à compter de la notification de rejet du recours administratif, et au plus tard, de l'expiration de la période de quatre mois, prévue au présent alinéa.

Lorsque la législation ou la réglementation en vigueur prévoit une procédure particulière de recours, le recours en annulation n'est recevable qu'après l'épuisement de ladite procédure et dans les mêmes conditions de délai que dessus.

La décision explicite de rejet intervenu postérieurement à l'expiration de la période de quatre mois, prévue au 3^è et 4^è alinéas fait courir un nouveau délai de pourvoi de deux mois ».

Ces deux dispositions indiquent que les citoyens peuvent recourir au juge quand ils estiment que l'Administration guinéenne a outrepassé ses pouvoirs, à savoir ses fonctions. **T**oute décision administrative peut faire l'objet d'un recours pour excès de pouvoir.

L'incompétence est ainsi la forme la plus simple de l'excès de pouvoir en droit administratif. Elle suppose qu'une autorité administrative a pris une décision qui n'était pas de son ressort.

La compétence des autorités administratives est d'abord limitée, de façon générale, par l'existence d'un domaine réservé soit au législateur, soit au pouvoir constituant article 51 et 74 de la Constitution du 10 mai 2010 (58, 80 et 81 de la Constitution d'avril 2020).

Les compétences confèrent des obligations. Il peut y avoir excès de pouvoir non seulement lorsqu'une autorité empiète sur les compétences d'une autre autorité, mais aussi lorsqu'elle s'abstient d'exercer les siennes. Par exemple, un maire ne peut pas refuser d'instruire une demande de permis de construire.

III. Conditions de recevabilité d'un recours devant les juridictions administratives

On appelle « conditions de recevabilité » les conditions devant être réunies pour que le juge puisse être saisi et rendre une décision, « se prononce sur le fond ». Si l'une des conditions n'est pas remplie, le juge rejette la requête en la déclarant irrecevable, sans même examiner si elle est bien fondée, c'est-à-dire si l'acte attaqué est effectivement illégal. Les conditions de recevabilité sont énumérées aux articles 49 à 52, 88 de la loi organique susvisée, parmi lesquelles :

1. **Le requérant doit avoir un intérêt à agir ;**
2. **Le requérant doit avoir la capacité à agir ;**
3. **Le requérant doit, dans certains cas, être représenté par un avocat.**
4. **L'acte attaqué doit être un acte administratif qui fait grief.** C'est-à-dire un acte susceptible de produire des effets juridiques (qui change la situation juridique de la personne) ;
5. **Le recours doit être rédigé en français.**
6. **La décision attaquée doit être produite en annexe de la requête.**
7. **Les pièces produites en annexe de la requête en plusieurs copies.**

IV - Régime des délais de saisine

Le délai de recours contre un acte administratif court de la date de la publication de la décision attaquée, à moins qu'elle ne doive être notifiée ou signifiée, auquel cas le délai court de la date de la notification ou de la signification. Donc il débute à la date de la publication. Mais si l'acte comporte mesure officielle de notification ou de signification ou de communication, le délai commence à courir à la date de cette information qui se réalise par publication ou affichage pour les actes réglementaires (mesures générales et impersonnelles), par notification ou signification pour les décisions individuelles (mesures nominatives ou droits subjectifs).

Toute décision de rejet peut être attaquée dans un délai de deux mois devant les juridictions administratives. Ce délai ne court que si la demande a fait l'objet d'un accusé réception de la part de l'administration, mentionnant les voies et délais de recours.

La requête doit parvenir au greffe du tribunal avant l'expiration du délai imparti. Ainsi, en présence d'une décision notifiée le 03 avril, le recours devra avoir été déposé au greffe au plus tard dans la journée du 05 juin. Toutefois, si ce dernier jour est un samedi, un dimanche ou un jour férié, le délai est prolongé jusqu'à la fin du prochain jour ouvrable suivant.

S'agissant d'une réglementation, il est encore possible d'en contester la légalité, alors même que le délai est écoulé. Pour cela, il faut demander à l'autorité administrative à l'origine d'une réglementation d'abroger le texte illégal.

Le refus éventuel de faire disparaître le règlement constitue une décision administrative contestable devant une juridiction. C'est donc la réponse (explicite ou implicite) de l'administration à la demande d'abrogation qui devra être contestée devant le tribunal dans un délai de deux mois.

V - Objectif du recours pour excès de pouvoir

L'objectif de ce recours est de contrôler la légalité de l'acte et, le cas échéant, de l'annuler. Ce recours est possible contre toute décision administrative (décision qui n'est pas qualifiée de « mesure d'ordre intérieur ») sans qu'il soit besoin qu'un texte particulier le prévoie.

Si un texte déclare qu'un acte n'est pas « susceptible de recours », la jurisprudence considère que tous les recours sont exclus sauf le recours pour excès de pouvoir.

Le recours pour excès de pouvoir est le fondement de la défense des droits fondamentaux et des libertés individuelles et a pour socle les deux derniers alinéas de l'article de la Constitution (de mai 2010 comme d'avril 2020) toute loi, tout acte réglementaire et acte administratif contraire aux dispositions de la Constitution sont nuls et nul effet.

En effet, est susceptible d'entraîner l'illégalité d'un acte réglementaire devant le juge de l'excès de pouvoir, la violation directe de la loi, de la Constitution et des principes à valeur constitutionnelle, des traités et du droit dérivé, des principes généraux du droit, des actes réglementaires et de la chose jugée par le juge administratif.

CHAPITRE VI

Offices particuliers du juge

SECTION I : JUGE DES RÉFÉRÉS

Le juge des référés est le **juge de l'administration de l'urgence**. Il ne juge pas du principal, par cela qu'il ne prononce pas, par exemple, l'annulation d'une décision. Mais sa décision **permet d'obtenir des mesures provisoires et rapides**, destinées à sauvegarder des situations, des biens, des droits et libertés des citoyens.

Le juge des référés est, au sein de chaque tribunal, un **juge qui statue seul**. Il peut s'agir du président du tribunal de 1re instance, du Premier président d'une Cour d'appel ou d'un magistrat expérimenté qu'il désigne.

Dans tous les cas d'urgence, le juge des référés peut ordonner toutes les mesures qui ne se heurtent à aucune contestation sérieuse, article 250 CPCEA. Il peut toujours prescrire en référé les mesures conservatoires ou de remise en état qui s'imposent, soit pour prévenir un dommage imminent, soit pour faire cesser un trouble manifestement illicite. Dans les cas où l'existence de l'obligation n'est pas sérieusement contestable, il peut accorder une provision au créancier.

De même, dans tous les cas d'urgence, l'article 881 du CPCEA confère au premier président de la Cour d'Appel le pouvoir d'ordonner, en référé, en cas de saisine de la Cour d'Appel, toutes mesures qui ne se heurtent à aucune contestation sérieuse.

Le juge des référés prononce ses décisions par voie d'ordonnances et ses « *pouvoirs s'étendent à toutes les matières où il n'existe pas de procédure particulière de référé* ».

Il peut également lui en être référé pour statuer, article 852 CPCEA, sur les difficultés d'exécution d'une décision de justice ou d'un autre titre exécutoire, par exemple la grosse de notaire.

Les compétences, définies par l'article 882 du CPCEA, consistent à statuer sur une demande tendant à :

1. rétracter d'une ordonnance sur requête rendue dans le cadre des articles 151 à 156 CPCEA ;
2. arrêter l'exécution provisoire ordonnée par une juridiction du premier degré, dans les cas et conditions prévus à l'article 582 du CPCEA ;
3. obtenir un relevé de forclusion pour former appel, dans les cas et conditions prévus par les articles 603 et 604 CPCEA ;
4. obtenir l'autorisation de former appel contre une décision ordonnant une mesure d'expertise, dans les conditions prévues par l'article 373 ;
5. obtenir l'autorisation de former appel contre une décision ordonnant un sursis à statuer, dans les conditions prévues à l'article 490 ;
6. obtenir la constitution d'une garantie ou la consignation lorsque le premier juge a ordonné l'exécution provisoire, dans le cas prévu par l'article 576.

Il est encore compétent pour statuer, en référé, selon l'article 883 CPCEA sur les demandes formées en cours d'appel tendant à obtenir:

✓ l'exécution provisoire, soit qu'elle ait été écartée par le premier juge, soit qu'elle ne lui ait pas été demandée, soit que, lui ayant été demandée, il ait omis de statuer sur ce chef de demande, dans les cas et conditions prévus par les articles 583 et 584 du présent Code ;

✓ la constitution d'une garantie ou la consignation dans les cas et conditions prévus à l'alinéa précédent.

On distingue trois grands types de référés :

- les **référés d'urgence** (référé-suspension, référé-liberté, référé conservatoire…) ;
- les **référés dits ordinaires** (référé-constat, référé-instruction, référé-provision…) ;
- **divers autres référés** relatifs à :

❖ des domaines spécifiques : référé fiscal ;

❖ des régimes spéciaux : suspension sur déféré préfectoral pour les actes des collectivités territoriales ;

❖ la passation des contrats par l'administration. En effet, il est possible d'introduire devant le juge administratif un "**référé précontractuel**", lorsque les obligations de publicité et de mise en concurrence n'ont pas été respectées ou d'exercer un "**référé contractuel**", pour les mêmes motifs, mais lorsque le contrat litigieux a, d'ores et déjà, été signé ;

- ❖ la suspension de l'exécution d'une décision administrative (**référé-suspension**) si **deux conditions** sont réunies :
  - ✓ l'urgence, que le juge apprécie librement ;
  - ✓ l'existence d'un doute sérieux sur la légalité de l'acte en cause.

Dès qu'il est saisi d'une requête en urgence, le juge des référés fixe la date de l'audience. Le délai peut varier, en fonction du degré d'urgence, de quelques heures à quelques jours.

Dès la fin de l'audience, ou un peu plus tard, s'il l'estime nécessaire, le juge annonce le sens de sa décision.

Il ne peut prendre que des mesures provisoires. Dans ce sens, le référé réalise un progrès notable au profit des justiciables.

1. Saisine et ordonnances sur requête

Le Juge des référés est saisi, article 853 du CPCEA, par requête dans les cas spécifiés par la loi. Il peut également, sur requête, prendre toutes mesures urgentes lorsque les circonstances exigent qu'elles ne soient pas prises contradictoirement. « *Les requêtes afférentes à une instance en cours sont présentées au président de la section ou de la chambre à laquelle l'affaire a été distribuée ou au juge déjà saisi* ».

La requête est présentée, article 854 CPCEA, par la partie requérante en personne, par un avocat ou par un officier public ou ministériel dans les cas où ce dernier y est habilité par les dispositions en vigueur. Si elle est présentée à l'occasion d'une instance, elle doit indiquer la juridiction saisie.

L'Article 884 du CPCEA précise également que le juge est *« saisi en référé par déclaration écrite faite au greffe ou par lettre recommandée ; cette déclaration doit contenir l'objet de la demande ainsi qu'un exposé des motifs ». Les parties sont avisées de la date de l'audience par le* greffier.

La requête contient tous les éléments nécessaires pour que le juge puisse statuer :

- Les conclusions, c'est-à-dire l'acte de procédure par lequel le demandeur expose ses chefs de demande et le défendeur ses moyens de défense (par exemple la suspension d'une décision, l'injonction à l'administration de mettre fin à des agissements illégaux, la communication d'un document précis...) ; le juge ne peut statuer au-delà de ce qui est lui demandé ;
- L'exposé précis des faits ;
- Les moyens de droit, c'est-à-dire les arguments juridiques nécessaires au soutien de la demande et de la défense, tendant à établir le bien-fondé de la cause ou de l'objet, l'illégalité ou le doute sur la légalité de la décision ;
- Enfin, il faut démontrer qu'il y a bien urgence.

On peut donc parler d'une forme de *juridiction présidentielle*, susceptible de voie de recours, le CPCEA prévoit : *« **article 147 :** L'ordonnance de référé peut être frappée d'appel à moins qu'elle n'émane du premier président de la Cour d'appel ; dans ce cas, le pourvoi est possible dans le délai de dix jours. L'ordonnance rendue par défaut est susceptible d'opposition. Le délai d'appel ou d'opposition est de dix jours.*

Article 148 : *Le juge statuant en référé peut prononcer des condamnations à des astreintes. Il peut les liquider à titre provisoire.*

Article 149 : *Les minutes des ordonnances de référé sont conservées au greffe de la juridiction ».*

L'article 885 prescrit : « *l'avis de la date de l'audience est donné aux avocats par simple bulletin et aux parties par lettre recommandée avec accusé de réception ou lettre simple avec émargement au registre de transmissions ».*

« Article 141 : L'ordonnance de référé est une décision provisoire rendue à la demande d'une partie, l'autre présente ou appelée, dans les cas où la loi confère à un juge, qui n'est pas saisi au principal, le pouvoir d'ordonner immédiatement les mesures nécessaires.

L'article 142 ordonne que la demande soit « portée par voie d'assignation sur autorisation du juge saisi à une audience tenue à cet effet aux jour et heure habituels des référés ».

Lorsque le cas requiert célérité, le juge des référés peut permettre d'assigner, à l'heure indiquée, même les jours fériés ou chômés, soit à l'audience, soit à son domicile portes ouvertes ».

Dans ces conditions, l'article 143 du CPCEA, exige que le juge s'assure qu'il s'écoule un temps suffisant entre l'assignation et l'audience pour que la partie assignée ait pu préparer sa défense. Le CPCEA, en son article 144, confère au juge des référés, dans les juridictions à formation collégiale, la faculté de renvoyer l'affaire en état de référé devant la formation collégiale à une audience, dont il fixe la date. Son article 145 prive l'ordonnance de référé, au principal, l'autorité de la chose jugée. Celle-ci ne peut être modifiée ou rapportée en référé qu'en cas de circonstances nouvelles et est, article 146, exécutoire à titre provisoire.

Le juge peut toutefois subordonner l'exécution provisoire à la constitution d'une garantie dans les conditions prévues aux articles 576 à 581.

2. De l'exercice des voies de recours

« Article 225 : La voie de l'appel est seule ouverte contre les ordonnances de référé et contre les ordonnances du juge conciliateur en matière de divorce ou de séparation de corps.

« Article 226 : Lorsque le juge des référés se prononce sur la compétence, sans statuer sur le fond du litige, sa décision ne peut être attaquée que par la voie de l'appel et non par celle du contredit.

Article 254 : S'il existe un motif légitime de conserver ou d'établir, avant tout procès, la preuve de faits dont pourrait dépendre la solution d'un litige, les mesures d'instruction légalement admissibles peuvent être ordonnées à la demande de tout intéressé, ou en référé.

Article 255 : La mesure d'instruction prévue à l'article précédent ne peut être ordonnée en référé que si le juge du fond n'est pas saisi du procès en vue duquel la mesure d'instruction est sollicitée

Article 373 : La décision ordonnant l'expertise peut être frappée d'appel indépendamment du jugement sur le fond, sur autorisation du premier président de la Cour d'appel s'il est justifié d'un motif grave et légitime. La partie qui veut faire appel saisit le premier président dans le délai de dix jours à compter du prononcé de la décision. Si celle-ci a été rendue par défaut, le délai ne commencera à courir qu'à compter du jour où elle a été portée à la connaissance de la partie dont l'absence aura été justifiée.

Article 489 : - Le sursis à statuer ne dessaisit pas le juge. À l'expiration du sursis, l'instance est poursuivie à l'initiative des parties ou à la diligence du juge, sauf la faculté d'ordonner, s'il y a lieu, un nouveau sursis.

Le juge peut, suivant les circonstances révoquer le sursis ou en abréger le délai. « *Article 490 : - La décision de sursis peut être frappée d'appel sur autorisation du premier président de la Cour d'appel s'il est justifié d'un motif grave et légitime.*

La partie qui veut faire appel saisit le premier président qui statue dans la forme des référés. L'assignation doit être délivrée dans les dix jours suivant la saisine du premier président.

S'il fait droit à la demande le premier président fixe le jour où l'affaire sera examinée par la Cour, laquelle est saisie et statue comme en matière de procédure à jour fixe.

Toutefois, la partie dont les droits sont en péril peut, même si une date d'audience a déjà été fixée, demander au premier président de la Cour de retenir son affaire, par priorité, à la prochaine audience.

S'il est fait droit à sa demande, le requérant est aussitôt avisé de la date fixée.

A moins que le premier président n'ait décidé qu'elle le serait par acte d'huissier de justice à l'initiative du requérant, le greffier convoque la partie adverse par lettre, laquelle est émargée à titre d'accusé de réception.

La Cour s'assure qu'il s'est écoulé un temps suffisant entre la convocation et l'audience pour que la partie convoquée puisse préparer sa défense.

3. Exécution provisoire

En cas de nécessité, le juge peut ordonner que l'exécution aura lieu au seul vu de la minute. « **Article 573** : Sont notamment exécutoires de droit, à titre provisoire, les ordonnances de référé, les décisions qui prescrivent des mesures provisoires pour le cours de l'instance, celles qui ordonnent des mesures conservatoires ainsi que les ordonnances du juge de la mise en état qui accordent une provision au créancier.

Article 581 : - Le juge peut, à tout moment, autoriser la substitution à la garantie primitive d'une garantie équivalente. Les demandes relatives à l'application des articles 576 à 581 ne peuvent être portées que devant le président statuant en référé.

Article 582 : - Lorsque l'exécution provisoire a été ordonnée elle ne peut être arrêtée, en cas d'appel, que par le premier président statuant en référé et dans les cas suivants :

1. *Si elle est interdite par la loi ;*

2. Si elle risque d'entraîner des conséquences manifestement excessives.

Dans ce dernier cas, le premier président peut aussi prendre les mesures prévues aux articles 576 à 581. Le même pouvoir appartient, en cas d'opposition, au juge qui a rendu la décision.

Lorsque l'exécution provisoire est de droit, le premier président peut prendre les mesures prévues au deuxième alinéa de l'article 580 et à l'article 581.

Article 583 : - Lorsque l'exécution provisoire a été refusée, elle ne peut être demandée, en cas d'appel, qu'au premier président statuant en référé et à condition qu'il y ait urgence.

Article 584 : - Lorsque l'exécution provisoire n'a pas été demandée, ou si, l'ayant été, le juge a omis de statuer, elle ne peut être demandée en cas d'appel, qu'au premier président statuant en référé.

4. Les ordonnances sur requête

Le premier président peut, article 886 CPCEA, au cours de l'instance d'appel, ordonner sur requête toutes mesures urgentes relatives à la sauvegarde des droits d'une partie ou d'un tiers lorsque les circonstances exigent qu'elles ne soient pas prises contradictoirement.

La requête est présentée, article 887, par la partie qui requiert la mesure ou par son avocat. Elle doit préciser le nom des parties à l'instance en cours ainsi que le numéro du répertoire général.

Mainlevée, réduction ou cantonnement de la saisie conservatoire pourra être obtenu,

article 1005 CPCEA, en référé du président du tribunal de première instance ou du juge de paix contre consignation entre les mains d'un séquestre par lui désigné, des sommes suffisantes pour garantir les causes de la saisie en principal, intérêts et frais, avec affectation spéciale à la créance. La mainlevée ne pourra être demandée en référé que dans les quinze jours de la signification du procès-verbal.

Le tribunal pourra, en tout état de cause, avant même d'avoir statué sur le fond, ordonner mainlevée totale ou partielle de la saisie, si le débiteur justifie de motifs sérieux et légitimes.

Si la créance n'est pas reconnue par le jugement statuant au fond et lorsque cette décision sera passée en force de chose jugée, article 1011 CPCEA, la mainlevée ou radiation de l'inscription de nantissement ou d'hypothèque prise à titre conservatoire sera prononcée, s'il y a lieu, par le magistrat qui aura autorisé l'inscription, statuant en référé et décidant sur les frais de radiation et dépens.

L'huissier qui, se présentant pour saisir conservatoirement, trouvera une saisie déjà faite, procédera, en vertu de l'article 1012 CPCEA, au récolement des objets déjà saisis, sur procès-verbal de la saisie conservatoire que le saisi sera tenu de lui présenter, faute de quoi il se pourvoira en référé après avoir, le cas échéant, établi garnison aux portes.

Il dénoncera son procès-verbal de récolement au premier saisissant ; cette notification vaudra opposition sur les deniers de la vente.

La demande en validité, et la demande en mainlevée formées par la partie saisie, seront portées, Article 1034 CPCEA, devant le tribunal du domicile de la partie saisie. En tout état de cause, et quel que soit l'état de l'affaire, la partie saisie-arrêtée pourra se pourvoir en référé, afin d'obtenir l'autorisation de toucher du tiers saisi, nonobstant l'opposition, à la condition de verser au Trésor, ou aux mains d'un tiers commis à cet effet, une somme suffisante arbitrée par le juge des référés, pour répondre éventuellement des causes de la saisie-arrêt, dans le cas où le saisi se reconnaîtrait ou serait jugé débiteur.

Le dépôt ainsi ordonné sera affecté spécialement aux mains du tiers détenteur à la garantie des créances pour sûreté desquelles la saisie-arrêt aura été opérée, et privilège exclusif de tout autre leur sera attribué sur ledit dépôt, article 1035. À partir de l'exécution de l'ordonnance de référé, le tiers saisi sera déchargé et les effets de la saisie-arrêt transportés sur le tiers détenteur.

Il ressort de l'article 1068 que les difficultés d'application des articles 1065 et 1067 sont tranchées en référé par le juge du lieu de la saisie, sur le procès-verbal que dresse l'huissier de justice spontanément ou à la demande du débiteur soit au moment de la saisie, soit sur observations ultérieures du saisi. Le saisi peut également assigner le créancier devant le même juge.

Dans tous les cas, la contestation n'est recevable que jusqu'à l'expiration d'un délai de huit jours à compter de la signification de la saisie.

La décharge sera demandée contre le saisissant et le saisi par une assignation en référé devant le juge du lieu de la saisie, si elle est accordée, il sera préalablement procédé, selon l'article 1081 du CPCEA, au récolement des effets saisis, parties appelées.

L'article 1082 précise qu'il sera passé outre, nonobstant toutes réclamations de la part de la partie saisie, sur lesquelles il sera statué en référé.

Si lors de l'inventaire, il s'élève des difficultés, ou s'il est formé des réquisitions pour l'administration de la communauté ou de la succession, ou pour autres objets, et qu'il n'y soit déféré par les autres parties, l'article 1244 ordonne que les notaires délaisseront les parties à se pourvoir en référé devant le président du tribunal compétent.

L'article 1248 ajoute que s'il s'élève des difficultés, il pourra être statué provisoirement en référé par le président du tribunal du lieu du décès.

SECTION II : LE JUGE D'INSTRUCTION

Les articles 58, 59, 141 et suivants du CPP indiquent que le juge d'instruction est chargé de procéder à l'instruction préparatoire obligatoire en matière de crime et à toute mesure d'information dans les affaires pénales les plus graves ou les plus complexes, en vertu d'un réquisitoire introductif ou supplétif du procureur de la République.

Le juge d'instruction est un magistrat du siège, investi d'une double mission: procéder en toute impartialité à la **manifestation de la vérité** et prendre certaines **décisions juridictionnelles**. Il exerce ses fonctions au siège du tribunal de première instance auquel il appartient.

Il est nommé au moins un juge d'instruction dans chaque tribunal de première instance.

A - Les modalités de la saisine

Le juge d'instruction ne peut, sauf transport sur les lieux, pour flagrance, procéder à aucun acte de ses fonctions, sans avoir été saisi, ainsi qu'il est dit à l'article 142 du CPP par le procureur de la République.

Il ne peut pas se saisir d'office et ne peut effectuer d'enquête que dans la stricte limite de sa saisine ; cette limite étant fixée par le procureur de la République, qui l'a requis, quand bien même les poursuites interviennent à la demande de la victime. La limitation par le procureur de la République s'explique par son indépendance statutaire et les larges pouvoirs et qui sont les siens dans le cadre des enquêtes, lesquels pourraient porter atteinte aux libertés fondamentales, en garantie desquelles le nouveau code de procédure pénale a créé un contrôle strict et contraignant de la privation et de la restriction de liberté.

Les modes de saisine du juge d'instruction, pour l'ouverture d'une instruction, sont déterminés dans le nouveau code de procédure pénale, ce sont : le réquisitoire introductif d'instance, le réquisitoire supplétif, émanant du procureur et la plainte avec constitution de la partie civile, émanant de la partie lésée. Ils sont les seuls modes d'ouverture d'une instruction judiciaire.

Lorsque le juge d'instruction est saisi par une plainte avec constitution de la partie civile, il ordonne à la victime de consigner auprès du tribunal, une somme d'argent destinée à couvrir éventuellement les frais du procès et de designer un domicile (en pratique le cabinet d'un avocat) ou elle peut recevoir la correspondance judiciaire.

Le juge d'instruction procède, conformément à l'article 147 du CPP, à tous les actes d'information qu'il juge utiles à la manifestation de la vérité. Il instruit à charge et à décharge. Il est obligatoirement établi plus d'une copie de ces actes, ainsi que de toutes les pièces de la procédure ; chaque copie est certifiée conforme par le greffier ou l'officier de police judiciaire commis.

Toutes les pièces du dossier sont cotées par le greffier au fur et à mesure de leur rédaction ou de leur réception au cabinet d'instruction.

D'office, sur réquisition du parquet ou à la demande de la partie civile, il peut procéder, conformément à la loi, à tout acte lui permettant d'apprécier la nature et l'importance des préjudices subis par la victime ou de recueillir des renseignements sur la personnalité de celle-ci (art.148 du CPP).

Si le juge d'instruction ne suit pas les réquisitions du procureur de la République ou s'il n'estime pas devoir procéder aux actes requis, il doit, sans préjudice de l'application des dispositions du dernier alinéa de l'article 236, rendre une ordonnance motivée dans les 5 jours de ces réquisitions (art. 149 du CPP).

Si le juge d'instruction n'estime pas devoir procéder aux actes requis, il doit rendre, dans les 5 jours qui suivent les réquisitions du procureur de la République une ordonnance motivée qui sera, sans délai et avant exécution, notifiée à ce dernier.

La mission du juge instruction consiste à effectuer tout acte utile à la manifestation de la vérité. Concrètement, sa mission est donc de conduire des investigations, qui pourront déboucher sur une décision de justice.

B - Ouverture de l'information

Le président du Tribunal de première instance peut prononcer par ordonnance, article 154 du CPP, le dessaisissement du juge, dans les 8 jours, pour des motifs de bonne administration de la justice, de plus, un dossier peut lui être enlevé s'il fait preuve d'une partialité avérée envers une partie, notamment le suspect, ou d'une lenteur ou négligence préjudiciable aux droits des parties.

a. Dépôt de la plainte

La plainte doit être déposée sous la forme d'un courrier, envoyé en recommandé avec avis de réception, au doyen des juges d'instruction du tribunal du lieu de la commission de l'infraction, du domicile de son auteur présumé ou de l'arrestation de celui-ci.

Ce courrier est une lettre sur papier libre, contenant l'état civil et l'adresse complète du plaignant, l'exposé détaillé des faits de la cause, ainsi que tous les éléments de preuve à disposition. La lettre doit également indiquer clairement la volonté non équivoque de se constituer partie civile, ainsi que la formulation d'une demande de dommages et intérêts.

b. Consignation

La recevabilité de la plainte avec constitution de partie civile est conditionnée au versement d'une consignation, dont le montant est évalué en fonction des ressources du plaignant. Elle est, en principe, fixée par le juge d'instruction à la réception de la plainte ; mais celui-ci peut éventuellement choisir d'en dispenser la partie civile.

Cette consignation est versée en garantie du paiement d'une éventuelle amende pour procédure abusive.

c. Enquête

Après ce versement, une enquête pénale est déclenchée. Elle est conduite par le juge d'instruction. À l'issue de celle-ci, le juge peut renvoyer les auteurs présumés de l'infraction devant la juridiction pénale compétente. Mais il peut également rendre une ordonnance de non-lieu.

C - Les effets de la saisine

Le juge d'instruction, qui reçoit l'acte d'ouverture de l'instruction, doit vérifier que celle-ci peut juridiquement s'ouvrir.

La première opération à laquelle le juge d'instruction doit procéder, qu'il soit saisi par réquisitoire introductif ou par plainte avec constitution de partie civile, est l'examen de sa compétence pour connaître de l'affaire (compétence d'attribution, compétence territoriale et compétence ratione personae). S'il s'estime incompétent, il rend une ordonnance d'incompétence. Cette ordonnance est susceptible de recours.

Ensuite, il est admis, dans certains cas, que le juge d'instruction peut, sur le simple examen des documents qui l'ont saisi, et sans ouvrir d'information, rendre une ordonnance de refus d'informer, il en est ainsi lorsque les faits dénoncés ne constituent pas une infraction pénale, ou que l'action publique n'est pas recevable, le refus d'informer est susceptible d'appel par le ministère public ou la partie civile (article 152 CPP).

Dans le cas où le juge d'instruction n'est pas compétent, il rend, après réquisitions du ministère public, une ordonnance renvoyant la partie civile à se pourvoir devant telle juridiction qu'il appartiendra (article 49 et 161).

En ce qui concerne la compétence du juge d'instruction, l'article 61 du code de procédure pénale est assez large en désignant quatre lieux de compétence :

- le lieu de la commission de l'infraction ;
- le lieu où réside le suspect ;
- le lieu d'arrestation du suspect;
- le lieu de détention du suspect.

Lorsque le juge d'instruction reconnaît sa compétence et s'il n'existe pas une raison évidente de refuser d'informer, il le fera connaître à la personne poursuivie.

Le juge d'instruction a le pouvoir de mettre en inculpation toute personne à l'encontre de laquelle il existe des indices graves ou concordants laissant présumer qu'elle a participé comme auteur ou complice de la commission d'une infraction.

D - Du dessaisissement

Cette notion ne doit pas être confondue avec celle de « remplacement » : le juge d'instruction peut parfaitement être remplacé, s'il est en état d'empêchement.

Le remplacement peut alors être temporaire ou définitif. L'article 154 distingue l'un de l'autre.

Le **dessaisissement** est la conséquence du retrait d'une compétence ou d'un pouvoir du juge en raison de sa décision épuisant de la procédure, dont il avait charge ou de la demande d'une partie. L'un des modes de dessaisissement du juge d'instruction, par l'effet de sa décision, est l'ordonnance de clôture ou l'ordonnance de non-lieu, qui met un terme à sa saisine.

Le juge d'instruction est également dessaisi par son ordonnance d'incompétence ou par une ordonnance de dessaisissement du Président du Tribunal de 1re instance, suite à la demande d'une partie, ordonnant le transfert du dossier à un collègue du même ressort ou d'un autre ressort également compétent qui a été saisi de son côté.

Le juge d'instruction peut se trouver dessaisi par décision de la chambre de l'instruction lorsque celle-ci a été amenée à annuler tout ou partie de la procédure suivie, elle peut en effet en pareil cas soit évoquer l'affaire et confier l'instruction à l'un de ses membres, soit renvoyer l'affaire à un autre juge d'instruction afin de poursuivre l'information.

Le dessaisissement est donc soit volontaire, soit involontaire :

- Le dessaisissement peut être volontaire dans le cadre de l'article 154 du Code de procédure pénale : Si deux juges d'instruction sont simultanément saisis de la même infraction. Il y a alors litispendance. Dans ce cas-là, le ministère public peut, dans l'intérêt d'une bonne administration de la justice, demander à l'un des deux juges de se dessaisir. Le ministère public n'a ici qu'une simple faculté, un pouvoir discrétionnaire.

L'article 663 du code de procédure pénale prévoit le second cas de figure où l'on a deux juges d'instruction saisis d'infractions connexes ou d'infractions différentes en raison desquelles une même personne est mise en examen.

- Le dessaisissement involontaire est imposé dans l'hypothèse exceptionnelle où il est demandé soit par le procureur de la République par une requête motivée, soit par à la requête des parties.

E - Des décisions juridictionnelles du juge d'instruction

Au cours de l'instruction, le juge est amené à prendre des décisions juridictionnelles, lorsqu'il :

- place un individu sous contrôle judiciaire ;
- qu'il refuse de procéder à un acte demandé par une partie ;

- procède par ordonnance motivée, prise suivant les réquisitions du ministère public.

F - Les pouvoirs du juge d'instruction

Le juge d'instruction possède, tout d'abord, le pouvoir d'inculpation contre toute personne à l'encontre de laquelle il existe des indices graves ou concordants rendant vraisemblable qu'elle ait pu participer à la commission d'une infraction.

Il peut alors prendre l'initiative de priver ou de restreindre la liberté de cette personne pendant l'instruction. Le juge, à cette occasion, a la faculté de délivrer des **mandats (article 215, 216**, 217, 218, 219, 227, 233 du CPP) qui sont des ordres donnés à la force publique de contraindre un individu à se présenter devant lui.

La privation ou la restriction de la liberté sont encadrées par l'article préliminaire et les articles 68, 73, 77. 167, 169, 234, 239 et 240 CPP.

Le juge d'instruction est également doté de larges pouvoirs lui permettant d'œuvrer efficacement à la manifestation de la vérité. Il peut :

1. se transporter sur les lieux (article 163 et 164 CPP) ;
2. procéder à des perquisitions (articles 165 et 166 CPP) ;
3. effectuer des saisies (article 168) ;
4. rechercher des documents ou données informatiques (article 169 CPP) ;
5. ordonner des restitutions d'objets placés sous main de justice (article 172 CPP) ;
6. prescrire l'interception, l'enregistrement et la transcription de correspondances émises par la voie des télécommunications (article 179 CPP) ;
7. faire citer toutes les personnes dont la déposition lui parait utile (article 187 et 188 CPP) ;
8. procéder à des interrogatoires, auditions et confrontations (article 199 CPP) ;
9. prescrire l'interdiction de communiquer (article 220 CPP) ;
10. Ordonner la détention provisoire (articles 235 à 238 CPP) ;
11. Placer sous la mesure restrictive de liberté dénommée contrôle judiciaire (articles 239 à 252 CPP) ;
12. Requérir, par commission rogatoire, tout Juge d'instruction ou tout officier de police judiciaire pour procéder aux actes d'information qu'il estime nécessaires dans les lieux où chacun est territorialement compétent (articles 253 à 257 du CPP) ;
13. ordonner des expertises (article 258 à 274).

SECTION III : JUGE ET DEROULEMENT DE L'INSTRUCTION PREPARATOIRE

Le juge d'instruction procède, conformément à la loi, à tous les actes d'information qu'il juge utile à la manifestation de la vérité :

- aussi bien sur les faits que sur la personnalité de leurs auteurs ;
- aussi bien sur les aspects favorables à l'inculpé que sur ceux qui lui sont défavorables.

C'est dans ce cadre que le juge est investi de nombreux et puissants pouvoirs qu'il utilise lui-même ou par la commission rogatoire adressée aux juges, ou par délégation judiciaire à certains auxiliaires.

« *Le rôle du juge d'instruction n'est pas de seconder aveuglément l'action de la partie poursuivante, il ne cherche pas à démontrer que la personne dénoncée est bien coupable des faits qu'on lui reproche, mais il s'efforce de savoir quelle est la vérité objective. Aussi, tout élément qui permet de mieux connaître la vérité, qu'il tende à accabler l'inculpé ou au contraire à le décharger, doit être recherché et examiné avec soin.*
Le juge d'instruction ne doit rien négliger de ce qui peut conduire à une manifestation plus complète et plus précise de la vérité.

Les diverses parties en cause ne manqueront pas, en général d'attirer son attention sur tel ou tel point qu'il pourra élucider à l'aide des pouvoirs dont il dispose, mais il lui appartient de rechercher spontanément les points sur lesquels son infirmation pourrait utilement porter »[66].

La procédure d'instruction, que le juge d'instruction est chargé de diligenter, porte non seulement sur les faits de la cause, mais également, en raison de l'importance de la considération de la personnalité du délinquant dans le droit pénal moderne, ainsi que sur le milieu où elles vivent, en vue de faire la lumière sur les circonstances de l'infraction , sur les responsabilités et l'imputabilité, quant à la répression et à la réparation du préjudice causé. Ces mesures sont nombreuses et très diverses, certaines d'entre elles comportent des restrictions très sensibles aux droits fondamentaux de l'homme.

En effet, le juge d'instruction a le pouvoir de faire toute constatation matérielle utile. Il peut entendre toutes les personnes susceptibles d'apporter des indications intéressantes témoins, personne inculpée,

---

[66] *Gaston Stevani « Procédure pénale »Dalloz 18ème édition, P : 479*

experts). Il peut procéder à toutes opérations d'investigations, tels les saisies, le transport sur les lieux et la perquisition.

Le juge d'instruction détient le pouvoir de privation ou de restriction de liberté.

Après avoir donné un aperçu sur le rôle du juge d'instruction dans le cadre de déroulement de l'instruction, on va examiner plus profondément le régime et l'importance de chaque acte accompli par le juge d'instruction

A - L'interrogatoire

L'interrogatoire, mesure qui consiste dans le fait de mettre l'inculpé au courant des faits, qui lui sont reprochés, de l'inviter à s'exprimer à leur sujet, de discuter, avec lui, des éléments de preuve et de l'informer de ses droits, est un acte indispensable de la procédure d'instruction.

Le juge d'instruction ne peut pas clore son information sans avoir procédé, au préalable, à l'interrogatoire de l'inculpé, à moins qu'il rende une ordonnance de non-lieu.

Le législateur distingue entre deux types d'interrogatoire : l'interrogatoire de première comparution et l'interrogatoire de fond.

a) L'interrogation de première comparution

Cet interrogatoire préliminaire (article 198 CPP) permet au juge d'instruction de constater l'identité de l'inculpé et de lui faire connaitre des faits qui lui sont reprochés, en précisant leur qualification juridique et les droits, dont il peut bénéficier.

Mention de ces faits et de leur qualification juridique est faite au procès-verbal.

Le juge avertit expressément l'inculpé qu'il est libre de ne faire aucune déclaration sur-le-champ. Mais si l'inculpé désire faire des déclarations, celles-ci sont immédiatement reçues par le juge d'instruction. Ce magistrat donne avis à l'inculpé de son droit de choisir un conseil parmi les avocats inscrits au tableau ou admis au stage. Mention de cet avis est portée au procès-verbal.

Cet avertissement est fondamental, il est exigé à peine de nullité de la procédure, et mention doit en être faite obligatoirement au procès-verbal d'interrogatoire.

Lors de cette première comparution, le juge avertit l'inculpé qu'il doit l'informer de tous ses changements d'adresse, antérieurement à ceux-ci, et qu'il doit, en outre, faire élection de domicile dans le ressort du tribunal.

b) L'interrogatoire du fond

Après l'interrogatoire de première comparution, le juge d'instruction procède à l'***interrogatoire de fond***, qui ne peut avoir lieu, conformément à la constitution et au CPP, qu'avec la présence de l'avocat de l'inculpé, à moins qu'il y renonce expressément, ou tout aux moins, après que celui-ci a été dûment appelé. Cette convocation doit être adressée par lettre recommandée ou par un simple avis quarante-huit heures au moins à l'avance.

Toutefois, le juge d'instruction peut procéder (article 199 CPP) à un interrogatoire immédiat et à des confrontations, si l'urgence résulte soit de l'état d'un témoin ou d'un co-inculpé en danger de mort, soit de l'existence d'indices sur le point de disparaître, ou encore dans le cas prévu au dernier alinéa de l'article 115 du CPP. Le procès-verbal doit faire mention des causes d'urgence.

L'inculpé détenu peut, aussitôt après la première comparution, communiquer librement avec le conseil (article 200 CPP et 12 de la constitution de 2020). L'interdiction de communiquer ne peut être ordonnée que pour une période, qui n'excède pas 10 jours. En aucun cas, l'interdiction de communiquer ne saurait s'appliquer au conseil de l'inculpé.

L'inculpé et la partie civile peuvent, à tout moment de l'information :

- faire connaître au juge d'instruction les noms des conseils choisis par eux, auxquels seront adressées les convocations et les notifications (article 201 CPP) ;
- être entendus ou confrontés, à moins qu'ils n'y renoncent expressément, qu'en présence de leurs conseils ou ceux-ci dûment appelés. Mention de la renonciation doit être faite en tête du procès-verbal (article 202 CPP).

L'avocat a le droit de consulter le dossier de l'instruction vingt-quatre heures au moins avant l'interrogatoire de fond «en pratique, le juge d'instruction ne s'oppose pas à communiquer le dossier à l'avocat à tout moment de la procédure, ce dossier doit être consulté sur place, les formalités ci-dessus doivent être réputées accomplis du moment qu'elles sont mentionnées par le juge dans le procès-verbal d'interrogatoire de l'inculpé.

c) La confrontation

Le juge d'instruction dirige les interrogatoires, confrontations et auditions. Le procureur de la République et les avocats des parties peuvent poser des questions ou présenter de brèves observations (article 202 CPP).

Le juge d'instruction détermine, s'il y a lieu, l'ordre des interventions et peut y mettre un terme, lorsqu'il s'estime suffisamment informé. Il peut s'opposer aux questions de nature à nuire au bon déroulement de l'information ou à la dignité de la personne. Mention de ce refus est portée au procès-verbal.

Lorsque la personne inculpée est mise en cause par plusieurs personnes, il peut demander, conformément au premier alinéa de l'article 150, à être confronté séparément avec chacune d'entre elles. Le juge d'instruction statue sur ces demandes conformément au deuxième alinéa de l'article 150.

Il est à noter que la confrontation est l'acte de mise en présence des témoins et de l'inculpé, en vue de comparer leurs dires, d'expliciter les points de contradiction ou relever les convergences. La confrontation complète l'interrogatoire et les auditions. Elle permet de confronter les différents suspects entre eux ou avec les témoins. Le but de la confrontation est d'obtenir des intéressés des précisions supplémentaires.

Toutes les règles et formalités prévues pour l'interrogatoire devraient s'appliquer à la confrontation.

Le refus d'une demande de confrontation individuelle ne peut être motivé par la seule raison qu'une confrontation collective est organisée.

Les procès-verbaux d'interrogatoire et de confrontation sont établis (article 207 CPP) dans les formes prévues aux articles 191 et 192. Le ***procès-verbal*** relatant la confrontation doit être signé de toutes les personnes y ayant pris part.

B) Audition de certaines personnes

1) Audition des témoins (article 187 à 197 CPP)

Le juge d'instruction fait citer devant lui, par un huissier de justice ou par un agent des forces publiques, toutes les personnes, dont la déposition lui paraît utile. Une copie de cette citation ou de la lettre recommandée leur est délivrée.

La citation ou la convocation mentionne que si le témoin ne comparaît pas ou s'il refuse de comparaître, il pourra y être contraint par la force publique. Les témoins peuvent, en outre, comparaître volontairement.

En principe, aucune limitation tirée de l'âge ou des liens de parenté ne s'oppose à ce que le juge entende une personne qu'il suppose avoir connaissance de renseignements utiles à la manifestation de la vérité.

Les témoins prêtent (article 189 CPP) serment de dire toute la vérité, rien que la vérité. Le juge leur demande leurs prénoms, nom, âge, état civil, profession, domicile ou résidence, langue, s'ils sont parents, ou alliés des parties et à quel degré ou s'ils sont à leur service. Il est fait mention de la demande et de la réponse.

Ne peuvent être entendues sous la foi du serment les personnes énumérées aux articles 193 et 330 du CPP.

Toute personne, nommément visée par une plainte, peut refuser d'être entendue comme témoin (article 190). Le juge d'instruction l'en avertit, après lui avoir donné connaissance de la plainte. Mention en est faite au procès-verbal. En cas de refus, il ne peut l'entendre que comme inculpé. Les personnes à l'encontre desquelles il existe des indices graves et concordants d'avoir participé aux faits dont le juge d'instruction est saisi ne peuvent être entendues comme témoins.

Les témoins sont entendus séparément et hors la présence de l'inculpé par le juge d'instruction, assisté de son greffier. I est dressé procès-verbal de leurs déclarations. Le juge d'instruction peut faire appel à un interprète majeur, à l'exclusion de son greffier, des témoins et des parties (article 188 CPP). L'interprète, s'il n'est pas assermenté, prête devant le juge d'instruction, et préalablement, le serment de traduire fidèlement les dépositions. Mention de cette formalité doit être portée sur chaque acte auquel celui-ci participe, à peine de nullité de l'acte.

Toute personne, citée ou convoquée pour être entendue, est tenue de comparaître, de prêter serment, s'il y a lieu, et de déposer, sous réserve des dispositions réprimant la violation du secret professionnel. Le juge fait préciser au témoin son identité.

Le témoin s'exprime oralement ; cependant, étant donné que la procédure de l'information est écrite, le juge d'instruction résume la déposition du témoin et la dicte à son greffier.

Le témoin doit révéler ce qu'il sait, en disant toute la vérité et rien que la vérité, conformément au serment qu'il a prêté. Il s'expose aux peines du faux témoignage s'il dissimule la vérité.

2) **Audition de la partie civile**

Toute personne qui se prétend lésée par un crime ou un délit peut, en portant plainte, se constituer partie civile devant le juge d'instruction compétent (article 155). La partie civile peut, à l'appui de sa constitution, demander des dommages-intérêts correspondant au préjudice qui lui a été causé.

Le juge d'instruction constate, par procès-verbal, le dépôt de la plainte et lui en délivre copie. Il peut également entendre la partie civile, lorsqu'il en existe une en la cause. Il en sera ainsi lorsque l'information aura été ouverte sur constitution de la partie civile, la victime ayant agi par voix d'action.

La constitution de partie civile peut, en effet, avoir lieu à tout moment au cours de l'instruction. La recevabilité de cette constitution peut être contestée par toutes les parties en cause, et le juge d'instruction statue alors, par ordonnance sur cette constatation, après communication du dossier au parquet, pour réquisitoire conforme.

La partie civile ne peut être entendue qu'en étant sous serment, elle fait ses déclarations dans les mêmes conditions que l'inculpé. Elle ne peut être entendue qu'en présence de son conseiller ou, lui, dûment appelé, avant l'audition de celle-ci.

L'audition de la partie civile, comme tout acte du juge d'instruction, donne lieu à la rédaction d'un procès-verbal dans les mêmes formes que pour la déposition d'un témoin ou l'interrogatoire de l'inculpé.

C) Perquisition, transports, saisies et autres mesures conservatoires

1) Transports

Aux termes des articles 163 et 164 du CPP, le juge d'instruction, assisté de son greffier peut se transporter sur tous lieux, pour y effectuer toutes constatations utiles ou procéder à des perquisitions. Il en donne avis au procureur de la République qui a la faculté de l'accompagner. Il dresse un procès-verbal de ses opérations.

Si les nécessités de l'information l'exigent, le juge d'instruction peut, après en avoir donné avis au procureur de la République de son tribunal, se transporter avec son greffier sur toute l'étendue du territoire national, à l'effet d'y procéder à tous actes d'instruction, à charge par lui d'aviser, au préalable, le procureur de la République du tribunal dans le ressort duquel il se transporte. Il mentionne sur son procès-verbal les motifs de son transport.

Le juge d'instruction peut, pour les nécessités de l'instruction, dans le cadre d'une commission rogatoire adressée à un État étranger et avec l'accord des autorités compétentes de l'État concerné, se transporter avec son greffier sur le territoire de cet État, aux fins de procéder à des auditions. Il en donne préalablement avis au procureur de la République près son tribunal.

2) Perquisition

La décision de procéder, conformément aux articles 73 alinéa 2, 75 et 76 du CPP, à une perquisition appartient au juge d'instruction.

La perquisition peut s'exécuter, aux termes des articles 165 à 167 du CPP, dans tous les lieux où peuvent se trouver des objets, dont la découverte serait utile à la manifestation de la vérité, aussi bien chez l'inculpé lui-même, que chez un tiers, si le lieu de la perquisition se trouve dans le ressort du tribunal.

Il peut aussi faire procéder à la perquisition par commission rogatoire donnée à un officier de police judiciaire. Il en est de même si le lieu de la perquisition se trouve dans un autre ressort, puisque le juge d'instruction peut se transporter, si les nécessites de l'information l'exigent, sur toute l'étendue du territoire national.

Au cas où la perquisition est effectuée chez l'inculpé, les formalités sont celles prévues par les articles 165 à 167 du code de la procédure.

Il résulte de l'article 76 du CPP que la perquisition ne peut être commencée avant 6 heures, ni après 19 heures.

Toutefois, des visites, perquisitions et saisies pourront être opérées à toute heure du jour et de la nuit et en tout lieu en cas d'enquête pour blanchiment, terrorisme, trafic de drogue et atteinte aux intérêts fondamentaux de la nation ou pour constater toute infraction, à l'intérieur de tout hôtel, maison meublée, pension, débit de boisson, club, cercle, dancing, lieu de spectacle et leurs annexes et en tout autre lieu ouvert au public ou utilisé par le public.

Les formalités mentionnées aux articles 68, 69, 73 et `76, sont prescrites à peine de nullité.

Au cas où la perquisition est effectuée chez un tiers, cette personne, chez qui on perquisitionne (article 167 CPP), est invitée à assister à l'opération. Si elle est absente ou si elle refuse, la perquisition doit avoir lieu en présence de deux de ses parents ou alliés présents sur les lieux, ou à défaut en présence de deux témoins, ces personnes devront signer le procès-verbal.

Toutes les formalités destinées à assurer la sauvegarde des libertés individuelles et des droits de la défense s'appliquent aux perquisitions effectuées au cours de l'instruction comme aux perquisitions faites en cas d'infractions flagrantes.

Le juge d'instruction doit prendre toutes les mesures utiles pour assurer le respect du secret professionnel et des droits de la défense.

Les opérations de perquisition donnent lieu à l'établissement d'un procès-verbal. Il doit être rédigé sur-le-champ mais cette prescription n'est pas éditée à peine de nullité, à moins que son inobservation n'ait porté atteinte aux droits de la défense ou au secret professionnel.

3) **Saisies**

Article 168 CPP : En cas d'ouverture d'une information, il appartient au juge d'instruction de procéder à toute saisie d'objets ou documents qui lui paraissent utiles à la manifestation de la vérité.

Le juge d'instruction peut, d'office ou sur demande de la partie civile ou du ministère public, article 168 CPP, ordonner des saisies, des gels et toutes autres mesures conservatoires sur les biens de l'inculpé et tous ceux provenant des crimes, notamment le blanchiment d'argent, le financement du terrorisme, le trafic de drogue, la piraterie, la pédophilie, la traite des personnes et les prises d'otages.

L'article 169 CPP précise que lorsqu'il y a lieu, en cours d'information, de rechercher des documents ou des données informatiques et sous réserve de nécessités de l'information et du respect, le cas échéant, de l'obligation stipulée par l'alinéa 3 de l'article 167, le juge d'instruction ou l'officier de police judiciaire, par lui commis, a seul le droit d'en prendre connaissance avant de procéder à la saisie.

La saisie peut porter sur des objets appartenant à des tiers ou sur lesquels un tiers possède un droit de rétention, celui-ci fût-il reconnu par décision de justice. La saisie est mentionnée dans le procès-verbal de perquisition ou de transport sur les lieux. Dès qu'elle est prononcée, certaines formalités doivent être remplies pour assurer la conservation et l'authenticité des choses saisies. Si ces formalités ne sont pas observées, l'annulation de la saisie pourra être prononcée. Toutefois, cela n'empêchera pas le juge d'instruction de procéder à une nouvelle saisie.

Les objets et documents saisis doivent être immédiatement inventoriés et notés dans un procès-verbal de saisie, puis placés sous scellés. Ces scellés sont ensuite ouverts, et les documents sont dépouillés dans le cabinet du juge d'instruction en présence de la personne inculpée, assistée de son avocat.

Le juge d'instruction ne peut saisir que les seuls objets et documents utiles à la manifestation de la vérité.

Si la saisie porte sur des espèces, lingots, effets ou valeurs, dont la conservation en nature n'est pas nécessaire à la manifestation de la vérité ou à la sauvegarde des droits des parties, le juge peut autoriser le greffier à en faire le dépôt à la caisse des dépôts et consignations ou à la banque centrale de la République de Guinée.

Toute personne, y compris la personne mise en examen et la partie civile, qui prétend avoir droit sur un objet ou un document placé sous-main de justice, peut en réclamer la restitution.

Le juge d'instruction peut décider d'office de restituer les objets saisis dont la propriété n'est pas contestée. Il peut refuser la restitution, lorsque les choses saisies sont susceptibles d'être confisquées par décision de la justice ou lorsque la restitution serait de nature à faire obstacle à la manifestation de la vérité ou à la sauvegarde des droits des parties, ainsi que lorsqu'elle présente un danger pour la personne ou les biens ; le juge peut la refuser.

L'ordonnance ainsi rendue est notifiée soit au requérant, soit au ministère public et à toute autre partie intéressée.

Sous réserve des nécessités de l'information judiciaire (article 171 CPP), toute communication ou divulgation, sans l'autorisation de l'inculpé ou de ses ayants droit ou du signataire ou du destinataire d'un document provenant d'une perquisition, à une personne non qualifiée par la loi pour en prendre connaissance, est passible des peines prévues à l'article 358 du Code pénal.

Au cours de l'information, prescrit l'article 172 CPP, le juge d'instruction est compétent pour décider de la restitution des objets placés sous main de justice. Il statue, par ordonnance motivée, soit sur réquisitions du procureur de la République, soit, après avis de ce dernier, soit d'office ou sur requête de la personne inculpée, de la partie civile ou de toute autre personne qui prétend avoir droit sur l'objet.

Il convient de souligner que l'article 178 indique, qu'après décision de non-lieu, le juge d'instruction demeure compétent pour statuer sur la restitution des objets saisis. Ses décisions peuvent être déférées à la chambre de contrôle de l'instruction, comme il est dit à l'alinéa 4 de l'article 177.

D) D'autres mesures contre la propriété et l'activité personnelle

Le juge d'instruction peut ordonner, à titre provisoire, pour une durée déterminée la fermeture d'un établissement dans le cadre de la recherche des éléments qui peuvent être utiles à l'information

Cette ordonnance est susceptible d'appel par toute personne intéressée.

En vertu de l'article 174 CPP, lorsque, au cours de l'enquête ou de l'instruction, la restitution des biens meubles placés sous-main de justice et dont la conservation n'est plus nécessaire à la manifestation de la vérité s'avère impossible, soit parce que le propriétaire ne peut être identifié, soit parce que le propriétaire ne réclame pas l'objet dans un délai de 2 mois, à compter d'une mise en demeure adressée à son domicile, le juge d'instruction peut ordonner, sous réserve des droits des tiers, la destruction de ces biens ou leur remise à l'Agence de gestion et de recouvrement des avoirs saisis et confisqués aux fins d'aliénation.

Le juge d'instruction peut également ordonner, sous réserve des droits des tiers, de remettre à l'Agence de gestion et de recouvrement des avoirs saisis et confisqués, en vue de leur aliénation, des biens meubles placés sous-main de justice appartenant aux personnes poursuivies, dont la conservation n'est plus nécessaire à la manifestation de la vérité et dont la confiscation est prévue par la loi, lorsque le maintien de la saisie serait de nature à diminuer la valeur du bien. S'il est procédé à la vente du bien, le produit de celle-ci est consigné pendant une durée de 10 ans.

En cas de non-lieu, de relaxe ou d'acquittement, ou lorsque la peine de confiscation n'est pas prononcée, ce produit est restitué au propriétaire des objets, s'il en fait la demande.

Lorsque le maintien de la saisie serait de nature à diminuer la valeur du bien, le juge d'instruction peut également ordonner, sous réserve des droits des tiers, de remettre au service des domaines, en vue de leur affectation à titre gratuit par l'autorité administrative et après que leur valeur aura été expertisée, à des services de police, des unités de gendarmerie ou des services de l'administration des douanes qui effectuent des missions de police judiciaire, des biens meubles placés sous-main de justice appartenant aux personnes poursuivies, dont la conservation n'est plus nécessaire à la manifestation de la vérité et dont la confiscation est prévue par la loi.

En cas de non-lieu, de relaxe ou d'acquittement, ou lorsque la peine de confiscation n'est pas prononcée, le propriétaire qui en fait la demande obtient la restitution du bien, assortie s'il y a lieu d'une indemnité compensant la perte de valeur qui a pu résulter de l'usage du bien.

Le juge d'instruction peut également ordonner la destruction des biens meubles placés sous main de justice dont la conservation n'est plus nécessaire à la manifestation de la vérité, lorsqu'il s'agit d'objets qualifiés par la loi de dangereux ou de nuisibles, ou dont la détention est illicite.

E) Des interceptions de correspondances émises par la voie des télécommunications

Parmi les nouveautés, qui ont été introduites dans le nouveau code de procédure pénale, figurent les interceptions de correspondances émises par la voie des télécommunications, cette interception est prévue par les articles 179 à 186 du code de la procédure pénale.

En matière criminelle et en matière correctionnelle, si la peine encourue est égale ou supérieure à 2 ans d'emprisonnement, le juge d'instruction peut, lorsque les nécessités de l'information l'exigent, prescrire l'interception, l'enregistrement et la transcription de correspondances émises par la voie des télécommunications. Ces opérations sont effectuées sous son autorité et son contrôle.

La décision d'interception est écrite. Elle n'a pas de caractère juridictionnel et n'est susceptible d'aucun recours. La décision prise en application de l'article 179 doit comporter tous les éléments d'identification de la liaison à intercepter, l'infraction qui motive le recours à l'interception ainsi que la durée de celle-ci. Cette décision est prise pour une durée maximum de quatre mois. Elle ne peut être renouvelée que dans les mêmes conditions de forme et de durée.

Le juge d'instruction, ou l'officier de police judiciaire commis par lui, peut requérir tout agent qualifié d'un service ou organisme placé sous l'autorité ou la tutelle du ministre chargé des télécommunications ou tout agent qualifié d'un exploitant de réseau ou fournisseur de services de télécommunications autorisé, en vue de procéder à l'installation d'un dispositif d'interception.

Aucune interception ne peut avoir lieu sur la ligne d'un député, sans que le président de l'Assemblée nationale en soit informé par le juge d'instruction. Aucune interception ne peut avoir lieu sur une ligne dépendant du cabinet d'un avocat ou de son domicile sans que le bâtonnier en soit informé par le juge d'instruction.

Aucune interception ne peut avoir lieu sur une ligne dépendant du cabinet d'un magistrat ou de son domicile sans que le premier président ou le procureur général de la juridiction où il réside en soit informé. Les formalités prévues par le CPP sont prescrites à peine de nullité.

F) De l'appel contre les ordonnances du juge d'instruction

L'exercice des pouvoirs du juge d'instruction comporte des conséquences et des effets dangereux pour les droits et les libertés des justiciables. Il implique l'accomplissement d'un grand nombre de formalités et d'opérations, dont les articulations et les subtilités peuvent favoriser la confusion, l'erreur et porter préjudice à la bonne administration de la justice. Il devient alors impérieux de contester certaines décisions du juge d'instruction par la voie d'appel.

1. L'appel du Ministère public

L'article 292 CPP confère au procureur de la République le droit d'interjeter appel devant la chambre de contrôle de l'instruction de toute ordonnance du juge d'instruction dans les 5 jours à compter de la date de transmission de l'ordonnance au parquet.

Le procureur général dispose du même droit dans les 10 jours de la date de transmission de l'ordonnance du juge d'instruction au procureur de la République.

La déclaration d'appel, inscrite au greffe du tribunal ou de la cour d'appel, suivant les cas, est notifiée par l'appelant aux autres parties, dans les 48 heures.

En cas d'appel du ministère public article 293, l'inculpé détenu est maintenu en prison jusqu'à ce qu'il ait été statué, dans les délais, sur l'appel et, dans tous les cas, jusqu'à l'expiration du délai imparti au procureur de la République, à moins que celui-ci ne consente à la mise en liberté immédiate.

2. L'appel de l'inculpé et de la partie civile

Le droit d'appel, selon les dispositions de l'article 293 CPP, appartient à l'inculpé contre les ordonnances prévues par les articles 158, 235 et 243.

La partie civile peut interjeter appel des ordonnances faisant grief à ses intérêts civils. Toutefois, son appel ne peut, en aucun cas, porter sur une ordonnance ou sur la disposition d'une ordonnance relative à la détention de l'inculpé.

L'inculpé et la partie civile peuvent aussi interjeter appel de l'ordonnance par laquelle le juge a, d'office ou sur déclinatoire, statué sur sa compétence, ainsi que des ordonnances prévues aux articles 258 et 271.

Dans le procès pénal, en raison de sa condition juridique, les contestations de la partie civile sont d'une restriction justifiée. En effet, en dehors de celles qui touchent à ses intérêts privés, toutes les autres lui demeurent refusées , le CPP lui donne le droit d'interjeter appel contre :

- les ordonnances de refus d'informer,
- de non-lieu ,
- de compétence,
- d'expertise et d'une manière générale contre toutes ordonnances faisant grief à ses intérêts particuliers, par exemple l'appel est possible contre l'ordonnance omettant de répondre à une demande d'examen médico-psychologique.

En tout cas, la partie civile ne peut faire appel des ordonnances relatives à la liberté de la personne inculpée, qu'il s'agisse de détention provisoire ou de mise sous contrôle judiciaire.

Le délai d'appel court du jour de la signification ou de la notification, qui est faite à l'inculpé et à la partie civile, conformément à l'article 290 du CPP.

Si l'inculpé est détenu, la déclaration d'appel de l'inculpé est transmise par l'intermédiaire du régisseur dans les conditions prévues à l'article 596 du CPP.

Le dossier de l'information, ou sa copie établie conformément à l'article 147 du CPP, est transmis immédiatement, avec l'avis motivé du procureur de la République, au procureur général qui procède ainsi qu'il est dit aux articles 300 et suivants du CPP.

L'article 294 CPP précise que lorsqu'il est interjeté appel d'une ordonnance, autre qu'une ordonnance de règlement, le juge d'instruction poursuit son information, sauf décision contraire de la chambre de contrôle de l'instruction.

En cas d'appel d'une ordonnance de placement en détention provisoire, la personne inculpée ou le procureur de la République peut, si l'appel est interjeté au plus tard le jour suivant la décision de placement en détention, demander au président de la chambre de contrôle de l'instruction ou, en cas d'empêchement, au magistrat qui le remplace, d'examiner immédiatement son appel, sans attendre l'audience de la chambre.

Cette demande doit, à peine d'irrecevabilité, être formée en même temps que l'appel devant la chambre de contrôle de l'instruction.

La personne inculpée, son avocat ou le procureur de la République peut joindre toutes observations écrites à l'appui de la demande.
Le président de la chambre de contrôle de l'instruction ou le magistrat qui le remplace statue au plus tard le troisième jour ouvrable suivant la demande, au vu des éléments du dossier de la procédure, par une ordonnance non motivée, qui n'est pas susceptible de recours.

Le président de la chambre de contrôle de l'instruction ou le magistrat qui le remplace peut, s'il estime que les conditions prévues par l'article 235 ne sont pas remplies, infirmer l'ordonnance du juge d'instruction et ordonner la remise en liberté de la personne.

La chambre de contrôle de l'instruction est alors dessaisie. Dans le cas contraire, le président de la chambre de contrôle doit renvoyer l'examen de l'appel à la chambre de l'instruction.

S'il infirme l'ordonnance du juge d'instruction, le président de la chambre de contrôle de l'instruction peut ordonner le placement sous contrôle judiciaire de la personne inculpée.

La déclaration d'appel et la demande prévues par le CPP à l'alinéa 2 de l'article 294 peuvent être constatées par le juge d'instruction à l'issue du débat contradictoire prévu par l'article 238.

SECTION IV : JUGE DU CONTROLE DE L'INSTRUCTION

I - Missions et compétences de la chambre de contrôle de l'instruction

Le code de procédure pénale institue dans chaque cour d'appel au moins une chambre de contrôle de l'instruction. Celle-ci est composée d'un président et de deux conseillers (article 297).

La Chambre de contrôle de l'Instruction, instituée au sein de la Cour d'Appel, est la juridiction d'appel de l'instruction préparatoire, dont la mission principale est d'exercer un contrôle juridictionnel sur l'ensemble des actes du juge d'Instruction et du juge de l'application des peines.

Elle est également la juridiction supérieure de la juridiction d'instruction, en application de la règle du double degré de juridiction.

Elle est une juridiction d'appel permettant aux parties d'avoir un examen de leurs causes à deux niveaux. Formation spéciale de la cour d'appel, la chambre de contrôle de l'instruction est une juridiction collégiale d'appel, qui statue sur les décisions du juge d'instruction, sur les nullités invoquées contre les décisions du juge d'instruction et possède un pouvoir de révision de l'intégralité des décisions en matière criminelle.

Elle est garante du respect des délais d'instruction. Elle s'assure du bon fonctionnement de l'instruction et vérifie que les procédures ne subissent aucun retard injustifié.

La compétence de la chambre de contrôle de l'instruction couvre le ressort de la cour d'appel dans laquelle elle est implantée.

II. Pouvoirs propres du président de la chambre de contrôle de l'instruction

La **chambre de contrôle de l'instruction** est une formation spéciale de jugement d'une cour d'appel, qui connaît, pour l'essentiel, des appels contre les décisions des juges d'instruction.

Le code de procédure pénale attribue au président de la chambre du contrôle de l'instruction certains pouvoirs propres, qui lui permettent d'exercer un contrôle particulier sur la façon dont le juge d'instruction exerce ses pouvoirs d'instruction.

Le président de cette chambre est chargé, d'une façon générale, de s'assurer « du bon fonctionnement des cabinets d'instruction » existant dans son ressort. Ce pouvoir ne lui permet, cependant, pas d'ordonner lui-même des mesures qui ne peuvent être prises que par le juge d'instruction ou par la chambre du contrôle de l'instruction, dont il dirige les travaux.

Au moins, une fois par an, il devrait adresser au procureur général un rapport, qui contient ses observations concernant le fonctionnement des cabinets d'instruction du ressort de la cour d'appel.

Plus particulièrement, il est chargé de veiller à la célérité, dans le strict respect des règles légales, de la procédure et de surveiller le recours à la détention provisoire et aux mesures restrictives de liberté.

Chaque trimestre, il est devrait être établi et adressé au président la chambre de contrôle de l'instruction, par tout cabinet d'instruction, un état des affaires en cours, indiquant, pour chacune, la date du dernier acte exécuté. Un état spécial doit être adressé pour les affaires dans lesquelles sont impliquées des personnes en détention provisoire.

La chambre de contrôle de l'instruction est réunie, au moins, une fois par semaine, soit sur convocation de son président, soit à la demande du procureur général, toutes les fois qu'il est nécessaire (Article 299 CPP).

Les conseillers composant la chambre de contrôle de l'instruction sont désignés chaque année pour la durée de l'année judiciaire suivante, par ordonnance du premier président de la cour d'appel.

En cas d'empêchement, le premier président de la cour d'appel peut, par ordonnance, faire remplacer le président de la chambre de contrôle de l'instruction par un conseiller à la cour et chacun des deux conseillers par d'autres magistrats de la cour.

III. Contrôle de régularité, d'opportunité et coopération pénale

Le contrôle qu'exerce cette Chambre est double, d'une part, le contrôle de régularité et, d'autre part, le contrôle d'opportunité de la décision.

Le contrôle de la chambre de contrôle de l'instruction est général, dans la mesure où il peut porter sur tous les actes juridictionnels du Juge d'instruction (article 294 CPP).

La Chambre de contrôle de l'instruction intervient dans la coopération pénale internationale en matière d'extradition (art. 805, al.2 CPP, 808, 809, 810, 812). *Le pouvoir de la Chambre de contrôle de l'instruction, pour les procédures ayant un lien d'extranéité, est exercé en application des articles 707 à 714 du CPP.* Tel est le volet de la mission internationale de chambre de contrôle de l'instruction, puisque c'est elle qui contrôle l'exécution des mandats d'arrêt internationaux et ceux de la Cour pénale internationale, ainsi que les procédures d'extradition.

IV. Pouvoir de révision et de rectification

La chambre de contrôle de l'instruction exerce un pouvoir de révision de l'instruction en toute matière et connaît des requêtes en annulation des actes et des pièces de l'instruction. Elle est investie de prérogatives en matière de restrictions, de privations des libertés (contrôle judiciaire, art. 294 CPP).

Elle dispose du pouvoir de rectification de la qualification juridique des faits en matière correctionnelle et de police si le Procureur Général estime que les faits peuvent avoir une qualification plus sévère (art.301 CPP) ou avoir un lien de connexité (art.315, 316 CPP).

Elle est **juge de la liberté** (art.307 al.2 ; 312, 318 CPP), de **la détention provisoire** (article 294, 300, 305 al.10, 307 al.3CPP), de **l'inculpation** (art.309) et de **la restitution d'objets** (art.318, al.3 & 4).

Elle est **juge de la régularité des procédures** qui lui sont soumises et dispose du pouvoir de prononcer la nullité des actes de procédure, en totalité ou en partie.

Elle a **faculté d'évocation** (art.311 CPP) et de procéder dans les conditions prévues aux articles 307, 308 et 309 ou de renvoyer le dossier de la procédure au même juge d'instruction ou à tel autre, afin de poursuivre l'information.

Organe disciplinaire (article 329 à 333 CPP), la chambre de contrôle de l'instruction exerce un contrôle sur l'activité des fonctionnaires civils et militaires, officiers de police judiciaire pris en cette qualité.

Pouvoir de réhabilitation judiciaire

Le p*ouvoir de réhabilitation judiciaire* est attribué par l'article 1225 à la Chambre de contrôle de l'instruction en ces termes : « *La réhabilitation est soit acquise de plein droit dans les conditions prévues par l'article 177 du Code pénal, soit accordée par la chambre de contrôle de l'instruction dans les conditions prévues au présent titre.*

Dans tous les cas, elle produit les effets prévus à l'article 178 du Code pénal. »

L'article 1234 du CPP précise : « *La chambre de contrôle de l'instruction est saisie par le procureur général. Le demandeur peut soumettre directement à la chambre toutes pièces utiles* ».

V. Diverses compétences de la chambre de contrôle de l'instruction

Le Code de procédure pénale fixe ainsi qu'il suit les diverses compétences de la Chambre de contrôle de l'instruction :

1. Violation des délais par le juge d'instruction

Article 271 du CPP dispose : Le juge d'instruction donne connaissance des conclusions des experts aux parties et à leurs avocats après les avoir convoqués conformément aux dispositions des alinéas 2 et 3 de l'article 202. Il leur donne également connaissance, s'il y a lieu, des conclusions des rapports des personnes requises en application de l'article 77, lorsqu'il n'a pas été fait application des dispositions de l'alinéa 2 de l'article 77.

Une copie de l'intégralité du rapport est alors remise, à leur demande, aux avocats des parties. Les conclusions peuvent également être notifiées par lettre recommandée ou, lorsque la personne est détenue, par les soins du chef de l'établissement pénitentiaire qui adresse, sans délai, au juge d'instruction, l'original ou la copie du récépissé signé par l'intéressé.

L'intégralité du rapport peut aussi être notifiée, à leur demande, aux avocats des parties par lettre recommandée. Si les avocats des parties ont fait connaître au juge d'instruction qu'ils disposent d'une adresse électronique, l'intégralité du rapport peut leur être adressée par cette voie, selon les modalités prévues par l'alinéa 6 de l'article 656.

Dans tous les cas, le juge d'instruction fixe un délai aux parties pour présenter des observations ou formuler une demande, notamment aux fins de complément d'expertise ou de contre-expertise. Cette demande doit être formée conformément aux dispositions de l'alinéa 10 de l'article 147. Pendant ce délai, le dossier de la procédure est tenu à la disposition des conseils des parties.

Le délai fixé par le juge d'instruction, qui tient compte de la complexité de l'expertise, ne saurait être inférieur à quinze jours ou, s'il s'agit d'une expertise comptable ou financière, à un mois. Passé ce délai, il ne peut plus être formulé de demande de contre-expertise, de complément d'expertise ou de nouvelle expertise portant sur le même objet, y compris sur le fondement de l'article 150, sous réserve de la survenance d'un élément nouveau.

Lorsqu'il rejette une demande, le juge d'instruction rend une décision motivée, qui doit intervenir dans un délai d'un mois à compter de la réception de la demande. Il en est de même s'il commet un seul expert alors que la partie a demandé qu'il en soit désigné plusieurs. Faute pour le juge d'instruction d'avoir statué dans le délai d'un mois, la partie intéressée peut saisir directement la chambre de contrôle de l'instruction.

2. De l'examen de l'appel contre l'ordonnance de placement en détention provisoire

Article 294 : Lorsqu'il est interjeté appel d'une ordonnance, autre qu'une ordonnance de règlement, le juge d'instruction poursuit son information, sauf décision contraire de la chambre de contrôle de l'instruction.

En cas d'appel d'une ordonnance de placement en détention provisoire, la personne inculpée ou le procureur de la République peut, si l'appel est interjeté au plus tard le jour suivant la décision de placement en détention, demander au président de la chambre de contrôle de l'instruction ou, en cas d'empêchement, au magistrat qui le remplace, d'examiner immédiatement son appel, sans attendre l'audience de la chambre. Cette demande doit, à peine d'irrecevabilité, être formée en même temps que l'appel devant la chambre de contrôle de l'instruction.

La personne inculpée, son avocat ou le procureur de la République, peut joindre toutes observations écrites à l'appui de la demande.

À sa demande, l'avocat de la personne inculpée présente oralement des observations devant le président de la chambre de contrôle de l'instruction ou le magistrat qui le remplace, lors d'une audience de cabinet, dont est avisé le ministère public pour qu'il y prenne, le cas échéant, ses réquisitions, l'avocat ayant la parole en dernier.

Le président de la chambre de contrôle de l'instruction ou le magistrat qui le remplace statue au plus tard le troisième jour ouvrable suivant la demande, au vu des éléments du dossier de la procédure, par une ordonnance non motivée qui n'est pas susceptible de recours.

Le président de la chambre de contrôle de l'instruction ou le magistrat qui le remplace peut, s'il estime que les conditions prévues par l'article 235 ne sont pas remplies, infirmer l'ordonnance du juge d'instruction et ordonner la remise en liberté de la personne. La chambre de contrôle de l'instruction est alors dessaisie.

Dans le cas contraire, il doit renvoyer l'examen de l'appel à la chambre de l'instruction.

S'il infirme l'ordonnance du juge d'instruction, le président de la chambre de contrôle de l'instruction ou le magistrat qui le remplace peut ordonner le placement sous contrôle judiciaire de la personne inculpée.

Si l'examen de l'appel est renvoyé à la chambre de contrôle de l'instruction, la décision est portée à la connaissance du procureur général. Elle est notifiée à la personne inculpée par le greffe de l'établissement pénitentiaire qui peut, le cas échéant, recevoir le désistement d'appel de cette dernière.

La déclaration d'appel et la demande prévues à l'alinéa 2 du présent article peuvent être constatées par le juge d'instruction à l'issue du débat contradictoire prévu par l'article 238

3. Mise en état du dossier

La mise en état est assurée, en vertu des articles 300 et 301 du CPP, par le procureur général dans les 48 heures de la réception des pièces en matière de détention provisoire et dans les 10 jours en toutes autres matières.

Il met le dossier en état d'être jugé, le soumet, avec son réquisitoire, à la chambre de contrôle de l'instruction.

Celle-ci doit, en matière de détention provisoire, se prononcer au plus tard dans les 10 jours de la réception du dossier au greffe de la chambre de contrôle de l'instruction.

En cas d'inobservation de ces délais et sous peine de sanction disciplinaire, l'inculpé est mis d'office en liberté, sur sa demande ou de son conseil ou celle du régisseur par ordonnance du président de ladite chambre. **Cette mise en liberté ne peut être révoquée selon l'article 300, dernier alinéa du CPP.**

4. Apport de pièces de procédure

A l'occasion de cette mise en état du dossier, dans les causes dont sont saisies les juridictions correctionnelles et jusqu'à l'ouverture des débats, le ministère public tient de l'article 301 CPP, s'il estime que les faits sont susceptibles d'une qualification plus grave que celle dont ils ont été l'objet, la faculté d'ordonner l'apport des pièces de procédure. Il met l'affaire en état et la soumet, avec son réquisitoire, à la chambre de contrôle de l'instruction.

L'article 302 CPP prescrit au procureur général d'agir de même, lorsqu'il reçoit, postérieurement à une décision de non-lieu prononcée par la juridiction d'instruction ou la chambre de contrôle de l'instruction, des pièces lui paraissant contenir des charges nouvelles dans les termes de l'article 295.

Dans ces cas, le juge d'instruction ou le président de la chambre de contrôle de l'instruction, peut, sur les réquisitions du ministère public, décerner mandat de dépôt ou d'arrêt.

L'article 303 incombe au ministère public de notifier, dans les formes prévues à l'article 202, alinéa 2, à chacune des parties et à son conseil, la date à laquelle l'affaire sera appelée à l'audience.

5. De la saisine directe de la chambre du contrôle de l'instruction

La chambre de contrôle de l'instruction est l'unique chambre de la Cour d'Appel dont la saisine ne passe pas, en aucune circonstance, par le Premier président de la Cour d'appel. Les articles 147, 243, 274 à 278, 294 posent les règles de la saisine directe de la Chambre.

a. Première cause de saisine directe tenant au délai d'un mois

Le dernier alinéa de l'article 147 pose cette règle de saisine directe par les, en ces termes : « *Faute par le juge d'instruction d'avoir statué dans le délai de 1 mois, la partie peut saisir directement le président de la chambre de contrôle de l'instruction, qui statue et procède conformément aux troisième, quatrième et cinquième alinéas de l'article 293* ».

Cette saisine directe est ouverte au Procureur de la République par l'alinéa 5 de l'article 149 : « *À défaut d'ordonnance du juge d'instruction, le procureur de la République peut, dans les 10 jours, saisir directement la chambre de contrôle de l'instruction. Il en est de même si le juge d'instruction, saisi par le procureur de la République, ne rend pas d'ordonnance dans le délai de 10 jours à compter de sa saisine* ».

b. Deuxième cause de saisine directe tenant à la mainlevée du contrôle judiciaire

En matière de mainlevée du contrôle judiciaire, l'alinéa 3 de l'article 241 dispose : « *Faute par le juge d'instruction d'avoir statué dans ce délai, l'inculpé peut saisir directement de sa demande la chambre de contrôle de l'instruction, qui, sur les réquisitions écrites et motivées du procureur général, se prononce dans les 20 jours de sa saisine. À défaut, la mainlevée du contrôle judiciaire est acquise de plein droit, sauf si des vérifications concernant la demande de l'inculpé ont été ordonnées* ».

Le droit de saisine directe est encore ouvert à l'inculpé, demandeur d'une mise en liberté, par l'article 243, alinéa 4 : « *Faute par le juge d'instruction d'avoir statué dans le délai fixé à l'alinéa 3, l'inculpé peut saisir directement de sa demande la Chambre de contrôle de l'instruction, qui, sur les réquisitions écrites et motivées du procureur général, se prononce dans le mois de cette demande faute de quoi l'inculpé est mis d'office en liberté, sur l'initiative du procureur général. Le droit de saisir dans les mêmes conditions la Chambre de contrôle de l'instruction, appartient également au procureur de la République. L'inobservation des dispositions précédentes expose son auteur à des sanctions disciplinaires* ».

c. **Troisième cause de saisine directe tenant aux demandes d'expertises**

Sur les demandes d'expertise, le dernier alinéa de l'article 271 dispose : *« Faute par le juge d'instruction d'avoir statué dans ce délai, l'inculpé peut saisir directement de sa demande la chambre de contrôle de l'instruction, qui, sur les réquisitions écrites et motivées du procureur général, se prononce dans les 20 jours de sa saisine. À défaut, la mainlevée du contrôle judiciaire est acquise de plein droit, sauf si des vérifications concernant la demande de l'inculpé ont été ordonnées »*.

d. **Quatrième cause de saisine directe tenant au refus de mise en liberté**

Concernant l'appel formé contre l'ordonnance de refus de mise en liberté, le dernier alinéa de l'article 312 indique : *« En cas d'appel formé contre une ordonnance de refus de mise en liberté, la chambre de contrôle de l'instruction peut, lors de l'audience et avant la clôture des débats, se saisir immédiatement de toute demande de mise en liberté sur laquelle le juge d'instruction n'a pas encore statué. Dans ce cas, elle se prononce à la fois sur l'appel et sur cette demande »*.

e. Cinquième cause de saisine directe tenant à la vérification de la situation des personnes en détention provisoire

En matière de vérification de la situation des personnes en détention provisoire, l'article 328 du CPP prescrit : *« Le président de la chambre de contrôle de l'instruction ou le magistrat délégué par ses soins doit, chaque fois qu'il l'estime nécessaire et au moins deux fois par an, visiter les maisons d'arrêt du ressort de la cour d'appel et vérifier la situation des inculpés en état de détention provisoire, il peut saisir la chambre de contrôle de l'instruction afin qu'il soit par elle statué sur le maintien en détention d'un inculpé quel que soit le stade de la procédure dont ce dernier fait l'objet ».*

f. Sixième cause de saisine directe tenant au dessaisissement du juge d'instruction

Sur le dessaisissement de juge d'instruction, le CPP indique : « *Article 916 : L'ordonnance rendue en application de l'article 915 peut, à l'exclusion de toute autre voie de recours, être déférée dans les 5 jours de sa notification, à la requête du ministère public ou des parties, soit à la chambre de contrôle de l'instruction si la juridiction spécialisée au profit de laquelle le dessaisissement a été ordonné ou refusé se trouve dans le ressort de la cour d'appel dans lequel est située la juridiction initialement saisie, soit, dans le cas contraire, à la chambre pénale de la Cour suprême. La chambre de contrôle de l'instruction ou la chambre pénale désigne, dans les 8 jours suivant la date de réception du dossier, le juge d'instruction chargé de poursuivre l'information. Le ministère public peut également saisir directement la chambre de contrôle de l'instruction ou la chambre pénale de la Cour suprême. Lorsque le juge d'instruction n'a pas rendu son ordonnance dans le délai de 1 mois prévu au premier alinéa de l'article 915. L'arrêt de la chambre de contrôle de l'instruction ou de la chambre pénale est porté à la connaissance du juge d'instruction ainsi qu'au ministère public et notifié aux parties. Les dispositions du présent article sont applicables à l'arrêt de la chambre de contrôle de l'instruction rendu sur le fondement du dernier alinéa de l'article 915, le recours étant alors porté devant la chambre pénale ».*

g. Septième cause de saisine directe tenant à la nullité de l'information

En matière de nullité de l'information, la saisine de la Chambre, ouverte au procureur de la République, aux parties, aux témoins assistés ou au juge lui-même, s'opère conformément aux articles 275 à 278.

Pour les parties et témoins assistés, « *La requête doit, à peine d'irrecevabilité, faire l'objet d'une déclaration au greffe de la chambre de contrôle de l'instruction. Elle est constatée et datée par le greffier qui la signe ainsi que le demandeur ou son avocat ».*[67]

h. Huitième cause de saisine directe tenant au placement en détention

L'article 294 dispose : « *En cas d'appel d'une ordonnance de placement en détention provisoire, la personne inculpée ou le*

[67] Article 278, alinéa 4.

procureur de la République peut, si l'appel est interjeté au plus tard le jour suivant la décision de placement en détention, demander au président de la chambre de contrôle de l'instruction ou, en cas d'empêchement, au magistrat qui le remplace, d'examiner immédiatement son appel sans attendre l'audience de la chambre. Cette demande doit, à peine d'irrecevabilité, être formée en même temps que l'appel devant la chambre de contrôle de l'instruction. La personne inculpée, son avocat ou le procureur de la République peut joindre toutes observations écrites à l'appui de la demande. À sa demande, l'avocat de la personne inculpée présente oralement des observations devant le président de la chambre de contrôle de l'instruction ou le magistrat qui le remplace, lors d'une audience de cabinet dont est avisé le ministère public pour qu'il y prenne, le cas échéant, ses réquisitions, l'avocat ayant la parole en dernier. Le président de la chambre de contrôle de l'instruction ou le magistrat qui le remplace statue au plus tard le troisième jour ouvrable suivant la demande, au vu des éléments du dossier de la procédure, par une ordonnance non motivée qui n'est pas susceptible de recours. Le président de la chambre de contrôle de l'instruction ou le magistrat qui le remplace peut, s'il estime que les conditions prévues par l'article 235 ne sont pas remplies, infirmer l'ordonnance du juge d'instruction et ordonner la remise en liberté de la personne. La chambre de contrôle de l'instruction est alors dessaisie. Dans le cas contraire, il doit renvoyer l'examen de l'appel à la chambre de l'instruction. S'il infirme l'ordonnance du juge d'instruction, le président de la chambre de contrôle de l'instruction ou le magistrat qui le remplace peut ordonner le placement sous contrôle judiciaire de la personne inculpée. Si l'examen de l'appel est renvoyé à la chambre de contrôle de l'instruction, la décision est portée à la connaissance du procureur général. Elle est notifiée à la personne inculpée par le greffe de l'établissement pénitentiaire qui peut, le cas échéant, recevoir le désistement d'appel de cette dernière. La déclaration d'appel et la demande prévue à l'alinéa 2 du présent article peuvent être constatées par le juge d'instruction à l'issue du débat contradictoire prévu par l'article 238 ».

Un délai minimum de 48 heures en matière de détention provisoire, et de 5 jours en toute autre matière, doit être observé entre la date d'envoi de la lettre missive et celle de l'audience.

Pendant ce délai, le dossier, comprenant les réquisitions du ministère public, est déposé au greffe de la chambre de contrôle de l'instruction et tenu à la disposition des conseils des inculpés et des parties civiles reçues aux procès.

Les parties et leurs conseils, conformément à l'article 304 CPP, sont admis jusqu'au jour de l'audience à produire des mémoires qu'ils communiquent au ministère public et aux autres parties. Ces mémoires sont déposés au greffe de la chambre de contrôle de l'instruction et visés par le greffier avec l'indication du jour et de l'heure du dépôt.

6. De la session de la Chambre de contrôle de l'instruction en audience publique ou chambre du conseil

Article 305 : Les débats se déroulent et l'arrêt est rendu en chambre du conseil. Toutefois, si la personne majeure inculpée ou son avocat le demande, dès l'ouverture des débats, ceux-ci se déroulent et l'arrêt est rendu en séance publique, sauf si la publicité est de nature à entraver les investigations spécifiques nécessitées par l'instruction ou à nuire à la dignité de la personne ou aux intérêts d'un tiers.

La chambre de contrôle de l'instruction statue sur cette demande, après avoir recueilli les observations du procureur général et, le cas échéant, des avocats des autres parties, par un arrêt rendu en chambre du conseil qui n'est susceptible de pourvoi en cassation qu'en même temps que l'arrêt sur le fond.

En matière de détention provisoire, et par dérogation aux dispositions du premier alinéa, si la personne inculpée est majeure, les débats se déroulent et l'arrêt est rendu en audience publique.

Toutefois, le ministère public, la personne inculpée ou la partie civile ou leurs avocats peuvent, avant l'ouverture des débats, s'opposer à cette publicité, si celle-ci est de nature à entraver les investigations spécifiques nécessitées par l'instruction, à porter atteinte à la présomption d'innocence ou à la sérénité des débats ou à nuire à la dignité de la personne ou aux intérêts d'un tiers, ou si l'enquête porte sur des faits visés à l'article 873.

La chambre statue sur cette opposition après avoir recueilli les observations du ministère public et des parties, par un arrêt rendu en chambre du conseil, qui n'est susceptible de pourvoi en cassation qu'en même temps que l'arrêt sur le fond.

Si la chambre fait droit à cette opposition ou si la personne inculpée est mineure, les débats ont lieu et l'arrêt est rendu en chambre du conseil. Il en est de même si la partie civile s'oppose à la publicité, dans les seuls cas où celle-ci est en droit de demander le huis-clos lors de l'audience de jugement.

Après le rapport du conseiller, le procureur général et les avocats des parties sont entendus. La chambre de contrôle de l'instruction peut ordonner la comparution personnelle des parties ainsi que l'apport des pièces à conviction.

Il est donné lecture de l'arrêt par le président ou par l'un des conseillers ; cette lecture peut être faite même en l'absence des autres conseillers.

En matière de détention provisoire, la comparution personnelle de la personne concernée est de droit, si celle-ci ou son avocat en fait la demande ; cette requête doit, à peine d'irrecevabilité, être présentée en même temps que la déclaration d'appel ou que la demande de mise en liberté adressée à la chambre de contrôle de l'instruction.

Si la personne a déjà comparu devant la chambre de contrôle de l'instruction, moins de quatre mois auparavant, le président de cette juridiction peut, en cas d'appel d'une ordonnance rejetant une demande de mise en liberté, refuser la comparution personnelle de l'intéressé par une décision motivée, qui n'est susceptible d'aucun recours.

En cas de comparution personnelle de la personne concernée, le délai maximum prévu à l'alinéa 2 de l'article 300 est prolongé de cinq jours.

7. De la deliberation

Article 306 : Lorsque les débats sont terminés, la chambre de contrôle de l'instruction délibère sans qu'en aucun cas le procureur général, les parties, leurs conseils et le greffier ne puissent être présents.

8. De l'information complémentaire

Article 307 : La chambre de contrôle de l'instruction peut, dans tous les cas, à la demande du procureur général, d'une des parties ou même d'office, ordonner tout acte d'information complémentaire qu'elle juge utile, et notamment décerner tout mandat.

Elle peut également, dans tous les cas, le ministère public entendu, prononcer d'office la mise en liberté de l'inculpé.

Elle peut ordonner le placement en détention provisoire ou sous contrôle judiciaire de l'inculpé.

En cas d'urgence, le président de la chambre de contrôle de l'instruction ou le conseiller désigné par lui peut décerner mandat d'amener, d'arrêt ou de recherche.

Il peut également ordonner la détention provisoire de la personne pendant une durée déterminée qui ne peut, en aucun cas, excéder 4 jours ouvrables jusqu'à la réunion de la chambre de contrôle de l'instruction.

9. De l'information à l'égard des inculpés ou prévenus renvoyés devant a **chambre de contrôle de l'instruction et** des **personnes qui n'ont pas été renvoyées devant elle**

Article 308 : La chambre de contrôle de l'instruction peut, d'office ou sur les réquisitions du procureur général, ordonner qu'il soit informé à l'égard des inculpés ou prévenus renvoyés devant elle, sur tous les chefs de crimes, de délits, de contraventions, principaux ou connexes, résultant du dossier de la procédure, qui n'auraient pas été visés par l'ordonnance du juge d'instruction ou qui auraient été distraits par une ordonnance comportant non-lieu partiel, disjonction ou renvoi devant la juridiction correctionnelle ou de simple police.

Elle peut statuer sans ordonner une nouvelle information si les chefs de poursuite visés à l'alinéa précédent ont été compris dans les inculpations faites par le juge d'Instruction.

10. Pouvoir inculpation

Article 309 : La chambre de contrôle de l'instruction peut également, quant aux infractions résultant du dossier de la procédure, ordonner que soient inculpées, dans les conditions prévues à l'article 310, des personnes qui n'ont pas été renvoyées devant elle, à moins qu'elles n'aient fait l'objet d'une ordonnance de non-lieu devenue définitive.

Cette décision ne pourra faire l'objet d'un pourvoi en cassation.

11. Du supplément information

Article 310 : Il est procédé au supplément d'information conformément aux dispositions relatives à l'instruction préalable soit par un des membres de la chambre de contrôle de l'instruction, soit par un juge d'instruction qu'elle délègue à cette fin.

Le procureur général peut, à tout moment requérir la communication de la procédure, à charge de rendre les pièces dans les 24 heures.

12. De la régularité des procédures

Article 311 : La chambre de contrôle de l'instruction examine dans tous les cas, y compris en matière de détention provisoire, la régularité des procédures qui lui sont soumises.

Si elle découvre une cause de nullité, elle prononce la nullité de l'acte, qui en est entachée et, s'il y échet, celle de tout ou partie de la procédure ultérieure.

Après annulation, elle peut soit évoquer et procéder dans les conditions prévues aux articles 307, 308 et 309 du CPP, soit renvoyer le dossier de la procédure au même juge d'instruction ou à tel autre, afin de poursuivre l'information.

13. De l'appel contre l'ordonnance du juge d'instruction en matière de détention provisoire

Lorsque la chambre de contrôle de l'instruction a statué sur l'appel relevé contre une ordonnance du juge d'instruction en matière de détention provisoire, ou à la suite d'une saisine du procureur de la République, soit qu'elle ait confirmé l'ordonnance, soit que, l'infirmant, elle ait ordonné la mise en liberté ou le maintien en détention ou décerner un mandat de dépôt ou d'arrêt, le procureur général fait, sans délai, retour du dossier au juge d'instruction, après avoir assuré l'exécution de l'arrêt (article 312 CPP).

14. Information complémentaire

Lorsqu'elle a prescrit une information complémentaire et que celle-ci est terminée, il est dans le vœu des articles 313, 314 du CPP que :

- la chambre de contrôle de l'instruction ordonne le dépôt au greffe du dossier de la procédure ;
- le procureur général avise immédiatement, de ce dépôt, chacune des parties et son conseil dans les formes prévues à l'article 202, alinéa 2 ;
- le dossier de la procédure reste déposé au greffe pendant 48 heures en matière de détention provisoire, pendant 5 jours en toute autre matière, procédant alors conformément aux articles 304 et 305 ;
- la chambre de contrôle de l'instruction statue par un seul et même arrêt sur tous les faits entre lesquels il existe un lien de connexité.

15. Effets de la décision confirmative ou infirmative de la chambre

Lorsque la chambre de contrôle de l'instruction décerne mandat de dépôt ou qu'elle infirme une ordonnance de mise en liberté ou de refus de prolongation de détention provisoire, les décisions en matière de détention provisoire continuent de relever de la compétence du juge d'instruction, sauf mention expresse de la part de la chambre de contrôle de l'instruction disant qu'elle est seule compétente pour statuer sur les demandes de mise en liberté et prolonger, le cas échéant, la détention provisoire.

Il en est de même lorsque la chambre de contrôle de l'instruction ordonne un contrôle judiciaire ou en modifie les modalités.

Lorsque la chambre de contrôle de l'instruction infirme une ordonnance du juge d'instruction en toute autre matière, elle procède comme il est dit aux articles précédents, sauf si l'arrêt infirmatif termine l'information.

L'ordonnance du juge d'instruction frappée d'appel sort son plein et entier effet si elle est confirmée par la chambre de contrôle de l'instruction.

En cas d'appel formé contre une ordonnance de refus de mise en liberté, la chambre de contrôle de l'instruction peut, lors de l'audience et avant la clôture des débats, se saisir immédiatement de toute demande de mise en liberté sur laquelle le juge d'instruction n'a pas encore statué.

Dans ce cas, elle se prononce à la fois sur l'appel et sur cette demande.

16. Du dépôt au greffe du dossier de la procédure

Article 313 : Lorsqu'elle a prescrit une information complémentaire et que celle-ci est terminée, la chambre de contrôle de l'instruction ordonne le dépôt au greffe du dossier de la procédure.

Le procureur général avise immédiatement de ce dépôt chacune des parties et son conseil dans les formes prévues à l'article 202, alinéa 2.

Article 314 : Le dossier de la procédure reste déposé au greffe pendant 48 heures en matière de détention préventive, pendant 5 jours en toute autre matière.

Article 315 : La chambre de contrôle de l'instruction statue par un seul et même arrêt sur tous les faits entre lesquels il existe un lien de connexité.

17. De la connexité des infractions

Article 316 : Les infractions sont connexes, soit lorsqu'elles ont été commises en même temps par plusieurs personnes réunies, soit lorsqu'elles ont été commises par différentes personnes, même en différents temps et en divers lieux, mais par suite d'un concert formé à l'avance entre elles, soit lorsque les auteurs ont commis les unes pour se procurer les moyens de commettre, les autres pour en faciliter, pour en consommer l'exécution ou pour en assurer l'impunité, soit lorsque des choses enlevées, détournées ou obtenues à l'aide d'un crime ou d'un délit ont été en tout ou en partie recelées.

18. Du non-lieu et de la mise en liberté et de la restitution d'objet

Article 317 : La chambre de contrôle de l'instruction examine s'il existe contre l'inculpé des charges suffisantes.

Article 318 : Si la chambre de contrôle de l'instruction estime que les faits ne constituent ni crime, ni délit, ni contravention ou si l'auteur est resté inconnu ou s'il n'existe pas de charges suffisantes contre l'inculpé, elle déclare qu'il n'y a lieu à suivre.

Les inculpés provisoirement détenus sont mis en liberté. L'arrêt met fin au contrôle judiciaire.

Elle demeure compétente pour statuer éventuellement sur cette restitution postérieurement à l'arrêt de non-lieu.

La chambre de contrôle de l'instruction statue par le même arrêt sur la restitution des objets placés sous main de justice. Elle peut refuser la restitution lorsque celle-ci présente un danger pour les personnes ou les biens.

Lorsqu'elle déclare qu'il n'y a lieu à suivre, à l'issue d'une information ouverte sur constitution de partie civile, la chambre de contrôle de l'instruction peut, sur les réquisitions du procureur général et par décision motivée, si elle considère que la constitution de partie civile a été abusive ou dilatoire, prononcer contre la partie civile une amende civile dont le montant ne peut excéder 10.000.000 de francs guinéens.

Cette décision ne peut intervenir qu'à l'issue d'un délai de 20 jours, à compter de la communication à la partie civile et à son avocat, par lettre recommandée avec récépissé, des réquisitions du procureur général, afin de permettre à l'intéressé d'adresser des observations écrites à la chambre de contrôle de l'instruction.

Lorsque la partie civile est une personne morale, l'amende civile peut être prononcée contre son représentant légal, si la mauvaise foi de ce dernier est établie.

19. Constitution de partie civile abusive

Lorsqu'elle déclare qu'il n'y a lieu à suivre à l'issue d'une information ouverte sur constitution de partie civile, la chambre de contrôle de l'instruction peut, sur les réquisitions du procureur général et par décision motivée, si elle considère que la constitution de partie civile a été abusive ou dilatoire, prononcer contre la partie civile une amende civile, dont le montant ne peut excéder 10.000.000 de francs guinéens.

Cette décision ne peut intervenir qu'à l'issue d'un délai de 20 jours, à compter de la communication à la partie civile et à son avocat, par lettre recommandée avec récépissé, des réquisitions du procureur général, afin de permettre à l'intéressé d'adresser des observations écrites à la chambre de contrôle de l'instruction.

Lorsque la partie civile est une personne morale, l'amende civile peut être prononcée contre son représentant légal, si la mauvaise foi de ce dernier est établie.

20. Décision de renvoi

Dans le sens des articles 319 et 320 :

- Si la chambre de contrôle de l'instruction estime que les faits constituent un délit ou une contravention, elle prononce le renvoi de l'affaire dans le premier cas devant le tribunal correctionnel, dans le second cas devant le tribunal de simple police. En cas de renvoi devant le tribunal correctionnel si l'emprisonnement est encouru, et sous réserve des dispositions de l'article 235, le prévenu arrêté demeure en état de détention. En cas de renvoi devant le tribunal de simple police, le prévenu est mis en liberté ;
- Si les faits retenus à la charge des inculpés constituent une infraction qualifiée de crime par la loi, la chambre de contrôle de l'instruction prononce le renvoi devant le tribunal statuant en matière criminelle. Elle peut saisir également cette juridiction des infractions connexes.
- Si la chambre de contrôle de l'instruction estime qu'il y a lieu de ne prononcer qu'une peine correctionnelle, en raison des circonstances, elle peut, par arrêt motivé, et sur réquisitions conformes du ministère public, renvoyer le prévenu devant le tribunal correctionnel, lequel ne pourra décliner sa compétence.

21. Contenu et validité des arrêts de la Chambre

Les articles 321, 322 et 323 disposent que les arrêts de la chambre de contrôle de l'instruction, à peine nullité :

- contiennent l'exposé et la qualification légale des faits, objet de la poursuite, et précise l'identité de l'inculpé ;
- sont signés par le président et le greffier ;
- mentionnent les prénoms et noms des juges, le dépôt des pièces et des mémoires, la lecture du rapport, des réquisitions du ministère public et, s'il y a lieu, de l'audition des parties ou de leurs conseils ;
- réservent les dépens, s'ils n'éteignent pas l'action dont la chambre a eu à connaître ;
- dans le cas contraire, ainsi qu'en matière de mise en liberté, ils liquident les dépens et condamnent aux frais la partie qui succombe.

22. De l'information des parties

L'article 323 du énonce qu'hors le cas prévu à l'article 302, les arrêts sont, dans les 72 heures, dans les formes prévues à l'article 202, alinéa

2, portés à la connaissance des conseils des inculpés et des parties civiles.

Dans les mêmes formes et délais, les arrêts de non-lieu sont portés à la connaissance des inculpés ; les arrêts de renvoi devant le tribunal criminel, correctionnel ou de simple police sont portés à la connaissance des inculpés et des parties civiles.

Les arrêts contre lesquels les inculpés ou les parties civiles peuvent former un pourvoi en cassation leur sont signifiés à la requête du procureur général, dans les 48 heures.

23. Du contrôle exercé par la Cour suprême

Selon l'article 324, les dispositions des articles 275, 278-alinéas 1 et 3, 280 et 281 du CPP relatives aux nullités de l'information sont applicables à la régularité des arrêts de la chambre de contrôle de l'instruction et de celle de la procédure antérieure. Lorsque cette chambre a statué sur le règlement d'une procédure, le recours relève du seul contrôle de la Cour suprême, que le pourvoi soit immédiatement recevable ou qu'il ne puisse être examiné qu'avec l'arrêt sur le fond.

24. De la réparation de la violation des droits de la défense

1 - La libération immédiate

Le CPP a réellement innové par l'amélioration de la procédure d'habeas corpus, telle qu'elle est prévue dans l'article préliminaire et dans les articles 235 dernier alinéa, 236, 238. Cette innovation est fondée sur la règle posée à l'alinéa 7 de l'article préliminaire : « *La liberté est la règle et la détention, l'exception* ». Elle apparaît comme la conséquence de la règle constitutionnelle de la présomption d'innocence[68], donnant droit à « *toute personne privée de liberté ... de saisir le président de la juridiction compétente d'une requête en référé pour contester les motifs de sa détention et, le cas échéant, obtenir sa mise en liberté* »[69] .

Cette procédure vise la libération immédiate de l'individu privé de sa liberté lorsque sa détention est illégale ou a été faite en violation des formalités prévues.

Les dispositions susmentionnées, en particulier celles des alinéas 7 & 9 de l'article préliminaire, confèrent compétence à la juridiction du lieu d'arrestation ou de détention d'une personne, pour connaître des requêtes en libération immédiate.

---

[68] Constitution guinéenne, Article 9, alinéa 3

[69] CPP, article préliminaire

Ainsi, lorsque le délai imparti pour la garde à vue est excessivement dépassé, la personne privée de liberté est à même d'introduire une requête aux fins de cessation de cette mesure, en se basant sur l'illégalité formelle.

Cette nouvelle procédure de l'habeas corpus ouvre la voie à un abondant contentieux. Les avocats ne lésineront plus sur les moyens pour protéger la liberté, en introduisant des requêtes en libération immédiate.

Les chambres de contrôle de l'instruction et les présidents des tribunaux de 1re instance connaissent déjà d'innombrables saisines qui démontrent que la procédure d'habeas corpus est désormais d'application effective. Il n'est, dès lors, pas exagéré de dire que le président du tribunal de première instance constituera, à lui seul, un rempart contre les détentions illégales, si tant il est vrai que les procédures doivent scrupuleusement être observées.

La procédure de libération immédiate est une procédure sur requête, adressée au président du tribunal de première instance du lieu d'arrestation ou de détention de la personne. Si la requête est fondée, la libération immédiate de la personne privée de liberté est ordonnée. Nonobstant appel, la décision prend immédiatement effet. Ce qui signifie que l'individu doit être libéré, car le titre de détention fait subséquemment défaut. Dans le cas où le juge d'appel reconsidèrerait la décision, un mandat de privation ou de restriction de liberté pourrait à nouveau être décerné.

2 - Les particularités du système d'indemnisation

La Cour suprême, siégeant en commission juridictionnelle, est la juridiction compétente pour statuer sur l'action en indemnisation des personnes ayant fait l'objet d'une décision de détention provisoire suivie d'une décision définitive de non-lieu, de relaxe ou d'acquittement. Il s'agit d'un principe tiré de l'article 162 de la loi organique 003/AN du 23 février 2017 relative à la Cour suprême, dont l'application est attribuée à une commission ad hoc dont la composition est fixée par l'article 163 de la loi susvisée.

La commission est saisie par voie de requête, contenant l'exposé des faits et de toutes les indications importantes, accompagnée de toutes les pièces justificatives.

Le délai de saisine de la commission est de six (06) mois, à compter de la décision de non-lieu, de relaxe ou d'acquittement devenue définitive.

Les conditions de la recevabilité sont les suivantes :

- L'existence d'une garde à vue ou d'une privation de liberté anormalement longue ou sans titre ou avec un titre vicié eu égard à l'incompétence de l'autorité signataire ou de tout autre défaut l'affectant, en violation des articles 206, 212, 235, 236, 237 et 238 du CPP.
- L'existence d'une décision de non-lieu, d'acquittement ou de relaxe devenue irrévocable.

III - Diverses autres prérogatives du président de la chambre de contrôle de l'instruction

Le président de la Chambre de l'instruction dispose de plusieurs prérogatives dans des domaines généraux dont :

- **la détention provisoire** : président de la Chambre de l'instruction peut être saisi :
  - d'un **référé-liberté**, après qu'un juge ait décidé de mettre en détention provisoire une personne mise en examen ;
  - d'un **référé-détention**, pour lequel il peut s'opposer à une décision de remise en liberté.

Dans les deux cas, il doit prendre une décision motivée, mais insusceptible de recours, ce qui est paradoxal

- **le contrôle des maisons d'arrêt** : il doit s'y rendre au moins une fois par trimestre pour vérifier les conditions de détention.
- **le règlement des contestations** relatives à un refus de permis de visite pour les membres de la famille.
- **l'audition de témoins anonymes** : dans l'hypothèse d'une contestation, il faut mettre en place une protection de la personne entendue.
- **la conservation et la destruction des empreintes génétiques** : les empreintes peuvent être détruites, sur demande, au bout d'un certain temps ou si l'instruction est achevée.

De manière plus technique, en tant que contrôleur de l'état d'avancement des procédures, il doit opérer un filtre des demandes adressées à la chambre de l'instruction, quant à leur recevabilité, non pas à leur bien-fondé, afin de s'assurer du bon fonctionnement des cabinets d'instruction, dès lors qu'une instruction est ouverte.

De la prérogative de délégation de pouvoir et état des affaires (articles 325 et 326 CPP)

Le président de la chambre de contrôle de l'instruction, pour l'accomplissement d'actes déterminés :

- dispose, en vertu des articles 325 et 326 CPP, de la faculté de déléguer ses pouvoirs à un membre de la chambre de contrôle de l'instruction, au président du tribunal de première instance, en ce qui concerne les cabinets d'instruction du ressort ;

- s'assure du bon fonctionnement des cabinets d'instruction du ressort de la cour d'appel. Il vérifie notamment les conditions d'application des alinéas 4 et 5 de l'article 147 et s'emploie à ce que les procédures ne subissent aucun retard injustifié ;
- fait établir, chaque trimestre, dans chaque cabinet d'instruction, un état de toutes les affaires en cours, portant mention, pour chacune des affaires, de la date du dernier acte d'information exécuté ;
- fait établir un état spécial des affaires dans lesquelles sont impliqués des inculpés détenus provisoirement.

Ces états sont établis en deux exemplaires adressés, dans les dix premiers jours du trimestre :

1. l'un au président de la chambre de contrôle de l'instruction par l'intermédiaire du président du tribunal de première instance, qui fait connaître au juge d'instruction et au président de la chambre de contrôle de l'instruction les observations que ces états appellent de sa part ;
2. l'autre au procureur général près la cour d'appel par l'intermédiaire du procureur de la République.

Du rapport circonstancié du cabinet d'instruction

Toute affaire entrée au cabinet du juge d'instruction, depuis plus de quatre mois, doit obligatoirement faire l'objet d'un rapport circonstancié si, au bout de cette période, elle n'est pas réglée.

Ce rapport, établi en 3 exemplaires, est adressé au président de la chambre de contrôle de l'instruction, au premier président de la cour d'appel et au procureur général près cette Cour.

Il précise les raisons pour lesquelles le règlement de l'affaire a été retardé.

Il est renouvelé, ensuite, tous les mois, jusqu'au règlement définitif de l'affaire. Une copie en est adressée respectivement par les chefs de la juridiction d'appel à l'Inspecteur général des services judiciaires.

Lorsqu'un délai de 4 mois s'est écoulé, depuis la date du dernier acte d'instruction nécessaire à la manifestation de la vérité, l'article 327 prévoit la double faculté pour le président de la chambre de contrôle de l'instruction :

- par requête, de saisir cette juridiction ;
- dans l'intérêt d'une bonne administration de la justice, soit évoquer et procéder dans les conditions prévues par les articles 307, 308, 309 et 310, soit renvoyer le dossier au juge d'instruction ou à tel autre, afin de poursuivre l'information.

Sur le droit de visite des maisons d'arrêt (Article 328 CPP)

Le président de la chambre de contrôle de l'instruction doit, chaque fois qu'il l'estime nécessaire et au moins deux fois par an,

- visiter les maisons d'arrêt du ressort de la cour d'appel ;
- vérifier la situation des inculpés en état de détention provisoire ;
- saisir la chambre de contrôle de l'instruction afin qu'il soit par elle statué sur le maintien en détention d'un inculpé quel que soit le stade de la procédure dont ce dernier fait l'objet.

IV - Du contrôle de l'activité des officiers de police judiciaire (Articles 329, 339, 331, 332, 333 CPP)

La chambre de contrôle de l'instruction exerce un contrôle sur l'activité des fonctionnaires civils et militaires, officiers de police judiciaire, pris en cette qualité.

Elle est saisie soit par le procureur général, soit par son président.

Elle peut se saisir d'office à l'occasion de l'examen de la procédure qui lui est soumise.

La chambre de contrôle de l'instruction, une fois saisie, fait procéder à une enquête ; elle entend le procureur général et l'officier de police judiciaire en cause.

Ce dernier doit avoir été préalablement mis à même de prendre connaissance de son dossier d'officier de police judiciaire tenu au parquet général de la cour d'appel.

Il peut se faire assister d'un avocat.

Observations et Mesures disciplinaires

La chambre de contrôle de l'instruction peut, sans préjudice des sanctions disciplinaires qui pourraient être infligées à l'officier de police judiciaire par ses supérieurs hiérarchiques, lui adresser des observations ou décider qu'il ne pourra, soit temporairement, soit définitivement, exercer ses fonctions d'officier de police judiciaire et de délégué du juge d'instruction sur tout ou partie du territoire national.

Poursuites pénales

Si la chambre de contrôle de l'instruction estime que l'officier de police judiciaire a commis une infraction à la loi pénale, elle ordonne, en outre, la transmission du dossier au procureur général à toutes fins qu'il appartiendra. Les décisions prises par la chambre de contrôle de l'instruction contre les officiers de police judiciaire sont notifiées, à la diligence du procureur général, aux autorités dont ils dépendent.

SECTION V : POUVOIRS DU JUGE DE LA MISE EN ETAT

Le but de la procédure de mise en état est de mettre le dossier en état d'être jugé, c'est-à-dire de permettre au juge ou à la formation collégiale de jugement, après avoir pris connaissance de l'ensemble des prétentions et moyens des parties, ainsi que des pièces sur lesquelles celles-ci se fondent, de rendre son jugement.

En effet, le tribunal ne peut savoir, à l'avance, si le demandeur est dans son droit et, d'autre part, le défendeur doit pouvoir faire valoir ses arguments et moyens. La mise en état oblige le juge à organiser un échange d'arguments et de pièces entre les parties, qui permettra au juge de dire, en fin, de parcours "qui a tort et qui a raison".

Le juge de la mise en état est désigné pour surveiller l'instruction d'un procès civil complexe. Il peut ordonner toutes mesures d'instruction utiles et donner des délais aux parties pour fournir les pièces nécessaires. Il peut aussi ordonner le versement d'une provision par une des parties, c'est-à-dire une somme fixée provisoirement à un certain montant, mais qui peut, par la suite être supprimée, diminuée ou augmentée par le juge.

Quand il considère que l'instruction est terminée et que le dossier est en état d'être jugé, il renvoie le dossier pour qu'il soit plaidé puis jugé.

Cet échange d'arguments s'accomplira par écrit dans ce que l'on appelle des « conclusions ». Les conclusions sont des actes de procédure dans lesquels chaque partie expose ses arguments ou moyens. De la même façon, les parties devront produire les pièces sur lesquelles elles fondent leurs arguments.

L'échange de conclusions et de pièces s'opère au cours de la procédure de mise en état, à l'occasion de laquelle les parties auront déposé toutes leurs conclusions écrites, qu'elles auront ainsi pu faire valoir l'ensemble de leurs arguments et répliqué aux arguments de la partie adverse, le tribunal va clôturer la mise en état c'est-à-dire y mettre un terme.

Les **difficultés d'ordre procédural** sont purgées lors de la mise en état, avant le débat au fond.

Il n'y a pas de Magistrat désigné pour la mise en état devant la Cour suprême, c'est le service du Greffe de la Cour qui est chargé de cette mission. Il n'existe pas non plus de mise en état devant les juridictions spécialisées. Devant ces juridictions la procédure est orale.

Le magistrat de la mise en état est seul compétent, jusqu'à son dessaisissement, pour statuer sur les exceptions de procédure. Les parties ne sont plus recevables à les soulever ultérieurement à moins qu'elles ne surviennent ou soient révélées postérieurement au dessaisissement du juge. Ainsi en est-il de la demande de nullité de l'assignation pour défaut de constitution d'avocat.

Le juge de la mise en état, en raison de sa mission relative aux mesures nécessaires pour parvenir à une instruction complète de l'affaire, dispose de pouvoirs relativement larges :

- Il doit veiller au déroulement loyal de la procédure, spécialement à la ponctualité de l'échange des conclusions et de la communication des pièces (art. 81 al.1 CPCEA) ;
- Il a l'obligation d'informer, au fur et à mesure, la formation juridictionnelle chargée du règlement de la procédure (art.81 al.2 CPCEA) ;

Il peut notamment (art.82 CPCEA) :

- Inviter les parties, leurs Conseils, leurs représentants ou mandataires, à présenter leurs prétentions respectives, des conclusions soit écrites, soit orales, dans ce dernier cas, elles font l'objet d'un procès-verbal ;
- Convoquer les parties, leurs Conseils, leurs représentants ou mandataires aussi souvent qu'il le juge nécessaire, leur faire toutes communications utiles, leur adresser des injonctions, procéder à leur conciliation, même partielle, et en dresser procès-verbal signé par les deux parties si elles le savent et le peuvent, ou en faire mention dans le cas contraire. Il leur donne acte de leur désistement ;
- Autoriser ou réclamer le dépôt de conclusions additionnelles, ainsi que de toutes pièces utiles, en original ou en copie, sauf au tribunal à tirer toutes conséquences d'une abstention ou d'un refus ;
- Procéder à une enquête d'office ou à la demande des parties ou commettre un juge d'un autre ressort à cet effet ;

- Ordonner une expertise, une vérification d'écriture, une descente sur les lieux, la comparution personnelle des parties, déférer d'office le serment, ou commettre un huissier de justice pour procéder à des constatations ;
- Recevoir ou ordonner toute intervention, prescrire la jonction de deux ou plusieurs instances instruites par ses soins, sauf à la formation de jugement de prescrire, le cas échéant, la disjonction ;
- Statuer sur les exceptions de communication de pièces et de nullité d'actes, ainsi que sur les demandes de provision ad litem ;
- Se prononcer sur les demandes de provision sur dommages et intérêts lorsque la responsabilité n'est pas contestée ou a été établie par une décision passée en force de chose jugée ;
- Ordonner, même d'office, une mise sous séquestre ou toutes mesures conservatoires ;
- Prononcer les mesures sur les demandes incidentes, additionnelles et reconventionnelles, les interventions, interruptions, reprises et péremptions d'instance, sur les défenses, les exceptions et fins de non-recevoir, par ordonnance susceptible de recours en même temps que la décision sur le fond, les parties entendues ou appelées (art.84 CPCEA) ;
- Fixer souverainement des délais qu'il estime nécessaires pour l'exécution de chacune des mesures qu'il prescrit, en vue de l'instruction des dossiers, dont il a la charge. Ces délais doivent permettre aux parties en cause de lui soumettre leurs moyens de telle sorte que l'instruction de l'affaire puisse être effectuée sans aucun retard (art. 85 CPCEA) ;
- Accorder des prorogations de délai.

Au cas où l'une des parties n'aura pas respecté le délai qui lui a été accordé ou si elle ne se sera pas soumise aux injonctions, qui lui auront été adressées par le Juge, ce dernier peut, en prononçant la clôture de l'instruction, renvoyer la procédure devant le Tribunal (art.86 CPCEA). Cette mesure est de droit, si elle est sollicitée par l'une des parties en cause.

Dans le cas où il aurait été désigné par le Président du Tribunal de première Instance, le Juge chargé de la mise en état établit, en outre, sans faire connaître son avis, un rapport écrit dans lequel il expose l'objet de la demande, les moyens des parties, en précisant, s'il y a lieu, les difficultés du litige, les questions de fait et de droit soulevées par celui-ci, ainsi que les éléments propres à éclairer les débats (art.87 CPCEA).

Toute procédure d'instruction, non réglée dans un délai de trois mois, doit faire l'objet d'une ordonnance de prorogation pour une nouvelle période de trois mois, rendue par le Juge qui est saisi. Cette ordonnance doit être motivée.

Jusqu'à l'ordonnance de clôture, le demandeur peut toujours se désister de son action, sous réserve de l'acceptation des autres parties. Les parties peuvent toujours rectifier leurs prétentions, les développer ou les réduire (art.88 CPCEA).

Cette ordonnance de clôture ne peut être révoquée :

- que s'il se révèle une cause grave, depuis qu'elle a été rendue. La constitution d'Avocat postérieurement à la clôture ne constitue pas en soi, une cause de révocation (art.89 CPCEA) ;
- d'office ou à la demande des parties, soit par Ordonnance motivée du Juge de la mise en état, soit, après l'ouverture des débats, par décision du Tribunal.

À peine d'irrecevabilité prononcée d'office (art.90 CPCEA), aucune conclusion, ne peut être déposée, ni aucune pièce produite aux débats après l'Ordonnance de clôture.

Le Tribunal pourra, toutefois, par décision motivée, non susceptible de recours, admettre aux débats des conclusions ou pièces, si un fait nouveau de nature à influer sur la décision est survenu depuis ladite ordonnance, ou si un fait, survenu antérieurement, n'a pu être invoqué pour des raisons indépendantes de la volonté des parties.

Sans modifier ni l'objet, ni la cause de la demande, le Tribunal pourra également (art.91 CPCEA) inviter, oralement ou par écrit, les parties à fournir, dans un délai fixe, les explications de droit ou de fait, nécessaires à la solution du litige.

Aucun moyen, même d'ordre public, non soulevé par les parties, ne pourra être examiné sans que celles-ci aient été appelées à présenter leurs observations à cet égard.

Peuvent également être retenues, postérieurement à l'ordonnance de clôture, les conclusions relatives aux loyers, arrérages, intérêts et autres accessoires échus, et aux débours faits depuis ladite ordonnance, dont le décompte ne fait pas l'objet d'une contestation sérieuse.

Si une demande en intervention volontaire est formée, après la clôture de la mise en état, l'Ordonnance de clôture n'est révoquée (art.92 CPCEA) que si le Tribunal ne peut immédiatement statuer sur le tout.

Lorsque le dossier paraît en état d'être clôturé et jugé ou lorsque se posent des questions clés qui nécessitent une communication directe entre le juge de la mise en état et les avocats, les dossiers sont renvoyés en audience de mise en état parlante, à laquelle les avocats participent.

Par ailleurs, l'une des parties a la possibilité de soulever l'existence d'**incidents** en cours de procédure, tels que la nullité de l'assignation, l'incompétence du Tribunal saisi, une demande d'expertise ou de contre-expertise, une demande de sursis à statuer, de provision, etc.

Dans ce cas, la procédure est renvoyée à une audience d'incidents, le Juge de la mise en état étant exclusivement compétent pour statuer par voie d'ordonnance sur ces demandes.

Enfin, lorsque les parties ont échangé leurs mémoires et que la procédure apparaît prête pour être plaidée, le Juge de la mise en état ordonne la clôture et la fixation de la procédure à une audience de plaidoirie.

Seules disposent de l'autorité de la chose jugée au principal les ordonnances du conseiller de la mise en état, qui statuent sur une exception de procédure, sur un incident de nature à mettre fin à l'instance, sur la fin de non-recevoir tirée de l'irrecevabilité de l'appel, sur la caducité de celui-ci ou sur l'irrecevabilité des conclusions en application de l'article 90 CPCEA.

Les ordonnances du Conseiller de la mise en état peuvent être déférées par simple requête à la Cour d'appel dans les 15 jours de leur date lorsqu'elles ont pour effet de mettre fin à l'instance, lorsqu'elles constatent son extinction, lorsqu'elles ont trait à des mesures provisoires en matière de divorce ou de séparation de corps, lorsqu'elles statuent sur une exception de procédure, sur un incident de nature à mettre fin à l'instance, sur la fin de non-recevoir tirée de l'irrecevabilité de l'appel ou sur la caducité de celui-ci ou lorsqu'elles prononcent l'irrecevabilité des conclusions en application de l'article 90 CPCEA.

En revanche, l'ordonnance du conseiller de la mise en état statuant sur la recevabilité de la déclaration de saisine après renvoi de cassation n'est pas revêtue de l'autorité de la chose jugée, de sorte que l'absence de déféré de cette ordonnance n'interdit pas à la partie défenderesse de soulever devant la Cour d'appel le moyen pris de l'irrecevabilité de la déclaration de saisine sur renvoi de cassation.

Lorsque le juge révoque l'ordonnance de clôture, cette décision, qui doit être motivée par une cause grave, doit intervenir avant la clôture des débats ou, sinon, s'accompagner d'une réouverture de ceux-ci, de sorte qu'une même décision ne peut simultanément révoquer l'ordonnance de clôture et statuer sur le fond du litige.

Les conclusions déposées par une partie, postérieurement à l'arrêt d'une Cour d'appel, qui n'a pas révoqué l'ordonnance de clôture, qui enjoint à une partie de produire une pièce et qui ordonne la réouverture des débats, doivent être déclarées d'office irrecevables.

Saisie par le déféré formé contre l'ordonnance d'un conseiller de la mise en état, une cour d'appel qui, statue dans le champ de compétence d'attribution de ce conseiller, ne peut pas se prononcer sur les conditions de validité des conclusions des parties.

La mise en état se termine par une ordonnance de clôture par laquelle le juge se dessaisît et décide du renvoi de l'affaire devant la formation de jugement de la chambre à laquelle il appartient.

Il convient, *in fine*, de ne pas confondre la "mise en état" qui est une simple procédure d'ordre, avec la "remise en état" par laquelle le juge ordonne le rétablissement de la situation de fait qui lui a été soumise par les parties et qu'il estime constituer un trouble. La remise en état est une des compétences des juges des référés. Il s'agit le plus souvent d'une mesure conservatoire, en attendant que le Tribunal ait statué définitivement sur les droits de la partie qui se plaint du trouble.

SECTION VI - L'OFFICE SPECIAL DU JUGE DES AFFAIRES COMMERCIALES

L'office du juge des affaires commerciales est régi par la loi **L/2015/019/AN/ du 13 mai 2015 portant organisation judiciaire**, modifiée par la loi L/**N°0033/2017/AN** du **4 juillet 2017** portant création du tribunal du commerce, par le CPCEA, le Code de la marine marchande et par divers **Actes uniformes** OHADA portant :

- Organisation des procédures collectives d'apurement du passif (A.U.P.C) adopté le 10 avril 1998 ;
- Droit commercial général du 15 décembre 2010 ;
- Droit des sociétés commerciales et du groupement d'intérêt économique ;
- Droit des sûretés ;
- Procédures simplifiées de recouvrement et des voies d'exécution ;
- Procédures collectives d'apurement du passif, etc.

Ces textes accordent la compétence d'attribution pour connaître des affaires de nature commerciale, conformément aux obligations des Etats membres de l'OHADA de créer des juridictions spécialement chargées de connaître des litiges à caractère commercial.

Pour la zone spéciale de Conakry, au lieu de se contenter des sections y afférentes dans les tribunaux de première instance, dont parle l'article 37 de la **L/2015/019/AN/ du 13 mai 2015 portant organisation judiciaire**, la loi L/**N°0033/2017/AN** du **4 juillet 2017** a créé un tribunal spécialisé dénommé Tribunal du commerce.

Cette juridiction spécialisée pour Conakry, comme les sections des autres juridictions de première instance, connaît de toutes les contestations nées de l'application des textes de droit commercial, notamment ceux relatifs aux actes uniformes OHADA.

Leurs objectifs fondamentaux sont la réalisation de la sécurité juridique des affaires dans cet espace communautaire.

L'office du juge comporte l'obligation de contribuer, grâce à la stabilité des textes communautaires, à l'élimination de l'incertitude dans laquelle se trouvaient les investisseurs opérant dans le vaste espace OHADA, quant au droit qui régira leur patrimoine et leurs diverses relations avec les Etats et les particuliers.

Cette obligation du juge se double de celle consistant à faciliter l'intégration économique dans l'espace OHADA, l'incitation des opérateurs économiques locaux, l'attrait et l'accueil des investissements directs étrangers des entreprises transnationales.

L'office du juge des affaires commerciales, dans l'espace OHADA, représente le lien consubstantiel entre la sécurité judiciaire et l'attractivité économique dans un espace juridique commun, en vue de l'élimination du risque judiciaire généré par la diversité des législations, des procédures et des ordres de juridictions.

L'office du Juge, au regard de la compétence exclusive de la CCJA (article 14 du Traité) et concernant les pourvois en cassation dans toutes les matières énumérées à l'article 2 du Traité apparait comme un second gage de sécurité judiciaire, en ce que la Cour commune présente l'avantage d'unifier l'interprétation et les tendances d'application de ce droit et de renforcer la confiance des investisseurs et des opérateurs économiques dans le système judiciaire OHADA.

L'office du juge OHADA est, indiscutablement, une étape majeure de la construction d'un droit commercial communautaire, qui allie efficience et économie, dans la mesure où, le fait pour la CCJA de casser sans renvoi, permet à cette juridiction supranationale de juger plus promptement, en se substituant aux juridictions nationales de fond.

Ce pouvoir de cassation sans renvoi de la CCJA, pour prévenir le risque de résistance des juridictions de fond, est basé sur les nécessités d'une bonne et rapide administration de la justice, inhérente à la célérité des opérations commerciales.

Ce pouvoir transforme le pourvoi en cassation devant la CCJA en une véritable voie d'achèvement du différend commercial. Dans ce sens, ce qui compte dans les rapports entre la Justice et les affaires, ce n'est plus uniquement la souveraineté judiciaire des États, mais c'est surtout le souci de juger avec plus de célérité et la volonté de bien juger. Ce souci et cette volonté sont les deux volets de la mission du juge des affaires.

L'autorité de chose jugée, que le Traité institutif de l'OHADA attache à la décision du juge OHADA, est rappelée et précisée par les dispositions de l'article 41 du règlement de procédure de la Cour de justice communautaire, en ces termes : ***« L'arrêt a force obligatoire à compter de son prononcé »***, lequel s'analyse sous l'éclairage de l'article 20 du Traité et permet de poursuivre l'exécution forcée des arrêts et sentences arbitrales sur le territoire de l'ensemble des États Parties au Traité OHADA

Pour rassurer les investisseurs, le législateur a intégré la règlementation des effets des arrêts et des sentences arbitrales dans le corps même du Traité. À ce titre, son article 25 dispose que : « *les sentences arbitrales rendues conformément aux stipulations du présent titre ont l'autorité définitive de la chose jugée sur le territoire de chaque État Partie au même titre que les décisions rendues par les juridictions de l'État. Elles peuvent faire l'objet d'une exécution forcée en vertu d'une décision d'exequatur* ».

L'autorité définitive des arrêts et sentences de CCJA consacrée par le Traité est reprise par l'article 27 du règlement d'arbitrage de l'OHADA. La décision d'exequatur relève de la seule compétence matérielle de la Cour Commune de Justice et d'Arbitrage. Cette disposition est complétée par celle de l'article 23 de l'Acte uniforme relatif au droit de l'arbitrage, qui rappelle que : *« la sentence arbitrale a, dès qu'elle est rendue, l'autorité de la chose jugée relativement à la contestation qu'elle tranche ».*

SAISINE D'OFFICE DU JUGE DES AFFAIRES COMMERCIALES

La finalité particulière des procédures collectives, qui est la sauvegarde des intérêts collectifs, a modifié certains aspects du procès commercial, en autorisant par exemple la saisine d'office du juge pour l'ouverture d'une procédure collective.

Le législateur a doté le juge, d'ordinaire neutre, de pouvoirs d'initiative que celui-ci exerce à tous les stades de la procédure collective. L'exercice de ces pouvoirs d'office du juge est de nature à porter atteinte au principe du dispositif, puisque le juge dispose, concurremment avec les parties, de la faculté de déclencher le procès et le pouvoir de le conduire, comme celles-ci, dans la plupart des phases du procès.

Dans les procédures collectives, les parties ne fixent ni les termes du litige, ni les étapes du déroulement du procès. Le juge n'est pas ici un arbitre passif, attendant que jaillissent spontanément du débat, le sens du jugement qu'il conviendra de prononcer. Contrairement aux règles du procès civil, il a faculté de s'autosaisir, de prendre des mesures d'instruction et des mesures conservatoires d'office, modifier le cours de la procédure hors la demande des parties. Cette faculté pour le juge de se passer de la demande des parties, pour poser certains actes est reconnue sous l'expression de « pouvoirs d'office ». Ces pouvoirs résultent de la reconnaissance au juge de privilèges de direction, d'instruction et d'organisation du procès.

Exceptionnels dans la majorité des situations processuelles, les pouvoirs d'office du juge des affaires commerciales permettent d'éviter que les difficultés d'une entreprise ne s'aggravent à cause de l'inertie des créanciers ou du débiteur lui-même.

Ce pouvoir d'office est prévu par le législateur OHADA pour les procédures de redressement judiciaire et de liquidation des biens, lorsque l'état de cessation des paiements de l'entreprise soit avéré ou risque de l'être si aucune mesure n'est prise.

En plus, de l'état de cessation des paiements, la condition juridique du débiteur peut justifier la faculté d'autosaisine du juge. Il peut justement arriver que le débiteur soit décédé alors qu'il était en cessation des paiements.

La faculté d'autosaisine du juge se justifie encore en matière de contrôle des décisions du juge-commissaire, qui sont susceptibles d'opposition, prononcées hors sa présence.

L'article 40, alinéa 2 de l'Acte uniforme autorise la juridiction compétente à se saisir d'office pour réformer ou annuler les décisions du juge-commissaire. La même faculté est ouverte en cas de réclamation tendant à la révocation d'un ou plusieurs syndics.

Le juge-commissaire, saisi d'une réclamation dans ce sens, doit statuer, en rejetant la demande ou en proposant à la juridiction compétente la révocation sollicitée. Il peut également la proposer d'office, par décision motivée.

Dans l'un et l'autre cas, la juridiction compétente peut se saisir d'office pour réformer ou annuler la décision entreprise.

L'Acte uniforme, portant procédure collective, intervenue le 10 septembre 2015, a renforcé toutes les dispositions qui fondent les pouvoirs d'office du juge, en ces termes : « *Article 29 La juridiction compétente peut se saisir d'office, notamment sur la base des informations fournies par le représentant du ministère public, les commissaires aux comptes des personnes morales de droit privé, les membres de ces personnes morales ou les institutions représentatives du personnel qui lui indiquent les faits de nature à motiver cette saisine. La juridiction compétente peut également être saisie par le Ministère public. Dans ce cas, il fournit les éléments motivant sa demande. Le président de la juridiction compétente fait convoquer le débiteur, par les soins du greffe, par signification d'huissier de justice ou notification par tout moyen permettant d'établir la réception effective par le destinataire, à comparaître devant la juridiction compétente siégeant en audience non publique. La convocation doit contenir la reproduction intégrale du présent article, à peine de nullité. Si le débiteur comparaît, le président l'informe des faits de nature à motiver la saisine et recueille ses observations. Si le débiteur reconnaît être en cessation des paiements ou si le président acquiert l'intime conviction qu'il est dans un tel état, le président lui fixe un délai qui ne peut excéder trente (30) jours pour produire les documents visés à l'article 26 ci- dessus. Le même délai est accordé aux membres d'une personne morale indéfiniment et solidairement responsables du passif de celle-ci. Passé ce délai, la juridiction compétente statue en audience publique. Si le débiteur ne comparaît pas, la juridiction compétente statue à la première audience publique utile, par une décision réputée contradictoire à l'égard du débiteur* ».

SECTION VII – OFFICE DU JUGE-COMMISSAIRE

Le tribunal, qui ouvre une des trois procédures collectives, à savoir : sauvegarde, redressement ou liquidation judiciaires, désigne un ou plusieurs juges-commissaires, en vue de la protection des intérêts en présence et de l'atteinte des objectifs poursuivis par la procédure collective

Selon les dispositions des articles 39 à 42 de l'acte uniforme OHADA, le juge-commissaire veille au déroulement régulier et rapide de la procédure de redressement judiciaire ou de liquidation des biens. Cette fonction est exclusive de l'exercice de toute autre attribution juridictionnelle relative à la procédure collective, pour laquelle il a été désigné en cette qualité.

Il recueille tous les éléments d'information qu'il juge utiles. Il peut notamment :

- entendre le débiteur ou les dirigeants sociaux de la personne morale, leurs préposés, les créanciers ou toute autre personne, y compris le conjoint ou les héritiers connus du débiteur décédé, en état de cessation des paiements ;
- obtenir communication, par les commissaires aux comptes, les comptables, les représentants du personnel, les administrations et organismes publics, les organismes de prévoyance et de sécurité sociales, les établissements bancaires et financiers ainsi que les services chargés de centraliser les risques bancaires et les incidents de paiement, des renseignements de nature à lui donner une information exacte sur la situation économique, financière et sociale de l'entreprise ;
- contrôler les activités des syndics et rédiger un rapport à l'attention de la juridiction compétente tous les trois (03) mois et, à tout moment, à la demande de cette dernière ; dont le rapport concernant toutes contestations ou différends nés de la procédure collective ;
- procéder au remplacement du syndic.

L'office du juge-commissaire comporte la mission d'examiner les demandes, contestations et revendications relevant de sa compétence dans le délai de huit (08) jours, à compter de sa saisine (article 40). Faute de statuer dans ce délai, il est réputé avoir rendu une décision de rejet.

Les décisions du juge-commissaire, immédiatement déposées au greffe, sont communiquées sans délai au président de la juridiction compétente, qui les notifie à toutes personnes à qui elles sont susceptibles de faire grief.

L'opposition formée par simple déclaration au greffe de la juridiction compétente dans les huit (8) jours de leur dépôt ou de leur notification ou suivant le délai prévu, est la voie de recours que prescrit article 40.

Au cours de ce même délai, la juridiction compétente peut se saisir d'office les décisions du juge-commissaire, les réformer ou les annuler.

Le juge-commissaire statue sur les réclamations du débiteur ou des créanciers, qui tendent à la révocation du syndic et son remplacement, dans le délai de huit (08) jours de sa saisine (article 42). Son ordonnance, assortie de l'exécution provisoire de droit, est susceptible d'opposition dans le délai de huit (8) jours à compter de son prononcé. Faute de n'avoir pas statué dans les huit (08) jours de sa saisine, il est réputé avoir rejeté la demande.

La juridiction compétente, saisie sur opposition, entend, en audience non publique, les explications du ou des demandeurs et du syndic. Sa décision, prononcée en audience publique, est assortie de l'exécution provisoire et susceptible d'appel dans les quinze (15) jours de son prononcé.

SECTION VIII : OFFICE DU JUGE DE L'APPLICATION DES PEINES

Le juge d'application des peines (JAP) prend des décisions de modalité d'exécution de la peine, postérieurement à l'entrée en force du jugement pénal, sous réserve des compétences que le CPP attribue au juge qui a rendu le jugement ou qui connaît de la commission d'une nouvelle infraction, ainsi que des compétences qui relèvent, de la chambre de contrôle de l'instruction.

Le CPP, en son article 1022 déclare : « *Le juge de l'application des peines et le tribunal de l'application des peines constituent les juridictions de l'application des peines du premier degré qui sont chargées, dans les conditions prévues par la loi, de fixer les principales modalités de l'exécution des peines privatives de liberté ou de certaines peines restrictives de liberté, en orientant et en contrôlant les conditions de leur application. Ces juridictions sont avisées, par les services d'insertion et de probation, des modalités de prise en charge des personnes condamnées, définies et mises en œuvre par ces services. Elles peuvent faire procéder aux modifications qu'elles jugent nécessaires au renforcement du contrôle de l'exécution de la peine. Les décisions du juge de l'application des peines et du tribunal de l'application des peines peuvent être attaquées par la voie de l'appel. L'appel est porté, selon les distinctions prévues par le présent chapitre, devant la chambre de l'application des peines de la cour d'appel, composée d'un président de chambre et de deux conseillers, ou devant le président de cette chambre* ».

L'article 1023 précise que dans « *chaque tribunal de première instance, un ou plusieurs magistrats du siège sont chargés des fonctions de juge de l'application des peines. Ces magistrats sont désignés par décret pris après avis du conseil supérieur de la magistrature. Il peut être mis fin à leurs fonctions dans les mêmes formes. Si un juge de l'application des peines est temporairement empêché d'exercer ses fonctions, le président du tribunal de première instance désigne un autre magistrat pour le remplacer. Pour le fonctionnement de son cabinet, le juge de l'application des peines est assisté d'un greffier et doté d'un secrétariat-greffe* ».

Il est chargé de « *déterminer les modalités d'exécution de la peine* » (article 548, alinéa 4 CPP). L'article 731 ajoute : « *Par dérogation à l'article 1010, est seul compétent le juge de l'application des peines du Tribunal de première instance de Conakry, pour prendre les décisions concernant les personnes condamnées pour une infraction entrant dans le champ d'application de l'article 724, quel que soit le lieu de détention ou de résidence du condamné. Ces décisions sont prises après avis du juge de l'application des peines compétent en application des dispositions de l'article 1010. Pour l'exercice de ses attributions, le juge de l'application des peines du Tribunal de première instance de Conakry peut se déplacer sur l'ensemble du territoire national, sans préjudice de l'application des dispositions de l'article 886 sur l'utilisation de moyens de télécommunication* ».

Le juge de l'application peut, aux termes de l'article 940 du CPP, ordonner, à la libération d'une personne condamnée dans les circonstances mentionnées au point 2 de l'article 21 du Code pénal, qui n'a pas été condamnée à un suivi socio-judiciaire, si son état le justifie et après avis médical, une obligation de soins pendant une durée qu'il fixe et qui ne peut excéder 5 ans en matière correctionnelle ou 10 ans si les faits commis constituent un crime ou un délit puni de 10 ans d'emprisonnement.

Si la dangerosité de la personne le justifie, la juridiction de jugement ou, selon les modalités prévues par l'article 1040, le juge de l'application des peines peut ordonner que cette présentation intervienne tous les mois (article 987, alinéa 4).

Si la commission estime que les conditions de la rétention de sûreté ne sont pas remplies, mais que le condamné paraît néanmoins dangereux, elle renvoie le dossier au juge de l'application des peines pour qu'il apprécie l'éventualité d'un placement sous surveillance judiciaire (article 996, CPP).

En cas de violation de ses obligations par la personne placée sous surveillance de sûreté, le dernier alinéa de l'article 1001 prévoit que l'article 1015 est applicable ; le juge de l'application des peines ou, en cas d'urgence ou d'empêchement de celui-ci ou du magistrat du siège qui le remplace, le procureur de la République peut décerner mandat d'arrêt ou d'amener contre la personne, conformément à l'article 1040, pour permettre, le cas échéant sa présentation devant le président de la chambre de rétention de sûreté de la cour d'appel ; en cas de décision de placement en rétention prise par ce président, la personne peut être retenue le temps strictement nécessaire à sa conduite dans le centre socio-médical spécialisé.

Article 1015 : *Les services de police et de gendarmerie peuvent, d'office ou sur instruction du procureur de la République ou du juge de l'application des peines, appréhender toute personne condamnée ou placée sous le contrôle du juge de l'application des peines et à l'encontre de laquelle il existe une ou plusieurs raisons plausibles de soupçonner qu'elle n'a pas respecté les obligations qui lui incombent en application de sa condamnation. La personne peut alors, sur décision d'un officier de police judiciaire, être retenue 24 heures au plus dans un local de police ou de gendarmerie, afin que soit vérifiée sa situation et qu'elle soit entendue sur la violation de ses obligations* ».

Par ailleurs, le JAP est l'autorité de recours contre les décisions rendues par les autorités administratives dans le cadre de l'exécution des peines et des mesures. À ce titre, il est chargé de « *fixer les principales modalités de l'exécution des peines privatives de liberté ou de certaines peines restrictives de liberté, en orientant et en contrôlant les conditions de leur application* ».

En outre, le JAP détermine, pour chaque condamné, les principales modalités du traitement carcéral, dans le respect des attributions propres du régisseur de l'établissement pénitentiaire relatives à l'organisation et au fonctionnement de cet établissement. Ainsi, au regard des dispositions du CPP, on peut déjà relever que ce magistrat se voit attribuer un triple rôle : celui de décider, celui de suivre et celui de contrôler.

<u>Compétence territoriale :</u>

Les règles de compétence territoriale du JAP sont prévues par le CPP : « *Article 1025 : Les mesures relevant de la compétence du juge de l'application des peines sont accordées, modifiées, ajournées, refusées, retirées ou révoquées par ordonnance ou jugement motivé de ce magistrat agissant d'office, sur la demande du condamné ou sur réquisitions du procureur de la République, selon les distinctions prévues aux articles suivants. Si la durée de la peine prononcée ou restant à subir le permet, ces mesures peuvent également être accordées selon les procédures simplifiées prévues par les articles 1083 à 1097. Article 1026 : Sauf en cas d'urgence, les ordonnances concernant les réductions de peine, les autorisations de sortie sous escorte et les permissions de sortir sont prises après avis de la commission de l'application des peines. Cette commission est réputée avoir rendu son avis si celui-ci n'est pas intervenu dans le délai de 1 mois à compter du jour de sa saisine. La commission de l'application des peines est présidée par le juge de l'application des peines ; le procureur de la République et le chef d'établissement en sont membres de droit. Le service pénitentiaire d'insertion et de probation y est représenté* ».

«Article 1028 : *Les mesures concernant le relèvement de la période de sûreté, la libération conditionnelle ou la suspension de peine qui ne relèvent pas de la compétence du juge de l'application des peines sont accordées, ajournées, refusées, retirées ou révoquées par jugement motivé du tribunal de l'application des peines saisi sur la demande du condamné, sur réquisitions du procureur de la République ou à l'initiative du juge de l'application des peines dont relève le condamné en application des dispositions de l'article 1031. Les jugements du tribunal de l'application des peines sont rendus, après avis du représentant de l'administration pénitentiaire, à l'issue d'un débat contradictoire tenu en chambre du conseil au sein de l'établissement pénitentiaire, au cours duquel la juridiction entend les réquisitions du ministère public, les observations des assistants sociaux, du condamné, ainsi que, le cas échéant, celles de son avocat* ».

« Article 1029 : *Les décisions modifiant ou refusant de modifier les mesures mentionnées aux premier et quatrième alinéas de l'article 1027* *ou les obligations résultant de ces mesures ou des mesures ordonnées par le tribunal de l'application des peines en vertu de l'article 1028 sont prises par ordonnance motivée du juge de l'application des peines, sauf si le procureur de la République demande qu'elles fassent l'objet d'un jugement pris après débat contradictoire conformément aux dispositions de l'article 1027. Toutefois, pour l'exécution d'une mesure de semi-liberté, de placement à l'extérieur ou pour l'exécution de permissions de sortir, le juge de l'application des peines peut, dans sa décision, autoriser le chef d'établissement ou le directeur du service pénitentiaire d'insertion et de probation ou, s'agissant des mineurs, le directeur préfectoral ou communal en charge de la protection de l'enfance, à modifier les horaires d'entrée ou de sortie du condamné de l'établissement pénitentiaire, ou de sa présence en un lieu déterminé, lorsqu'il s'agit de modifications favorables au condamné ne touchant pas à l'équilibre de la mesure. Il est informé sans délai des modifications opérées et peut les annuler par ordonnance non susceptible de recours* ».

« **Article 1030 :** *Si le condamné non détenu, dûment convoqué à l'adresse déclarée au juge de l'application des peines sous le contrôle duquel il est placé, ne se présente pas, sans motif légitime, au débat contradictoire prévu par les articles 1027 et 1028, le juge de l'application des peines ou le tribunal de l'application des peines peut statuer en son absence. Le délai d'appel ne court alors à compter de la notification du jugement faite à cette adresse que sous réserve des dispositions de l'alinéa suivant. S'il n'est pas établi que le condamné a eu connaissance de cette notification et que le jugement a ordonné la révocation ou le retrait de la mesure dont il bénéficiait, l'opposition est recevable jusqu'à l'expiration des délais de prescription de la peine. En cas d'opposition, l'audition du condamné par le tribunal de l'application des peines est alors de droit, le cas échéant selon les modalités prévues par l'article 872.*

Article 1031 : *Est territorialement compétent le juge de l'application des peines de la juridiction dans le ressort de laquelle est situé soit l'établissement pénitentiaire dans lequel le condamné est écroué, soit, si le condamné est libre, la résidence habituelle de celui-ci ou, s'il n'a pas en Guinée de résidence habituelle, le juge de l'application des peines du tribunal dans le ressort duquel a son siège la juridiction qui a statué en première instance. Lorsqu'une mesure de placement à l'extérieur ou de semi-liberté doit s'exécuter hors du ressort du juge de l'application des peines qui l'a ordonnée, le condamné est alors inscrit* *au registre d'écrou de l'établissement pénitentiaire situé à proximité du lieu d'exécution de la mesure ; le juge de l'application des peines compétent pour, le cas échéant, préciser ou modifier les modalités d'exécution de la mesure, prononcer ou proposer son retrait, est celui de la juridiction dans le ressort de laquelle est situé cet établissement pénitentiaire. Lorsqu'a été accordée une mesure de libération conditionnelle, le juge de l'application des peines territorialement compétent est celui de la juridiction dans le ressort de laquelle se trouve la résidence habituelle du condamné fixée par la décision ayant accordé la mesure. La compétence territoriale définie dans le présent article s'apprécie au jour de la saisine du juge de l'application des peines ; après la saisine initiale, celui-ci peut se dessaisir d'office, sur la demande du condamné ou sur réquisitions du ministère public, au profit du juge de l'application des peines du nouveau lieu de détention ou de la nouvelle résidence habituelle du condamné lorsqu'il est situé dans un autre ressort. Est territorialement compétent le tribunal de l'application des peines de la cour d'appel dans le ressort de laquelle le condamné réside habituellement, est écroué ou exécute sa peine selon les distinctions du présent article.*

Est territorialement compétent le tribunal de l'application des peines de la cour d'appel dans le ressort de laquelle le condamné réside habituellement, est écroué ou exécute sa peine selon les distinctions du présent article ».

Il est à noter qu'en cas de placement sous surveillance électronique ou de libération conditionnelle, le JAP territorialement compétent est le JAP de la juridiction dans le ressort de laquelle se trouve le lieu d'assignation du condamné ou sa résidence habituelle fixée par la décision ayant accordé la mesure.

Concernant l'appel des décisions du JAP:

Le CPP précise : « ***Article 1032 :*** *Les décisions du juge de l'application des peines et du tribunal de l'application des peines peuvent être attaquées par la voie de l'appel par le condamné, par le procureur de la République et par le procureur général, à compter de leur notification :*

- ✓ *dans le délai de 24 heures s'agissant des ordonnances mentionnées aux articles 1026 et 1029 ;*
- ✓ *dans le délai de 10 jours s'agissant des jugements mentionnés aux articles 1027 et 1028.*

Article 1033 : *L'appel des ordonnances mentionnées aux articles 1026 et 1029 est porté devant le président de la chambre de* *l'application des peines de la cour d'appel, qui statue par ordonnance motivée au vu des observations écrites du ministère public et de celles du condamné ou de son avocat.*

Article 1034 : L'appel des jugements mentionnés aux articles 1027 et 1028 est porté devant la chambre de l'application des peines de la cour d'appel, qui statue par arrêt motivé après un débat contradictoire au cours duquel sont entendues les réquisitions du ministère public et les observations de l'avocat du condamné.

Article 1035 : Les décisions du juge de l'application des peines et du tribunal de l'application des peines sont exécutoires par provision. Toutefois, lorsque l'appel du ministère public est formé dans les 48 heures de la notification, il suspend l'exécution de la décision jusqu'à ce que la chambre de l'application des peines de la cour d'appel ou son président ait statué. L'affaire doit être examinée au plus tard dans les 2 mois suivant l'appel du parquet, faute de quoi celui-ci est non avenu.

Article 1036 : Les ordonnances et arrêts mentionnés aux articles 1033 et 1034 peuvent faire, dans les 5 jours de leur notification, l'objet d'un pourvoi en cassation qui n'est pas suspensif.

Article 1037 : Dans l'exercice de leurs attributions, les juridictions de l'application des peines peuvent procéder ou faire procéder, sur l'ensemble du territoire national, à tous examens, auditions, enquêtes, expertises, réquisitions, y compris la communication par toute administration, tout établissement financier ou de toute personne détenant des fonds du prévenu, les renseignements utiles de nature financière ou fiscale sans que puisse être opposée l'obligation de secret professionnel ou toute autre mesure, permettant de rendre une décision d'individualisation de la peine ou de s'assurer qu'un condamné respecte les obligations qui lui incombent à la suite d'une telle décision.

Article 1038 : Préalablement à toute décision entraînant la cessation temporaire ou définitive de l'incarcération d'une personne condamnée à une peine privative de liberté avant la date d'échéance de cette peine, les juridictions de l'application des peines prennent en considération les intérêts de la victime ou de la partie civile au regard des conséquences pour celle-ci de cette décision. Les mesures prévues à l'article 1037 peuvent porter sur les conséquences des décisions d'individualisation de la peine au regard de la situation de la victime ou de la partie civile, et notamment le risque que le condamné puisse se trouver en présence de celle-ci. Si elles l'estiment opportun, les juridictions de l'application des peines peuvent, avant toute décision, informer la victime ou la partie civile, directement ou par l'intermédiaire de son avocat, qu'elle peut présenter ses observations par écrit dans un délai de 15 jours à compter de la notification de cette information. Ces observations peuvent être adressées à la juridiction par la victime ou la partie civile par tout moyen à leur convenance.

Article 1039 *: S'il existe un risque que le condamné puisse se trouver en présence de la victime ou de la partie civile et qu'au regard de la nature des faits ou de la personnalité de l'intéressé, il apparaît qu'une telle rencontre paraît devoir être évitée, les juridictions de l'application des peines assortissent toute décision entraînant la cessation temporaire ou définitive de l'incarcération d'une interdiction d'entrer en relation avec la victime ou la partie civile et, le cas échéant, de paraître à proximité de son domicile et de son lieu de travail. Le prononcé de cette interdiction est obligatoire, sauf décision contraire spécialement motivée, lorsque la personne a été condamnée pour l'une des infractions visées à l'article 972. La juridiction adresse à la victime un avis l'informant de cette interdiction ; si la victime est partie civile, cet avis est également adressé à son avocat. Cet avis précise les conséquences susceptibles de résulter pour le condamné du non-respect de cette interdiction.*

Le juge d'application des peines n'accorde pas ces mesures de manière discrétionnaire comme des faveurs. Il doit être saisi pour refuser l'application de certains aménagements en fonction de circonstances particulières. Exerçant ainsi son rôle d'autorité relativement aux atteintes portées aux libertés, le juge d'application des peines n'est pas, en droit guinéen, celui qui défait la peine.

SECTION IX : OFFICE DU JUGE ADMINISTRATIF

La justice administrative est destinée :

- à faire respecter les règles de droit par les autorités administratives, en préservant l'équilibre entre les prérogatives de puissance publique et les droits des citoyens ;
- à garantir une certaine sécurité juridique dans les relations entre les administrés et l'administration, par la soumission de celle-ci au droit ;
- à assurer la protection des citoyens à faire réparer les préjudices que l'administration pourrait leur causer ;
- à trancher les litiges opposant une personne privée à l'État, à une collectivité territoriale, à un établissement public ou à un organisme privé chargé d'une mission de service public.

La justice administrative est conduite par un juge spécialisé, censé connaître les impératifs de service public, sachant interpréter la volonté générale, capable de bien juger l'administration et, en même temps, de protéger efficacement les citoyens.

La Cour suprême est, en vertu de l'article 1er de la loi L/2017/003/AN du 23 février 2017, la juridiction supérieure en matière administrative, fonction qui lui fait jouer un rôle essentiel dans la construction et la consolidation de l'État de droit.

L'alinéa 2 de cet article lui attribue la compétence de juge de la légalité, c'est-à-dire de la régularité des actes unilatéraux des autorités exécutives et par rapport à la loi. Ce qui lui donne le pouvoir de se prononcer sur l'excès de pouvoir des organes et agents de l'administration.

À la différence des autres chambres de la Cour suprême, qui ne statuent qu'en droit, la chambre administrative, lorsqu'elle examine l'affaire qui lui est soumise, statue en fait et en droit.

Cette chambre connaît en premier et dernier ressort des recours en annulation pour excès de pouvoir formés contre les décrets, les arrêtés et tous les actes administratifs unilatéraux décisoires ou exécutoires.

Elle connaît des recours en interprétation ou en appréciation de la légalité des actes dont le contentieux relève de sa compétence.

Elle connaît, en outre, des recours dirigés contre les décisions administratives prises par les organismes collégiaux à caractère juridictionnel ayant compétence nationale, en conformité avec les textes en vigueur

Elle connaît également des actions en responsabilité contre l'État et les établissements publics.

Les différents recours pouvant être portés devant la Cour suprême sont ceux énumérés à l'article 36 de la loi organique L/2017/003/AN, à savoir :

- la légalité des actes des autorités exécutives centrales et déconcentrées et ceux des collectivités locales ;
- le recours en cassation des décisions rendues en dernier ressort par les organismes administratifs à caractère juridictionnel ;
- les pourvois en cassation contre les arrêts de la Cour des comptes ;
- le recours en interprétation ou en appréciation de la légalité des actes dont le contentieux relève de sa compétence, article 98
- le recours en déclaration d'inexistence, article 99.

LE RECOURS POUR EXCES DE POUVOIR

Le recours pour excès de pouvoir est la demande adressée au juge administratif, en vue de l'annulation d'une décision administrative en raison de l'irrégularité ou de l'illégalité, dont elle serait entachée.

Le recours pour excès de pouvoir (REP), protection minimale des administrés face à l'Administration, découle du droit à un procès juste et équitable consacré par la Constitution et les instruments juridiques internationaux. Bien que consacré constitutionnellement et protégé internationalement, ce recours n'est, comme tout type de recours contentieux, recevable que lorsque des conditions sont remplies, puisqu'il est de règle qu'avant de se demander comment juger, il faut, au préalable, se demander s'il faut juger.

Par le recours pour excès de pouvoir, le requérant demande deux choses au juge administratif :

- vérifier la conformité à la légalité d'un acte administratif ;
- en prononcer l'annulation.

Les conditions de recevabilité du recours, prévues par les articles 88 et 89 de la loi organique L/2017/003/AN du 23 février 2017 sont relatives : les unes à la requête elle-même et les autres au délai du recours.

À la lumière de l'article 88 de la loi organique susvisée, pour être recevable en sa demande :

1. le requérant doit disposer de la capacité d'agir en justice, avoir un intérêt actuel, direct et individuel à agir, c'est-à-dire un intérêt à obtenir l'annulation de la décision administrative litigieuse.
2. le requérant ne dispose pas d'un autre recours juridictionnel devant le juge administratif ou judiciaire, lui permettant de parvenir au même résultat.
3. son recours doit être :

- dirigé contre une décision déjà entrée en vigueur, donc présentant un caractère décisoire et qui modifie l'ordonnancement juridique ;
- exercé dans le délai de deux mois à compter de la notification ou de la communication, s'il s'agit d'un acte individuel, ou de la publication s'il s'agit d'un acte règlementaire. La loi fixe le délai, c'est-à-dire l'intervalle de temps prévu pour effectuer une action, accomplir une formalité, exécuter une obligation, à ne pas confondre la date, c'est-à-dire le jour de la réalisation de l'action, de l'accomplissement de la formalité ou de l'exécution de l'obligation ou encore de la survenance d'un événement.

4. l'acte doit :

- émaner d'une autorité exécutive ou d'une personne privée investie d'un service public administratif, à travers la concession de service public ;
- être unilatéral, ce qui exclut la possibilité d'un recours pour excès de pouvoir (REP) contre les contrats ;
- constituer une décision exécutoire, présentant un caractère décisoire;
- faire grief.

Le recours pour excès de pouvoir peut être exercé dans plusieurs domaines, parmi lesquels ont peut citer :

1. Le contentieux de la fonction publique, qui concerne principalement le déroulement de la carrière du fonctionnaire, du militaire ou du magistrat, c'est à dire les conditions de recrutement, de nomination, d'avancement, de cessation définitive des fonctions par la retraite d'office, le licenciement ou la révocation. Tous les actes administratifs qui marquent les différentes étapes de la carrière du fonctionnaire peuvent être susceptibles de recours pour excès de pouvoir, s'ils ne sont pas conformes à la loi et portent préjudice à l'agent public ; mais pour qu'ils soient recevables encore faut-il que les recours soient introduits dans les conditions légales prescrites par les articles 88 et 89 de la loi organique L/2017/003/AN.

***Article 88** : Le recours pour excès de pouvoir n'est recevable que contre une décision explicite ou implicite d'une autorité administrative. Le délai pour se pourvoi est de deux mois.*

Ce délai court de la date de la publication de la décision attaquée, à moins qu'elle ne doive être notifiée ou signifiée, auquel cas le délai court de la date de la notification ou de la signification.

***Article 89** : Le silence gardé plus de quatre mois sur une réclamation par l'autorité compétente vaut décision de rejet. Le délai de deux mois pour se pourvoir contre le rejet d'une réclamation court du jour de la décision explicite de rejet d'une réclamation et, au plus tard, à compter de l'expiration de la période de quatre mois, prévue au présent alinéa.*

Toutefois, avant de se pourvoir contre une décision administrative les intéressés peuvent présenter, dans le délai de recours pour excès de pourvoir, un recours administratif hiérarchique ou gracieux tendant à faire rapporter ladite décision.

Le silence gardé plus de quatre mois par l'autorité compétente sur le recours administratif vaut décision de rejet.

Le délai de deux mois prévus ci-dessus ne commence à courir qu'à compter de la notification de rejet du recours administratif, et au plus tard, de l'expiration de la période de quatre mois, prévue au présent alinéa.

Lorsque la législation ou la réglementation en vigueur prévoit une procédure particulière de recours administratif, le recours en annulation n'est recevable qu'après l'épuisement de ladite procédure et dans les mêmes conditions de délai que ci-dessus.

La décision explicite de rejet intervenue postérieurement à l'expiration de la période de quatre mois, prévue aux 3è et 4è alinéas fait courir un nouveau délai de pourvoi de deux mois.

2. Ensuite, il y a le contentieux relatif au domaine foncier. Les actes administratifs qui interviennent à l'occasion des attributions des parcelles, à savoir les permis urbains d'habiter, les permis d'exploiter, les refus d'autorisation d'occuper le domaine public génèrent un contentieux relevant de la compétence des juridictions administratives.

Les caractères du recours pour excès de pouvoir

Le recours pour excès de pouvoir comporte les cinq caractères suivants :

1. Il est un recours contentieux ;
2. Il est porté devant le juge administratif ;
3. Il est exclusivement fondé sur l'illégalité de la décision administrative, en termes de la violation du droit, ne vise pas la reconnaissance d'un droit subjectif et ne comporte pas, en principe le contrôle de l'opportunité.
4. Il tend à obtenir l'annulation totale ou partielle de la décision illégale. C'est-à-dire à la faire disparaître de façon absolue et définitive.
5. Enfin, il est d'ordre public et constitue un droit fondamental, car il existe sans texte, et même si un texte exclut tout recours : ce caractère lui vient du fait que ce recours constitue la garantie principale de la légalité et de la sécurité juridique.

L'EXCES DE POUVOIR

Il y a excès de pouvoir dans l'action administrative, lorsqu'une autorité administrative agit sans être compétente ou sans respecter les conditions de fond et de forme prévues par la loi.

a) **L'incompétence**

La compétence administrative est l'ensemble des attributions, c'est à dire des pouvoirs ou des prérogatives que la loi confère à une autorité exécutive dans le cadre ou à l'occasion de l'exercice de ses fonctions, suivant des procédures définies.

La compétence est l'organisation des attributions qui indique *''qui doit faire'', ''que doit-il faire'', ''comment doit-il faire''.*

Tout acte juridique administratif qui émane d'une personne dont les attributions ne lui donnent pas le pouvoir ou la prérogative de prendre la décision contenue dans cet acte, est entaché du vice d'incompétence.

Moyens d'incompétence

Le moyen d'incompétence peut être automatiquement soulevé par :

- le juge administratif, malgré la règle de l'*ultra petita* même si le requérant ne l'a pas invoqué ;
- le requérant, après l'expiration du délai de recours contentieux ;

L'incompétence de l'autorité signataire d'une décision administrative ou le défaut d'avis conforme ou de consultation de certains organismes sont des moyens d'ordre public.

Le juge communique les moyens d'ordre public soulevés aux parties et leur fixe un délai pour y répondre.

b. La violation des conditions de fond et de forme

S'agissant des conditions de fond, l'autorité administrative centrale, déconcentrée ou décentralisée, qui prend une décision hors des limites que la loi lui impose, commet un excès de pouvoir. Il en va de même de l'autorité qui refuse de donner à l'administré une permission que la loi lui impose de donner. En pareil cas, il est essentiel de bien distinguer entre la compétence discrétionnaire et la compétence liée.

Les vices de forme de la décision attaquée.

Le vice de forme est une des raisons invocables par les parties, afin de faire constater par le juge, avant un quelconque débat sur le fond, l'inutilité d'un acte juridique. Le vice de forme implique l'absence ou l'erreur, quant aux mentions et éléments devant obligatoirement figurer dans un acte de procédure (article 184 et suivants du Code de procédure civile). La nullité d'un acte de procédure entraîne des conséquences importantes ; elle peut en effet engendrer la fin de l'instance en cours.

Dans le cas d'un contentieux administratif, il s'agit d'une voie possible pouvant provoquer l'annulation de l'acte juridique en cas d'excès de pouvoir. Concrètement, le vice de forme tend à sanctionner l'irrespect de la procédure et du formalisme par les autorités exécutives qui doivent s'y conformer de manière impérative.

La preuve du vice de forme entraine la conséquence que l'acte juridique est rétroactivement censé n'avoir jamais existé : cela signifie que les parties ne peuvent plus s'en prévaloir ni même l'invoquer. Pour déclarer nul un acte juridique, le vice de forme de celui-ci doit avoir été prévue par la loi.

L'examen de la forme de l'acte dépend de son caractère écrit, verbal ou implicite.

Lorsqu'un acte doit être écrit, il doit comporter notamment, au minimum, la signature de son ou de ses auteurs.

En outre, les décisions individuelles défavorables à leur destinataire ou dérogatoires doivent, en principe, être motivées.

L'absence de toute mention des motifs de droit et de fait fondant l'acte s'apparente alors à un vice de forme.

Les vices de procédure consistent à utiliser une procédure dans un but autre que celui pour lequel elle a été instituée (par exemple une sanction déguisée ayant l'apparence d'une décision prise dans l'intérêt du service comme la mutation d'office d'un agent, ou le défaut de consultation, la composition irrégulière de l'instance consultée, un délai insuffisant laissé à l'intéressé pour prendre connaissance du dossier ou préparer ses observations, etc.

Les vices de procédure substantiels entraînent généralement, sous conditions, l'annulation de l'acte et les vices non substantiels ne présentent pas une gravité suffisante pour entraîner l'annulation de l'acte.

- **LE DEFAUT DE MOTIVATION DE LA DÉCISION ADMINISTRATIVE**

De façon générale, dans un État de Droit, l'Administration a l'obligation de motiver ses décisions à peine d'illégalité prononcée par l'autorité juridictionnelle compétente.

Tout acte administratif doit, obligatoirement, se fonder sur des circonstances et des faits antérieurs à son édiction, et qui en illustrent les motifs ou la raison d'être. L'obligation de l'insertion des motifs, donc, de la motivation, dans l'acte administratif permet de concrétiser un objectif ambivalent. D'abord, elle permet au citoyen de connaître les griefs qui lui sont reprochés, et qui ont justifié l'édiction d'une décision négative. De ce fait, l'insertion de la motivation dans l'acte défavorable témoigne, à son destinataire, que l'acte n'est pas le produit de l'arbitraire. Ensuite, la motivation facilite au juge le contrôle des motifs, invoqués par l'Administration, pour apprécier la validité de sa décision.

Il convient de préciser que les motifs et la motivation constituent deux notions différentes.

Les premiers, constituent la justification substantielle de l'édiction d'un acte administratif, ne figurent pas, ipso facto, dans son énoncé.

La motivation, quant à elle, signifie l'inscription sur l'instrumentum de l'acte des motifs, entendus comme *l'ensemble de circonstances* et des éléments de droit ou de fait qui ont conduit l'Administration à prendre sa décision. Les motifs reposent sur l'existence de situations juridiques ou factuelles, qui attribuent à l'autorité administrative la compétence à prendre des décisions. L'Administration, agissant malgré l'inexistence desdites situations, commet une violation de la loi susceptible d'entraîner l'annulation de sa décision par l'autorité juridictionnelle.

Les procédures sont toutes essentiellement réalisées par écrit. Les affaires sont jugées au travers de mémoires échangés par les diverses parties entre elles et transmis aux juges.

- **LE DETOURNEMENT DU POUVOIR OU DE PROCEDURE**

Le détournement de pouvoir ou de procédure survient lorsque l'autorité publique utilise ses pouvoirs ou la procédure à des fins autres que celles pour lesquelles ces pouvoirs lui ont été attribués. La forme la plus simple consiste en l'accomplissement d'un acte en raison de préoccupations d'ordre privé.

Le détournement de pouvoir est le vice qui entache un acte par lequel l'administration, en méconnaissance de ces règles, a poursuivi un but différent de celui que le droit lui assignait, détournant ainsi de sa fin légale le pouvoir qui lui est confié.

Le détournement de pouvoir est la conséquence de la violation de l'esprit de la loi, en ce que l'acte administratif est pris à l'encontre du but de la loi

Ces cas d'ouverture ainsi groupés constituent l'élément clé de l'existence de recours en annulation.

- **LE RECOURS EN INTERPRETATION ET EN APPRECIATION DE LA LEGALITE**

Le juge est chargé de préciser le sens, c'est-à-dire la signification, l'interprétation d'un acte administratif. En d'autres termes, le juge doit s'efforcer de rechercher la raison pour laquelle un acte a été pris ou ordonné et l'appliquer à une situation correspondante. Le contentieux de l'interprétation et de l'appréciation de la légalité, dans lequel le juge saisi d'un recours en interprétation ou en appréciation de légalité, ne fait qu'interpréter le sens d'un acte administratif obscur ou apprécier la légalité d'un tel acte.

À la différence du recours pour excès de pouvoir, le recours en interprétation et en appréciation de légalité ne conduit pas à l'annulation de la décision en cause. Le juge se borne à donner un sens ou à déclarer que l'acte est légal ou illégal et c'est au juge judiciaire qu'il appartiendra d'en tirer toutes les conséquences dans le cadre de l'instance qui reprendra devant lui.

Le recours en interprétation et en appréciation de légalité est nécessairement lié à une instance pendante devant le juge judiciaire. Dans cette hypothèse, le juge judiciaire est bien compétent pour juger l'affaire dont il a été saisi, mais la résolution du litige principal suppose que soit tranchée au préalable une difficulté sérieuse relative à la légalité d'un acte administratif. Cette difficulté sérieuse constitue une question préjudicielle qui impose en principe au juge judiciaire de surseoir à statuer et de renvoyer cette question au juge administratif.

Ce recours permet au juge, saisi d'une en interprétation ou en appréciation de légalité, de déclarer le sens d'un acte administratif manquant de clarté ou de déclarer s'il est entaché d'illégalité. Toutefois, dans le cadre de ce recours, le juge ne peut tirer aucune conséquence de sa décision, ce pouvoir n'appartenant qu'aux juges judiciaires devant lesquels le litige est pendant.

Ce recours a pour but unique ou tout au moins principal d'aboutir à l'interprétation d'une règle ou l'appréciation de la légalité d'un acte ou d'une décision.

- **RECOURS EN DÉCLARATION D'INEXISTENCE**

Au-delà de la nullité de l'acte, l'article 99 de la Loi organique L/2017/003/AN du 23 février 2017 retient une irrégularité exceptionnelle pouvant entraîner une sanction rigoureuse, à savoir l'inexistence.

L'acte inexistant serait dépourvu de toute existence juridique, ce qui entraîne des conséquences plus importantes que la nullité. Très rarement mis en œuvre, le recours en déclaration d'inexistence a pour objet de faire juger qu'en raison de la gravité des irrégularités entachant la décision attaquée, celle-ci n'a aucune existence juridique.

Ce recours est dispensé du ministère d'avocat et il n'est soumis à aucune condition de délai. Il s'agit bien d'un contentieux objectif, puisqu'il s'agit d'apprécier la légalité d'un acte administratif. Toutefois, le juge ne prononce pas l'annulation de l'acte, puisqu'il se borne à en constater l'inexistence en le déclarant nul et non avenu.

Le **juge administratif est** chargé de trancher les litiges entre l'administration et les citoyens, c'est-à-dire de dire le droit, dans le sens de protéger les libertés et les droits fondamentaux des personnes et de défendre l'intérêt général.

Il incombe au juge administratif la mission de garantir la suprématie normative de la règle juridique, tant à l'égard de son créateur, c'est-à-dire l'autorité exécutive (l'État et son administration), qu'à l'égard de son destinataire (le citoyen).

Le Juge administratif est investi de deux missions :

1. **Juridictionnelle** : traiter tous les litiges qui opposent le particulier à l'administration, tant à travers le recours pour excès de pouvoir, que celui du recours dit de pleine juridiction, ou de plein contentieux ;
2. **Conseil et avis** : donner des avis sur les questions qui lui sont soumises par l'autorité exécutive.

De manière générale, le procès administratif se conforme au principe que le débat contentieux doit être sans pièges et sans surprise pour toutes les parties.

En effet, comme prend soin de le souligner le Pr Jean Rivero « Lorsque le juge énonce une règle, c'est qu'il la croit bonne, et qu'il entend désormais s'y tenir. L'ESPRIT de suite qui caractérise les grands corps de l'État, le souci de la sécurité juridique des particuliers, imposent au juge cette fidélité à sa pensée ».

La Chambre Administrative de la Cour Suprême va statuer en lieux et places des Tribunaux Administratifs en premier ressort

En ce qui concerne les tribunaux administratifs, le schéma mis en place par le législateur depuis la création de la juridiction a été conservé en dépit de quelques aménagements car ceux-ci demeurent juges de l'excès de pouvoir et des actions en responsabilité contre les collectivités locales.

Du sursis à exécution

Dans la procédure administrative contentieuse, la justice serait irrémédiablement compromise s'il n'était pas prévu des mesures d'urgence visant à retarder l'exécution d'un acte attaqué, dont l'exécution aurait des conséquences irréparables ou irréversibles.

Le sursis, qui figure dans les articles 81, 88 et 90 de la loi organique L/2017/003/AN relative à la Cour suprême, s'entend de la suspension temporaire de l'exécution d'un acte décisoire, dans l'attente du jugement à rendre sur sa légalité.

Parmi les conditions de recevabilité de la demande de sursis à exécution, s'inscrivent :

- l'exigence du recours contentieux ;
- la production de la décision litigieuse ;
- l'existence d'un recours contentieux.
- l'existence d'un préjudice irréparable ou irréversible, résultat de l'exécution de la décision.

Pouvoirs du juge administratif

Les pouvoirs du juge administratif sont de cinq ordres. Cette juridiction reste encore séparée des justiciables.

- Le juge administratif peut **annuler une décision administrative contestée**. Lorsqu'il constate qu'une décision administrative est illégale (parce qu'elle n'a pas respecté une loi, parce que des moyens ont été utilisés à d'autres fins que celles prévues par les textes...), il en prononce l'annulation. Tout se passe alors comme si cette décision n'avait jamais existé et ses effets produits antérieurement au jugement sont également annulés. L'annulation, dans certains cas, peut conduire le juge administratif à ordonner à l'administration de prendre une nouvelle décision dans un sens déterminé.
- Le juge administratif peut **modifier la décision contestée**. Il ne s'agit plus seulement d'annuler purement et simplement une décision, mais de la modifier de manière à la rendre légale. Le meilleur exemple est celui des élections. Lorsque le juge administratif constate que de très graves irrégularités ont été commises par le candidat élu, il peut, si ces manœuvres ont changé l'issue de l'élection, déclarer élu un autre candidat.
- Le juge administratif peut **condamner une administration à payer une somme d'argent à titre de dommages et intérêts**. Si le juge constate qu'une administration a causé un préjudice (ex : les services de l'Équipement n'ont pas entretenu une route qui a provoqué des accidents, un service hospitalier a choisi un traitement inadapté à l'état d'un patient), il peut la condamner à indemniser la victime ;
- En outre, le juge administratif peut **prononcer des mesures d'urgence**. Il s'agit, dans ce cas, du juge des référés, qui peut notamment demander la suspension de l'exécution d'un acte

administratif, ordonner une expertise ou enjoindre la communication d'un document.

L'article 36 de la loi organique de 2017, relative à la Cour suprême, confère à la Chambre administrative la compétence de connaître, en premier et dernier ressort, des recours en annulation pour violation de la loi, formés contre les actes, règlements et décisions des autorités exécutives centrales, déconcentrées et des organismes décentralisés placés sous la tutelle de ces autorités. Ici l'acte illégal cesse ses effets au prononcé de l'annulation.

Lorsqu'un décret du président de la République ou un arrêté ministériel, préfectoral ou communal a été pris en violation des formes soit substantielle, soit prescrite à peine de nullité, ou qu'il y a eu excès ou détournement de pouvoir, les requêtes en annulation ne pourront être introduites que par les particuliers justifiant d'un intérêt.

Le juge administratif de la légalité dispose d'une prérogative propre, d'une fonction juridictionnelle spécifique, d'un office singulier, à savoir : contrôler la conformité d'une norme à une norme supérieure, autrement dit appliquer directement le principe de contrôle de la légalité d'une norme

Il connaît également des recours dirigés contre les décisions administratives disciplinaires prises par les organismes collégiaux à compétence nationale et des ordres professionnels, en conformité avec les textes en vigueur, des actions en responsabilité contre l'Etat et les établissements publics. L'on ne saurait oublier les matières fiscales.

- **Du contrôle des motifs de l'acte administratif**

La motivation est formalisée par un écrit et doit comporter l'énoncé des considérations de fait et de droit qui constituent le fondement de la décision. Les motifs de l'acte doivent pouvoir être facilement reconnaissables par le ou les destinataires de l'acte.

L'examen des motifs de l'acte administratif met en relief le rôle de contrôleur de légalité du juge, l'étendue et l'importance de ses pouvoirs. Il est de jurisprudence administrative constante qu'un acte administratif subjectif, abrogateur de droits individuels, est soumis à l'impératif de motivation, qui consiste en l'énoncé des raisons, des circonstances et des considérations de fait et de droit, qui en constituent le fondement et indiquent l'intention de l'autorité exécutive, impliquant la poursuite de l'intérêt public, mais surtout et substantiellement, les motifs de droit, qui en sont les bases juridiques.

En effet, l'acte administratif se construit sur des motifs qui en fondent la base factuelle et juridique. Le contrôle du juge distinguera les motifs ayant influencé de façon déterminante et dirimante la prise de la décision ou de l'acte attaqué, et les sépare des motifs surabondants.

Les motifs irréguliers d'un acte administratif, qui n'en affectent pas le fondement, n'entraînent pas son annulation par le juge. Il s'ensuit que si le juge étend son contrôle aux motifs surabondants, il outrepasserait le périmètre du recours en annulation, en ce sens que ces derniers ne constituent pas les véritables justifications ayant débouché sur l'édiction de la décision litigieuse.

2) Les fluctuations de l'étendue du contrôle des motifs.

Lorsqu'il examine les motifs soulevés par l'Administration, le juge distingue entre deux situations, de la spécificité de chacune d'elles, dépend l'ampleur de son contrôle.

Lorsqu'il procède au contrôle des motifs d'une décision prise sur le fondement du pouvoir discrétionnaire, le juge examine si les griefs invoqués avaient une existence matérielle antérieure à l'édiction de l'acte. Il s'assure de deux choses :

- d'une part, si ces griefs correspondent aux dispositions légales ;
- d'autre part, de l'inexistence d'une erreur de droit ou de fait et ce, à l'instar du contrôle qu'il effectue dans les cas d'une compétence liée de l'Administration, étend admis que le pouvoir discrétionnaire permet à l'Administration d'apprécier les faits et d'en établir le sort coercitif.

En contrôlant les faits, au même titre que les circonstances soulevées par l'Administration pour justifier une décision qu'elle a prise, le juge s'assure de deux éléments très importants.

D'abord, il contrôle la véracité matérielle des faits, entendu que l'Administration ne peut construire son acte sur un fait matériellement inexact, que son pouvoir soit lié ou discrétionnaire. En conséquence l'in existence matérielle des faits invoqués rendra la décision nulle et non avenue.

Ensuite, le juge se focalise sur l'exactitude de la qualification juridique des faits, qui en a été faite par l'Administration, dans la mesure où l'appréciation des situations, en fonction de la règle juridique, revêt une importance décisive en droit, en ce sens que les faits invoqués devraient, logiquement et juridiquement, conduire à la décision objet du recours.

CHAPITRE VII

Office du juge et formalisme des actes de procédure

Le formalisme procédural comporte des exigences de forme auxquelles le législateur soumet chacun des acteurs d'un procès, sous la peine effective de voir l'accomplissement de leurs actes privés de toute efficacité juridique ou de valeur probante.

Le formalisme procédural se manifeste sous la forme d'une régulation stricte par le CPP des mandats et de tous les actes formels nécessaires au déroulement d'un procès juste et équitable.

SECTION I : DES MANDATS DE JUSTICE

Le mandat est un acte judiciaire écrit, par lequel le magistrat compétent donne des ordres relatifs, d'une part, aux personnes qu'il désire voir comparaître, faire arrêter ou détenir provisoirement, d'autre part, à la saisie des objets ayant servi la commission d'une infraction ou qui en constituent le produit.

Ils ne peuvent être délivrés que par des magistrats. Principalement utilisés par le juge d'instruction, ils obéissent aux textes qui les définissent et qui fixent leurs règles de forme et de fond (articles 112 à 114, 129, 206 et 208 à 234.)

Les mandats de justice sont des actes incommunicables, c'est-à-dire non délégables. Ainsi, par exemple, le juge d'instruction ne peut pas déléguer son pouvoir de décerner tel ou tel type de mandat à un officier de police judiciaire chargé de l'exécution d'une commission rogatoire.

1. Règles générales d'exécution des Mandats

Les règles d'exécution des Mandats sont fixées par les articles 112 à 114, 206, 208 à 234, 238, 240, 246, 254 (dernier alinéa) 288, 302, 307, 312, 461, 479, 537, 538, 542, 728, 729, 749, 807, 816, 821, 832, 849, 850, 872, 982, 989 et 1001, 1040 du C.P.P. et sont les mêmes pour l'ensemble. Par exemple, l'agent chargé de l'exécution du mandat ne peut s'introduire dans le domicile d'un citoyen avant 6 heures, ni après 21 heures (articles 76, 231 et 1056).

Les mandats de justice ne sont décernés que contre toute personne à l'encontre de laquelle il existe une ou plusieurs raisons plausibles de soupçonner qu'elle a commis ou tenté de commettre l'infraction.

Ils sont exécutoires sur toute l'étendue du territoire national, tous les jours, même les dimanches et jours fériés. Pour cette raison, ils doivent faire l'objet d'une signification par l'huissier de justice ou d'une notification par un agent de la force publique au destinataire.

Article 234 du CPP : « *L'inobservation des formalités prescrites pour les mandats de comparution, d'amener, de dépôt, d'arrêt et de recherche peut donner lieu à des sanctions disciplinaires contre le juge d'instruction ou le procureur de la République.* »

2. Conditions générales de validité des Mandats

Les conditions de validité des mandats s'analysent dans une double direction.

D'une part, **les formes qui les rendent valides** sous les exigences impératives qu'ils soient datés, signés du magistrat qui les décerne et revêtu de son sceau et qu'ils mentionnent l'identité, la qualité et la juridiction du magistrat signataire. Ces exigences permettront de vérifier la compétence de l'auteur du mandat, étant entendu que l'incompétence entraîne la nullité de l'acte.

D'autre part, **l'identité de la personne**, contre laquelle le mandat est décerné, doit y figurer avec le plus de précision : noms, prénoms, date et lieu de naissance, filiation, profession, adresse, afin de limiter les risques d'atteinte aux libertés individuelles et aux droits fondamentaux de l'homme.

Un mandat doit être décerné à l'encontre d'une personne dénommée et jamais contre **X**.

Selon leurs buts, cinq types mandats sont prévus par les articles 208 à 213 CPP, auxquels il faut ajouter un mandat nouvellement introduit dans la législation et prévu par les articles 129 et suivants du CPP.

Les mandats sont de trois catégories destinées respectivement à:

I. attraire ou faire comparaitre une personne devant un magistrat ou une juridiction

- le mandat de RECHERCHE
- le mandat de COMPARUTION
- le mandat d'AMENER

II. s'assurer d'une personne (privation ou restriction de liberté.)

- le mandat d'ARRÊT
- le mandat de DÉPÔT

III- saisir et conserver des éléments de preuve

- Le mandat de PERQUISITION

Chacun des types de mandats est de caractère coercitif et susceptible de porter atteinte aux droits de l'homme, violer le principe constitutionnel d'un procès juste et équitables, inscrit dans l'article préliminaire du code de procédure pénale en ces termes : « **la liberté est le principe, la détention, l'exception** ». Ce qui fait disparaître la notion de « liberté provisoire » dans le vocabulaire pénal guinéen

Le mandat de justice, parce qu'il permet à l'autorité légalement compétente à le décerner pour contraindre la personne soupçonnée ou inculpée à se présenter devant elle, de l'empêcher de fuir ou de perturber la réunion des éléments de preuve ou de troubler l'ordre public, est d'une utilité pratique indéniable.

Les mandats sont inhérents aux pouvoirs de coercition, indissociables de l'action de juger et fécondent l'exercice des fonctions judiciaires. En raison de la possibilité certaine des atteintes aux droits et libertés, leur contenu et leur emploi font l'objet d'une réglementation commune rigoureuse, assortie de règles spécifiques à chacun.

Les mandats de justice sont pluriels et divers. « *Le juge d'instruction peut, selon les cas, décerner mandat de recherche, de comparution, d'amener, de dépôt ou d'arrêt. Ces mandats sont exécutoires sur toute l'étendue du territoire de la République* ».

Le mandat de dépôt est notifié à l'inculpé sur l'ordre du juge d'Instruction ; mention de cette notification doit être faite au procès-verbal de l'interrogatoire. (Art. 214 avant dernier alinéa).

SECTION II : LA CATEGORISATION DES MANDATS DE JUSTICE

A- LES MANDATS VISANT A ATTRAIRE OU FAIRE COMPARAITRE UNE PERSONNE

I - LE MANDAT DE RECHERCHE

Le mandat de recherche « *est l'ordre donné à la force publique de rechercher la personne à l'encontre de laquelle il est décerné et de la placer en garde-à-vue* ». « *Il est décerné à l'égard d'une personne à l'encontre de laquelle il existe une ou plusieurs raisons plausibles de soupçonner qu'elle a commis ou tenté de commettre une infraction* ». (Article 209).

Il ne peut être délivré contre : un mis en examen ; un témoin assisté ; une personne visée nommément dans un réquisitoire nominatif.

Il permet d'interpeller la personne à l'encontre de laquelle il est décerné. Il fournit un cadre légal à la rétention de la personne recherchée au moyen de la garde à vue. Celle-ci bénéficie des droits relatifs à la garde à vue.

Remarque : L'article 112 du C.P.P. prévoit : *Si les nécessités de l'enquête portant sur un crime flagrant ou un délit flagrant puni d'au moins 3 ans d'emprisonnement l'exigent, le procureur de la République peut, sans préjudice de l'application des dispositions de l'article 116, décerner mandat de recherche contre toute personne à l'encontre de laquelle il existe une ou plusieurs raisons plausibles de soupçonner qu'elle a commis ou tenté de commettre l'infraction. Pour l'exécution de ce mandat, les dispositions de l'article 231 sont applicables.*

1. Notification et exécution du mandat de recherche

a. Agents habilités « *Le mandat de recherche, d'amener ou d'arrêt est notifié et exécuté par un officier ou agent de police judiciaire ou par un agent de la force publique, lequel en fait exhibition à la personne et lui en délivre copie* ». (Art. 214, al. 4 CPP)

« *Si la personne est déjà détenue pour une autre cause, la notification lui est faite comme il est dit à l'alinéa précédent, ou, sur instructions du procureur de la République, par le chef de l'établissement pénitentiaire qui en délivre également une copie* » (art. 214 al 3 & 4 du CPP).

b - Règles générales d'exécution

Elles sont fixées par les articles 112, 214, 215 du C.P.P. et sont les mêmes que le mandat d'arrêt et d'amener. Ainsi l'agent chargé de l'exécution du mandat de recherche ne peut s'introduire dans le domicile d'un citoyen avant 6 heures, ni après 21 heures. Il peut se faire accompagner "d'une force suffisante" pour que la personne ne puisse se soustraire à la loi.

c - Appréhension de la personne recherchée

La personne découverte en vertu d'un mandat de recherche est placée en garde à vue par l'officier de police judiciaire du lieu de découverte dans les conditions de l'article 112 al.2 du CPP.

Le juge d'instruction mandant est avisé dès le début de la garde à vue. Le juge d'instruction du lieu de la garde à vue qui peut être avisé, mais il est compétent pour prolonger, le cas échéant, la garde à vue.

Le juge d'instruction mandant peut demander aux enquêteurs du lieu d'arrestation de procéder à la perquisition des lieux où se trouverait l'intéressé. Le juge doit alors leur transmettre une réquisition précisant l'acte devant être accompli. Cette réquisition sera mentionnée dans le corps du procès-verbal et fera l'objet d'un écrit du juge qui sera joint au dossier.

L'officier de police judiciaire du lieu de la découverte de l'intéress peut être requis par le juge d'instruction, afin de procéder à son audition ainsi qu'aux fins d'exécution de tous les actes d'information nécessaires. L'officier de police judiciaire déjà saisi par commission rogatoire peut également procéder à l'audition de la personne. Celle-ci peut aussi être transférée dans les locaux des services d'enquête saisis de la commission rogatoire.

d - Effets du mandat de recherche

Si la personne n'a pu être découverte au cours de l'instruction, elle est alors considérée comme mise en examen. Article 215 : *« La personne découverte en vertu d'un mandat de recherche est placée en garde-à-vue par l'officier de police judiciaire du lieu de la découverte, suivant les modalités prévues à l'article 256. Le juge d'instruction saisi des faits en est informé dès le début de la garde-à-vue. »*

Lorsque le mandat de recherche a été délivré par le procureur de la République (article 112) et que la personne n'est pas découverte au cours de l'enquête, ce magistrat peut requérir l'ouverture d'une information contre personne non dénommée.

Le mandat de recherche demeure alors valable pour tout le déroulement de l'information (art. 212 al. 3 C.P.P.)

II. LE MANDAT DE COMPARUTION

a. Définition et délivrance

"Le mandat de comparution a pour objet de mettre en demeure la personne à l'encontre de laquelle il est décerné de se présenter devant le juge, à la date et à l'heure indiquées par ce mandat" (article 210 C.P.P.). Il est décerné à l'encontre de personnes qui sont domiciliées et dont on suppose qu'elles ne prendront pas la fuite pour se soustraire aux poursuites. Il ne peut être utilisé pour convoquer un témoin. Sa délivrance vise les personnes que le juge d'instruction souhaite mettre en inculpation.

Il peut être décerné à l'égard d'une personne contre laquelle il existe des indices graves ou concordants rendant vraisemblable qu'elle ait pu participer, comme auteur ou complice à la commission d'une infraction, y compris si cette personne est témoin assisté ou mise en examen.

b. Notification et exécution du mandat de comparution (article 214, al.3)

Le mandat de comparution ne fait jamais l'objet d'une diffusion générale ; mais il doit être signifié ou notifié à la personne concernée.

Le mandat de comparution est signifié par huissier à celui qui en est l'objet ou est notifié à celui-ci par un officier ou agent de la police judiciaire, ou par un agent de la force publique, lequel lui en délivre copie.

Le mandat de comparution est une simple assignation à comparaître. Aucune coercition ne peut être mise en œuvre pour son exécution.

Si la personne ne se présente pas, le juge dresse un procès-verbal de non-comparution et apprécie s'il convient de délivrer un mandat d'amener, ou de faire une nouvelle tentative de comparution, voire de renoncer à entendre la personne en cause et de la renvoyer directement devant le tribunal correctionnel.

c. Règles d'exécution

Le mandat de comparution :

– constitue une simple convocation et n'est pas exécutoire par la force publique ;

– est utilisé à l'égard de la personne dont il n'y a pas lieu de craindre qu'elle se soustrait par la fuite à la mesure d'instruction ;

– ne donne, en aucun cas, lieu à une mesure coercitive ;

– ne fait mention ni de la nature des faits imputés à la personne, ni des dispositions de la loi ;

– ne peut être délivré qu'après l'ouverture d'une information ;

– n'est décerné que par un Juge d'Instruction ou par un membre de la chambre de l'instruction .

Il est décerné contre une personne qui a pu participer, comme auteur ou complice, à la commission d'une infraction, y compris si cette personne est témoin assisté ou inculpé

Le juge d'instruction interroge immédiatement l'inculpé qui fait l'objet d'un mandat de comparution (article 216, al.1).

Le mandat de comparution est signifié par huissier à celui qui en est l'objet ou est notifié à celui-ci par un officier ou agent de la police judiciaire, ou par un agent de la force publique, lequel lui en délivre copie (article 214, al.3).

III. LE MANDAT D'AMENER (art. 211, 478, 479, 1040)

1 - Définition et délivrance

"*Le mandat d'amener est l'ordre donné par le juge à la force publique de conduire immédiatement la personne à l'encontre de laquelle il est décerné devant lui*" (art. 211 C.P.P.).

Le prévenu, régulièrement cité à personne, doit comparaître, à moins qu'il ne fournisse une excuse reconnue valable par la juridiction devant laquelle il est appelé (article 478, al. 1). Faute de comparaitre à la suite d'une citation et si la peine encourue est égale ou supérieure à deux années d'emprisonnement, le tribunal peut ordonner le renvoi de l'affaire et, par décision spéciale et motivée, décerner mandat d'amener (article 479).

Le juge de l'application des peines (article 1040, al.1) peut délivrer un mandat d'amener contre un condamné placé sous son contrôle en cas d'inobservation par ce dernier des obligations qui lui incombent.

En cas d'urgence ou d'empêchement du juge de l'application des peines ainsi que du magistrat du siège qui le remplace, le mandat d'amener peut être délivré par le procureur de la République qui en informe, dès que possible, le juge de l'application des peines ; lorsqu'il n'a pas déjà été mis à exécution, ce mandat est caduc s'il n'est pas repris, dans le premier jour ouvrable qui suit, par le juge de l'application des peines

Le mandat d'amener n'est pas un titre de détention. Il vise à attraire une personne en vertu d'un mandat d'amener est une mesure précaire ayant pour but de mettre cette dernière, prévenue ou témoin assisté, à la disposition de la justice.

Il est délivré à l'encontre de personnes domiciliées qui n'ont pas déféré à un mandat de comparution ou dont on craint qu'elles ne défèrent pas à ce mandat.

Ce mandat peut être décerné à l'égard d'une personne à l'encontre de laquelle il existe des indices graves ou concordants rendant vraisemblable qu'elle ait pu participer, comme auteur ou complice, à la commission de l'infraction.

Le mandat d'amener peut s'appliquer à toute infraction pouvant donner lieu à l'ouverture d'une information judiciaire.

Le juge de l'application des peines peut délivrer un mandat d'amener contre le condamné soumis à un suivi socio-judiciaire ou soumis à une injonction de soins qui ne respecte pas ses obligations.

Il peut aussi délivrer un mandat d'amener contre un condamné placé sous son contrôle en cas d'inobservation par ce dernier des obligations qui lui incombent.

En cas d’urgence et d’empêchement du Juge d’application des peines, le mandat d’amener peut être délivré par le procureur de la République.

Le président de la chambre de l'instruction ou le conseiller désigné par lui peut, en cas d'urgence, décerner mandat d'amener, d'arrêt ou de recherche.

2 - NOTIFICATION ET EXECUTION DU MANDAT D'AMENER

a. Agents habilités

"Le mandat d'amener est notifié et exécuté par un officier ou agent de police judiciaire ou par un agent de la force publique, lequel en fait exhibition à la personne et lui en délivre copie" (art. 214 al. 4 C.P.P.).

Toutefois, aux termes de l'article 214 al. 4 du C.P.P. *"l'exécution des mandats d'amener, de dépôt et d'arrêt, est confiée aux officiers de police judiciaire de la gendarmerie et de la police, ainsi qu'aux conservateurs de l'environnement "*.

Dans l'hypothèse où la personne recherchée est déjà détenue pour une autre cause, la notification du mandat lui en est faite comme indiqué à l'article 214 du CPP, ou bien "sur instructions du procureur de la République, par le chef de l'établissement pénitentiaire qui en délivre également une copie" (art. 214 al. 5 C.P.P.).

La personne faisant l'objet d'un mandat d'amener est appréhendée si besoin est, avec la force strictement nécessaire.

b. Règles générales d'exécution

Le mandat d'amener est notifié et exécuté par un officier ou agent de police judiciaire ou par un agent de la force publique, lequel en fait exhibition à la personne concernée et lui en délivre copie (art. 214, al.4).

En cas d'urgence, le mandat d'amener peut être diffusé par tous moyens. Dans ce cas, les mentions essentielles de l'original et spécialement l'identité de l'inculpé, la nature de l'inculpation, le nom et la qualité du Magistrat mandant, doivent être précisés (article 214, al.6 et 7).

Article 217 : « *Tout inculpé arrêté en vertu d'un mandat d'amener, qui a été maintenu pendant plus de 24 heures dans la maison d'arrêt sans avoir été interrogé est considéré comme arbitrairement détenu. Tous magistrats ou fonctionnaires qui ont ordonné ou sciemment toléré cette détention arbitraire, sont punis des peines portées aux articles 644 et 645 du Code pénal* ».

Si l'inculpé contre lequel a été décerné un mandat d'amener ne peut être découvert, ce mandat est présenté au maire, ou à l'un de ses adjoints ou au commissaire de police ou au chef de la circonscription administrative ou à l'officier de police judiciaire de la commune de sa résidence (article 220)

Si la personne est arrêtée à plus de 200 kilomètres du siège du juge de l'application des peines et qu'il n'est pas possible de la conduire dans le délai de 24 heures devant le procureur de la République compétent en vertu du sixième alinéa, elle est conduite devant le procureur de la République du lieu de son arrestation, qui vérifie son identité, lui notifie le mandat et reçoit ses éventuelles déclarations après l'avoir avertie qu'elle est libre de ne pas en faire.

Ce magistrat met alors le mandat à exécution en faisant conduire la personne à la maison d'arrêt ; il en avise le juge de l'application des peines ayant délivré le mandat. Celui-ci ordonne le transfèrement de la personne, qui doit comparaître devant lui dans les quatre jours de la notification du mandat ; ce délai est porté à 6 jours en cas de transfèrement entre une préfecture et une autre.

La personne a le droit de faire prévenir un proche et d'être examinée par un médecin dans les conditions prévues aux articles 90 (3. a. b.) et 92 du CPP.

En l'absence de demande de la personne gardée à vue, du procureur de la République ou de l'officier de police judiciaire, un examen médical est de droit, si un membre de sa famille le demande ; le médecin est désigné par le procureur de la République ou l'officier de police judiciaire (art. 92, al 3).

B. MANDAT VISANT A S'ASSURER D'UNE PERSONNE (PRIVATION OU RESTRICTION DE LIBERTE.

I - LE MANDAT D'ARRET

Définition et délivrance

"Le mandat d'arrêt est l'ordre donné à la force publique de rechercher la personne à l'encontre de laquelle il est décerné et de la conduire devant le juge d'instruction après l'avoir, le cas échéant, conduite à la maison d'arrêt indiquée sur le mandat où elle sera reçue et détenue." (art. 213 C.P.P.).

Ce mandat est à la fois un ordre de recherche dotée d'une réelle force coercitive et un titre de détention délivré à l'encontre d'une personne en conflit avec la loi pénale.

Il est décerné par le juge d'instruction, après avis du procureur de la République, si le fait motivant l'information comporte une peine d'emprisonnement correctionnelle ou une peine plus grave.

La chambre de contrôle de l'instruction peut, sur les réquisitions du ministère public, décerner mandat d'arrêt (article 816, 832, al'.4 CPP).

Il est également décerné par le juge de l'application des peines (art.1040)

En cas de violation de ses obligations par la personne placée sous surveillance de sûreté, l'article 1015 est applicable ; le juge de l'application des peines ou, en cas d'urgence et d'empêchement de celui-ci ou du magistrat du siège qui le remplace, le procureur de la République peut décerner mandat d'arrêt ou d'amener contre la personne, conformément à l'article 1040, pour permettre, le cas échéant, sa présentation devant le président de la chambre de contrôle de l'instruction de la cour d'appel ; en cas de décision de placement en détention prise par ce président, la personne peut être retenue le temps strictement nécessaire à sa conduite dans le centre socio-médical spécialisé (art.1001, dernier alinéa CPP).

Il peut être délivré à tout moment de l'information.

II. LE MANDAT DE DEPOT

1 - Définition et délivrance

"Le mandat de dépôt, décerné à l'encontre d'une personne inculpée et ayant fait l'objet d'une ordonnance de placement en détention provisoire, est l'ordre donné au chef de l'établissement pénitentiaire de recevoir et de détenir la personne à l'encontre de laquelle il est décerné." (art.212 CPP).

Ce mandat permet également de rechercher ou de transférer la personne lorsqu'il lui a été précédemment notifié. Dans cette hypothèse, le mandat de dépôt pourra donner lieu à diffusion. Par ailleurs, le mandat de dépôt peut être aussi utilisé pour transférer la personne d'une maison d'arrêt à une autre.

Le juge d'instruction ne peut délivrer un mandat de dépôt qu'après interrogatoire et si l'infraction comporte une peine d'emprisonnement correctionnelle ou une autre peine plus grave (art.233 du CPP).

Aux termes de l'article 233, le juge d'instruction ne peut délivrer un mandat de dépôt qu'après interrogatoire et si l'infraction comporte une peine d'emprisonnement correctionnelle ou une autre peine plus grave. Les mandats de dépôt ne peuvent être décernés qu'en exécution de l'ordonnance prévue à l'article 212 du CPP.

Dans certaines hypothèses, la chambre du contrôle de l'instruction, le président de cette chambre, le tribunal correctionnel ou la cour d'appel peuvent décerner mandats de dépôt ou d'arrêt.

REMARQUE : En plus des situations précédentes :

- Le tribunal correctionnel, saisi, notamment en cas de flagrant délit par le procureur de la République (procédure de comparution immédiate), peut décerner contre le prévenu un mandat de dépôt (art. 113, 114 du CPP) ;
- Le président du tribunal correctionnel peut, en cas de trouble à l'audience, placer sous mandat de dépôt le perturbateur qui résiste à un ordre d'expulsion ou cause du tumulte (art. 413 et 472 du CPP).

Le procureur de la République interroge le suspect sur son identité et sur les faits et, s'il décide de le poursuivre, saisit le tribunal par la procédure de flagrant délit et peut décerner mandat de dépôt contre lui (114).

Le mandat de dépôt :

– constitue un ordre d'incarcération donné au chef de l'établissement pénitentiaire ;

– est décerné à l'encontre d'une personne mise en examen et ayant fait l'objet d'une ordonnance de placement en détention provisoire ;

– est utilisé à l'égard de la personne sous-main de justice et après son interrogatoire, seulement pour des faits punissables d'emprisonnement correctionnel ou d'une peine plus grave ou de celle qui s'est soustraite aux obligations du contrôle judiciaire ;

– permet, lorsqu'il a été précédemment notifié à la personne, sa recherche, son arrestation, son transfèrement et sa réintégration à la maison d'arrêt sans qu'il y ait besoin de délivrer un mandat d'arrêt ;

– fait mention de la nature des faits imputés à la personne, de leur qualification juridique et des articles de loi applicables ;

– ne devient pas automatiquement caduc à la clôture de l'instruction.

En matière criminelle et correctionnelle, le mandat de dépôt ne peut être décerné qu'en exécution :

– de l'ordonnance de placement du Juge prescrivant la détention provisoire ;

– de l'Arrêt ou du jugement :

- de la chambre du contrôle de l'instruction ;
- de la Cour d'appel ;
- du TPI en matière criminelle ou correctionnelle.

Lors des interrogatoires prévus pour la délivrance d'un mandat de dépôt (ou le maintien en détention dans le cadre du mandat d'arrêt), l'intéressé doit être avisé :

– de son droit à l'assistance d'un avocat de son choix ou commis d'office ;

– de son droit de disposer d'un délai pour préparer sa défense ;

– de son droit de demander que la décision de placement en détention soit prise lors d'une audience publique ;

– L'avocat choisi (ou le bâtonnier) doit en être informé sans délai, et mention de ces formalités est faite au PV.

C. MANDAT VISANT A COLLECTER, SAISIR ET CONSERVER DES ELEMENTS DE PREUVE

MANDAT DE PERQUISITION

Le mandat de perquisition est un acte du juge d'instruction, permettant à la police de fouiller le domicile d'une personne pour rechercher les éléments de preuve d'une infraction. L'article 129 du CPP dispose : « *Les perquisitions, visites domiciliaires et les saisies sont effectuées par l'officier de police judiciaire muni d'un mandat de perquisition* ». L'article 130 précise : « *À défaut de mandat, les perquisitions et les saisies de pièces à conviction ne peuvent être effectuées qu'avec le consentement du maitre des lieux ou du détenteur des biens à saisir. Le consentement doit faire l'objet d'une déclaration signée de l'intéressé ou suivie de son empreinte digitale, si celui-ci ne sait signer* ».

Enfin, l'article 133 indique : « *L'inobservation des formalités prescrites aux articles 76 et 129 est sanctionnée par la nullité de la perquisition et de la saisie. Toutefois, les objets saisis au cours d'une perquisition déclarée nulle peuvent être admis comme pièces à conviction s'ils ne font l'objet d'aucune contestation* ».

SECTION III : AUTRES ACTES FORMELS CONCOURANT A LA GARANTIE DES DROITS A UN PROCÈS JUSTE ET EQUITABLE

Les mandats de justice ne sont pas les seuls actes du juge soumis à un formalisme rigoureux et impératif. L'exécution quotidienne des missions du service public de la justice attache des formalités substantielles également à d'autres actes du juge que celui-ci doit respecter strictement, sous peine de nullité de l'opération à laquelle il procède. Ce sont les procès-verbaux et les décisions de justice.

I. LE PROCES-VERBAL,

Le code de procédure pénale (CPP) et le code de procédure civile, économique et administrative (CPCEA) mentionnent, le premier 148 fois et le second 69 fois, le concept de **''Procès-verbal''** qui désigne le rapport rédigé par un agent public, destiné à rapporter des faits de sa compétence, accomplis par lui ou qu'il a constatés ou dont il a reçu la narration ou la description.

Outil de garantie des droits des particuliers, le procès-verbal peut, appréhendé de manière générale, s'entendre d'un écrit établi par une autorité compétente ou un organe qualifié, après un accord, un désaccord, un fait délictueux, une délibération, afin d'en constater l'existence, la réalisation ou l'extinction ou la tenue et d'en conserver la trace.

En procédure pénale, le procès-verbal est un acte rédigé par des autorités de police ou judiciaires constatant l'accomplissement des opérations à leur charge et tendant à la collecte ou la sauvegarde des preuves.

Pour certaines opérations, la rédaction du procès-verbal peut être suppléée par la transcription au registre d'audience (**art.356, 362 CPCEA**).

Les mentions, que doit énoncer ou contenir un procès-verbal, dépendent de la nature civile, commerciale, sociale ou pénale de l'affaire et des exigences de l'opération à accomplir : constat, saisie, transport, partage, vente, succession, apposition ou levée de scellés, interrogatoire, déposition, etc.

À cet égard, le procès-verbal est l'instrument essentiel du fonctionnement et de l'exercice normal des missions ou des fonctions attribuées à une personne, physique ou morale, en ce qu'il est de la retranscription, sous forme documentaire, d'un événement, d'une opération administrative ou judiciaire, d'un fait économique, d'une déposition ou encore d'un interrogatoire ou encore d'une expertise.

La loi attache une valeur probante aux procès-verbaux en raison de la confiance qu'elle place dans les membres des services de la puissance publique, qui en sont les auteurs. *Article : 499 du CPP : « Tout procès-verbal ou rapport n'a de valeur probante que s'il est régulier en la forme, si son auteur a agi dans l'exercice de ses fonctions et a rapporté sur une matière de sa compétence ce qu'il a vu, entendu ou constaté personnellement ».*

La force probante s'attache donc aux faits matériels et non pas aux déclarations ou appréciations de son auteur, pas plus qu'aux conséquences juridiques qu'il déduit de ces constatations, article 500 CPP : *« Sauf dans les cas où la loi en dispose autrement, les procès-verbaux et les rapports constatant les délits ne valent qu'à titre de simples renseignements ».*

Toutefois, l'article *501 du CPP apporte la précision suivante : « Dans le cas où les officiers de police judiciaire, les agents de police judiciaire ou les fonctionnaires et agents chargés de certaines fonctions de police judiciaire ont reçu d'une disposition spéciale de la loi, le pouvoir de constater les délits par des procès-verbaux ou des rapports, la preuve contraire ne peut être rapportée que par écrit ou par témoins ».*

L'article 503 du CPP ajoute : « *Les matières donnant lieu à des procès-verbaux faisant foi jusqu'à inscription de faux sont réglées par des lois spéciales. À défaut de disposition expresse, la procédure de l'inscription de faux est réglée comme il est dit au titre I du livre IV* ».

a. Les impératifs de forme inhérents au procès-verbal

Le formalisme attaché à la rédaction d'un procès est une garantie essentielle de la sauvegarde des droits du justiciable. La forme assignée par les codes de procédure à chaque procès-verbal est spécifique à l'opération à accomplir. Par exemple l'article 105 du CPP précise :

« ***I*** *- L'officier de police judiciaire établit un procès-verbal mentionnant :*

1. les motifs justifiant le placement en garde-à-vue, conformément aux 1° à 6° de l'article 85 ;

2. la durée des auditions de la personne gardée à vue et des repos qui ont séparé ces auditions, les heures auxquelles elle a pu s'alimenter, le jour et l'heure à partir desquels elle a été gardée à vue, ainsi que le jour et l'heure à partir desquels elle a été soit libérée, soit déférée devant le magistrat compétent ;

3. le cas échéant, les auditions de la personne gardée à vue effectuées dans une autre procédure pendant la durée de la garde-à-vue ;

4. les informations données et les demandes faites en application des articles 91 à 93 et les suites qui leur ont été données ;

5. s'il a été procédé à une fouille intégrale ou à des investigations corporelles internes. Ces mentions doivent être spécialement émargées par la personne gardée à vue. En cas de refus, il en est fait mention.

II - *Les mentions et émargements prévus aux 2° et 5° du (I) concernant les dates et heures du début et de fin de garde-à-vue et la durée des auditions et des repos séparant ces auditions, ainsi que le recours à des fouilles intégrales ou des investigations corporelles internes figurent également sur un registre spécial, tenu à cet effet dans tout local de police ou de gendarmerie susceptible de recevoir une personne gardée à vue. Ce registre peut être tenu sous forme dématérialisée.*

Dans les corps ou services où les officiers de police judiciaire sont astreints à tenir un carnet de déclarations, les mentions et émargements prévus au premier alinéa du présent II sont également portés sur ce carnet. Seules les mentions sont reproduites au procès-verbal qui est transmis à l'autorité judiciaire ».

À titre d'illustration, les procès-verbaux de saisie (art.132, 133, 169), de transport sur les lieux (art.111, 163, 164), le contrôle ou la vérification d'identité (art.118), de prise d'empreinte (art.138), d'interception ou d'enregistrement (art.184, 185) d'interrogatoire et confrontation (art.198, 199, 202, 203, 205, 214), d'audition de témoins (art.188, 190, 191, 192).

Le formalisme des procès-verbaux est défini par une législation détaillée des Procès-verbaux, qui vise la limitation de l'arbitraire des autorités d'application de la loi, afin de constater efficacement, du moins d'authentifier, voire de certifier l'accomplissement des devoirs qui sont les leurs.

À cet effet, le procès-verbal doit obligatoirement énoncer les date et heure du début et de la fin de chaque opération, les noms, prénom et qualité de l'agent ou autorité compétente.

Le procès-verbal doit également être soumis à la signature de la personne qu'elle concerne et son éventuel refus doit aussi être mentionné.

Lorsque le procès-verbal est consacré, totalement ou partiellement, à une audition ou à une confrontation, les personnes concernées doivent, après lecture et si nécessaire interprétation, être invitées à parapher chaque feuillet du procès-verbal.

b. *I*mportance du procès-verbal

Le but de la réglementation des procès-verbaux est, comme il a été noté plus haut, la limitation des abus de toute nature, des excès de zèle ou de pouvoirs susceptibles d'être commis par les autorités.

À titre d'exemple, au niveau de l'enquête préliminaire de police judiciaire, en particulier avec la garde à vue, le CPP a soumis cette mesure privative de liberté à des formalités détaillées, doublées d'une judiciarisation accrue par l'article préliminaire, al.10 CPP.

C'est pourquoi toute prorogation de la garde à vue doit être mentionnée dans les procès-verbaux. Il en va de même de tous les actes formellement prescrits qui doivent y être mentionnés, notamment l'information du suspect. Ce formalisme est un excellent outil de sauvegarde des droits des citoyens.

II. Les décisions de justice

L'aboutissement normal d'un procès est la décision de justice qui tranche le litige, qui éteint l'instance ou met fin au contentieux. *Sensu latu*, la décision de justice prend la dénomination de **jugement**, qu'elle soit rendue par un collège des magistrats ou par juge unique.

Au sens large, le terme jugement s'applique à toute décision qui répond à toute demande soumise au cours d'une instance judiciaire, liée à une contestation entre parties (matière contentieuse) ou sans contestation (matière grâcieuse).

Dans un sens technique, plus restreint, on distingue trois sortes de décisions de justice. D'abord, celle rendue par un tribunal, qu'on dénomme le **Jugement**. Ensuite, celle rendue par une cour, que l'on appelle **Arrêt**.

Par ailleurs, celle relative à des mesures ou à des opérations nécessaires au bon déroulement de l'instance, rendue par un seul magistrat sous le vocable d'**Ordonnance**.

D'autre part, celle rendue par une juridiction arbitrale, que l'on désigne par le vocable de **Sentence**.

Enfin, le **verdict** n'est pas une décision de justice. Il désigne la **déclaration solennelle** par laquelle les magistrats et un jury se prononcent sur la culpabilité de l'accusé.

Certaines décisions sont exécutoires bien qu'elles n'émanent pas d'une juridiction. Telles sont :

1. les "grosses" délivrées par les notaires,
2. les ''contraintes'' émises par certaines autorités administratives pour le recouvrement de leurs créances, tel l'impôt et les contributions dues aux organismes de prévoyance ou de sécurité sociales.

III - Types de jugements

De ce qui précède, le déroulement de l'instance peut faire apparaître divers types de jugements pouvant connaître diverses classifications.

A. **Classification selon le degré de juridiction**

a. Jugement en premier ressort ou premier degré : rendu par les juridictions de droit commun, Tribunaux de première instance ;

b. Jugement en dernier ressort : rendu généralement par les juridictions de droit commun du second degré, quelques fois par les tribunaux de première instance et qui n'est plus susceptible d'appel, mais du seul pourvoi en cassation et parfois sans recours ;

c. Jugement de 1er et dernier ressort : exceptionnellement, il existe ce genre de jugement et cela, soit en raison de la modification des faits, soit en raison d'un accord expresse des parties, soit on se trouve déjà en degré d'appel, soit enfin, en cas de renvoi.

B. **Classification selon la participation du plaideur au procès**

a. Jugement contradictoire : Il n'y a de jugement ou arrêt contradictoire, dispose l'article 21 du CPCEA, que si les parties ont été régulièrement entendues ou appelées, c'est-à-dire qu'elles ont comparu aux audiences ou y ont été valablement représentées et ont conclu ou ont déposé les pièces exposant leurs prétentions. L'article 22 précise « *les parties doivent mutuellement se faire connaître les moyens de fait sur lesquels elles fondent leurs prétentions, les éléments de preuve qu'elles produisent, ainsi que les moyens de droit qu'elles invoquent* » ;

b. Jugement *réputé* contradictoire : Un jugement sera réputé contradictoire (CPCEA art. 131 al 2), lorsque la citation aura été délivrée à la personne du défendeur et si le défendeur ne comparaît pas ou n'est pas régulièrement représenté, si ce jugement est susceptible d'appel ou si le défendeur a été assigné à sa personne même ;

c. Jugement par défaut : Il y a jugement par défaut, selon les articles 79 et 131 du CPCEA, lorsque l'une des parties ne comparait pas, ni personne pour elle, et si elle n'a produit ni mémoire, ni conclusions, le Tribunal statuera soit par défaut, soit par décision réputée contradictoire.

La distinction entre le **jugement par défaut** et le **jugement contradictoire** présente de l'intérêt quant aux voies de recours. En effet, l'article 199 dispose « *si le Juge se déclare compétent et statue sur le fond du litige dans un même jugement, celui-ci ne peut être attaqué que par voie d'appel* » (art.199 CPCEA), tandis que selon l'article 133 du CPCEA « *le jugement rendu par défaut peut être frappé d'opposition* ».

En justice pénale « *la voie de l'opposition est ouverte au condamné qui n'a pas comparu. L'opposition s'exerce dans les 10 jours de la signification du jugement faite à la personne ou à son domicile. Le tribunal statue sur cette opposition soit pendant l'audience en cours, soit au cours d'une audience ultérieure* ». *(art.419 CPP).*

En droit pénal, les articles 575 et 576 statuent : « *Les jugements rendus en première instance peuvent être attaqués par la voie d'appel. Toutefois, l'appel contre les jugements préparatoires ou interlocutoires, statuant sur des incidents et exceptions, ne sera reçu, même contre les jugements rendus sur la compétence, qu'après le jugement sur le fond et en même temps que l'appel contre ledit jugement* ».

Nota Bene : Les articles 201 et suivants du CPCEA concernent le contredit, en tant que « *la voie de recours par laquelle une partie attaque une décision qui a statué sur la compétence et non sur le fond* ».

C. Classification des jugements selon l'objet de la contestation

1. Jugement définitif

Le jugement définitif est la décision de justice qui met fin au procès, en tranchant le litige, en réglant le contentieux, en éteignant la contestation.

Lorsque le juge statue sur le fond du procès, il rend un jugement dit « **Jugement définitif sur le fond** ». Si la décision du juge se limite à vider un incident, le jugement est dit **« définitif sur incident ».**

Le jugement définitif est donc celui qui tranche tout ou partie de la contestation de telle manière que les juges ne doivent plus y revenir, parce que le juge vide le fond de sa saisine.

À cet égard, l'article 7 du CPP traduit, en ces termes, la règle « **ELECTA UNA VIA » : «** *La partie ayant engagé une action devant la juridiction civile ne peut plus, pour la même cause et contre la même personne, la porter devant la juridiction répressive, sauf si celle-ci a été saisie par le ministère public avant qu'un jugement définitif ait été rendu par la juridiction civile »*

2. Jugement avant-dire droit ou avant-faire droit

L'article 140 du CPCEA définit le jugement avant-dire droit en ces termes : « *Le jugement qui se borne, dans son dispositif, à ordonner une mesure d'instruction ou une mesure provisoire n'a pas, au principal, l'autorité de la chose jugée. »*

Il vise, soit à aménager une situation provisoire, il est dit « *jugement provisoire »*, soit à organiser une mesure d'instruction. C'est par le jugement avant-dire droit ou avant-faire droit que le juge prend ou accorde des mesures particulières, souvent accidentelles pour compléter la preuve de l'une des parties.

Cette décision, selon l'alinéa 2 de l'article 140 du CPCEA, ne dessaisit pas le juge, puisqu'elle est prise dans le but d'éclairer sa religion, afin de trancher le litige ultérieurement.

Autrement dit, le jugement rendu avant-dire droit ouvre la voie à la solution ou permet une décision provisoire. On distingue, sous le concept de jugement avant-dire droit :

- **Le jugement ou arrêt préparatoire** : est réputé préparatoire, le jugement qui ne préjuge pas du fond.
- **Le jugement interlocutoire** : par lequel le tribunal ordonne, avant-dire droit, la production d'une preuve, une vérification ou une instruction qui préjuge le fond, c'est à dire qui fait déjà entendre aux parties que le juge donnera partiellement ou totalement gain de cause à

l'une d'elles, si la mesure de vérification qu'il ordonne vient appuyer les prétentions de cette partie.

La distinction entre les deux jugements réside dans le fait que l'un, le jugement interlocutoire, préjuge le fond, donc laisse entrevoir, de manière explicite ou implicite, la décision sur le fond, dans le cas où la mesure d'instruction ordonnée donnerait du résultat.

Du moment que le jugement interlocutoire crée un préjugé contre l'une des parties, il devient logique que la voie d'appel lui soit ouverte tout de suite, tandis que l'appel d'un jugement préparatoire ne peut être reçu qu'après le jugement définitif ou conjointement avec le jugement définitif.

- **Le jugement mixte** : Quand l'instance comporte plusieurs demandes ou quand la demande comporte plusieurs chefs, certains points peuvent être définitivement tranchés alors que d'autres ne sont que préparatoires ou interlocutoires.

3. Jugement provisoire et jugement provisionnel

a. Jugement provisoire : Le jugement provisoire, dit l'article 250 du CPCEA, est la décision du Juge, exécutoire à titre provisoire, sur minute s'il y a lieu et qui, selon l'article 607 du CPP, tranche dans son dispositif une partie du principal et ordonne une mesure d'instruction ou une mesure provisoire, lequel peut être immédiatement frappé d'appel comme les jugements qui tranchent tout le principal. C'est le cas en matière matrimoniale concernant la garde des enfants, la pension alimentaire. Le jugement provisoire est définitif jusqu'à ce qu'il ait fait l'objet d'une modification.

b. **Jugement provisionnel :** Le jugement provisionnel est celui par lequel le juge se prononce sur les demandes de provision *ad litem* ou de provision sur dommages-intérêts (art.82 CPCEA) ou sur la désignation de la partie tenue de verser une avance sur rémunération (art. 360, 370, 816 CPP)

- **Effets de ces jugements**

Les effets du jugement provisionnel et du jugement provisoire sont les mêmes, puisque tous les deux sont provisoires et provisoirement définitifs, alors que dans un jugement provisoire, le juge peut revenir sur sa décision, dans un jugement provisionnel la décision du juge reste maintenue, sauf en cas d'opposition ou d'appel.

c. **Le jugement d'expédient et le jugement proprement dit** :

Parmi les causes d'extinction de l'instance, figure accessoirement **la transaction**, c'est-à-dire lorsque les parties, qui étaient en contestation devant le juge demandent à celui-ci, après s'être mis d'accord, de constater et entériner leur accord de volonté.

Le **jugement d'expédient** est celui dans lequel le juge coule la convention des parties, qui décident de mettre fin à leur procès, afin de se ménager un titre exécutoire, dont la mise en application pourrait s'effectuer par la voie de droit propre à tout jugement.

L'appel est inopérant dans un tel jugement qui a directement l'autorité de la chose.

- **Effets de ce jugement**

Une fois la saisine vidée et le jugement prononcé, le juge est dessaisi et ne pourra plus de nouveau connaître l'affaire que si elle fait l'objet de voie de recours de rétractation, comme la requête civile.

Le jugement est la sanction d'un droit préexistant ou la création d'un droit nouveau.

d. Jugement déclaratif, constitutif ou attributif

Lorsque le jugement reconnait ou confirme un droit préexistant, il est dit **déclaratif** et rétroagit au jour de la demande.

Lorsque le jugement crée ou modifie une situation juridique, il est dit **constitutif** ou **attributif** de droit. Il ne rétroagit pas et ne produit ses effets, en principe, qu'au jour de son prononcé. Ex ; jugement d'expulsion, jugement d'interdiction.

Enfin, certains de ces jugements portent la condamnation du défendeur à faire quelque chose ou à s'abstenir de faire quelque chose. Ex ; démolir les constructions, cesser de faire utiliser une servitude.

Tout jugement, revêtu de la formule exécutoire, fournit au titulaire du droit un titre authentique exécutoire, au besoin par la voie de la contrainte.

- **De la demande d'intervention d'une tierce personne**

Le droit d'intervention d'une tierce personne dans un procès confère au juge la faculté de faire mettre en cause le jugement et permet au tiers de réagir contre l'autorité absolue d'une décision rendue en dehors de sa participation.

Constitue, aux termes de l'article 534 du CPCEA, une intervention « *la demande dont l'objet est de rendre un tiers, partie au procès engagé entre les parties originaires* ».

Lorsque la demande émane du tiers, l'intervention est volontaire ; l'intervention est forcée lorsque le tiers est mis en cause par une partie (art.534 al.2 CPCEA).

3. **Effets généraux des jugements**

Le jugement, titre exécutoire : Le jugement constitue un titre permettant l'exécution du droit reconnu ou rétabli, mais, pour qu'il puisse être mis à exécution, certaines conditions doivent être réunies :

- Le jugement doit être revêtu de la formule exécutoire (à l'expiration des délais d'appel, s'il y en a).
- Il ne sera exécutoire qu'à partir du moment où il sera passé en force de chose jugée, c'est-à-dire lorsqu'aucun recours suspensif n'a été formé et que les délais de tels recours sont expirés (CPCEA art. 554).

L'opposition et l'Appel sont des recours suspensifs en matière civile, commerciale et sociale, le pourvoi en cassation ne l'est pas.

Nonobstant recours, les jugements, dont l'exécution provisoire est de droit ou a été ordonnée, sont exécutoires. De même, sont immédiatement exécutoires, par provision, les jugements ordonnant des mesures provisoires ou conservatoires.

IV - Les ordonnances

Le mot ordonnance figure 121 fois dans le Code de Procédure Civile Economique et Administrative et 197 fois dans le Code de Procédure Pénale

Les ordonnances sont des actes décisionnels écrits (articles 67-69, 87 à 90, 141, 145-150, 154, 340, 573, 650, 658, 828-829, 998, 1019…), par lesquels le juge compétent décide, seul et hors audience, de mesures procédurales d'urgence ou de préservation de preuves ou de droit ou par lesquels il statue sur sa compétence ou sur la recevabilité de l'action publique et de l'action civile, sur la restriction ou la privation de liberté ou, enfin, par lesquels le juge décide de l'autorisation d'assigner ou de la suite à donner aux demandes incidentes ou aux prétentions additionnelles des parties ou de la clôture d'une procédure (mise en état, instruction).

1- La distinction des ordonnances fondée sur le moment ou la phase de la procédure

En procédure judiciaire, l'**ordonnance est** une décision prise par un **juge**. Le **juge** statue seul, dans certains cas, dans son cabinet, donc hors de l'audience publique. C'est un acte par lequel le juge d'instruction manifeste les décisions qu'il prend au cours de la marche de l'instruction.

Hormis les formalités d'opérations, objet des investigations, le juge d'instruction prend des décisions juridictionnelles : les mandats et des ordonnances. Ces actes reflètent l'aspect coercitif pénal, ainsi que les points de vue juridiques adoptés par les magistrats sur des questions de procédure ou d'administration ou sur leurs conséquences et leurs applications à la liberté provisoire, à l'expertise, et aux différentes opérations examinées.

Le juge d'instruction, au cours de la procédure d'information judiciaire, est tenu de prendre diverses décisions sur un certain nombre de situations impliquant un choix sur :

- la détention ou la remise en liberté ;
- la recevabilité ou non d'une constitution de partie civile ;
- le transport sur les lieux ;
- la saisie d'objets ou la perquisition ; la commission ou non d'une expertise ;
- le non-lieu ou la continuation des poursuites, etc.

Les opérations formant la procédure d'instruction aboutissent à la prise d'ordonnances relatives :

- à l'ouverture de l'information, telles les ordonnances de refus d'informer, d'incompétence, de dessaisissement, de soit communiqué, d'irrecevabilité de la constitution de partie civile, de mise en liberté, de collecte des preuves ;
- à la fin de l'information judiciaire, comme l'ordonnance de soit communiqué par laquelle le juge d'instruction transmet le dossier, au terme de ses investigations, au parquet afin que celui-ci puisse faire ses réquisitions finales.

Les ordonnances du juge d'instruction se subdivisent en ordonnances administratives et ordonnances juridictionnelles.

La première catégorie comprend les ordonnances qualifiées d'administratives qui traduisent l'imperium du juge d'instruction ou du juge de la mise en état, son pouvoir d'investigateur telles les ordonnances de transport sur les lieux, de perquisition, de saisie, de restitution ou de production d'une pièce, de commission d'expert, d'examen médical, etc.

Parmi les ordonnances administratives, on peut citer l'ordonnance de soit-communiqué au ministère public, soit à seule fin d'informer, soit en vue de solliciter un avis obligatoire, avant de rendre une ordonnance d'incompétence.

Sont également administratives, l'ordonnance désignant un expert, l'ordonnance de transport sur les lieux et les ordonnances qui n'ont d'autre but que d'annoncer ce que va faire le juge pour faire progresser l'enquête ou organiser l'enquête.

La seconde catégorie d'ordonnances réfère à la fonction juridictionnelle. Elles manifestent la véritable nature de juridiction du juge d'instruction, principalement celles relatives au placement en détention, à la remise ou non en liberté, au non-lieu, au renvoi devant la juridiction de jugement, etc.

La loi a institué une formalité de communication permanente avec le parquet avant toute ordonnance ayant tel ou tel objet.

D'abord, la communication obligatoire des ordonnances juridictionnelles, considérées les plus importantes, aux conseils des parties au procès (inculpé, partie civile). Ces ordonnances juridictionnelles doivent être précédées des réquisitions du ministère public, signifiées aux parties et à leurs conseils et susceptibles de recours en appel.

Cette obligation, qui est l'essence même du principe de la contradiction, vise à garantir l'information des parties et conforter la loyauté du jeu des droits de la défense.

Ensuite, les ordonnances de nature juridictionnelle sont les seules contre lesquelles chaque partie peut exercer des voies de recours.

En matière pénale, notamment devant la Chambre de contrôle de l'instruction, le droit d'appel du ministère public (art.292 du CPP) est moins circonscrit que celui des particuliers, parties au procès (art.293), qui ne peuvent pas attaquer par exemple l'ordonnance de renvoi d'un inculpé devant la juridiction de jugement.

Le législateur a restrictivement limité les matières dans lesquelles ces parties sont autorisées à exercer le droit d'appel, dans l'objectif de garantir la célérité des procédures, étant donné que l'exercice abusif des voies de recours, au stade de la préparation du procès, peut sérieusement entraver le déroulement équitable de l'instance.

Le code de procédure civile, administrative, économique et administrative (CPCEA) ne contient pas l'expression *« ordonnance administrative »*. On rencontre les termes *« ordonnance juridictionnelle »* à l'alinéa 1er de l'article 290.

Une ordonnance est dite juridictionnelle lorsqu'elle concerne l'intérêt d'une des parties à l'instruction ; en conséquence les *''ordonnances juridictionnelles''* sont celles prévues par les articles 157, 158 168, 172, 174, 179, 235, 240, 241, 243, 258 et 271 du CPP.

Elles doivent être motivées et obligatoirement signifiées ou notifiées (art. 290 al.3 & 4). Lorsqu'il décide, par exemple, d'ouvrir une information, le juge d'instruction « *procède à tous les actes d'information qu'il juge utiles à la manifestation de la vérité. Il instruit à charge et à décharge* » (art. 147 CPP). Ces actes, bien évidemment de nature administrative, peuvent revêtir une coloration juridictionnelle, s'ils sont pris à la demande de l'une des parties, privée ou publique.

Les ordonnances qui ne sont pas juridictionnelles, comme le dirait Lapalice, sont des ordonnances administratives.

Les ordonnances sont juridictionnelles ou administratives selon qu'elles sont prises à l'initiative d'une des parties ou à celle du juge d'instruction lui-même.

Le formalisme inhérent aux actes de procédure est un important moyen de garantie, par cela que les autorités intervenant aux différentes phases de la chaîne procédurale sont tenues d'y soumettre les actes qu'elles accomplissent, entendu que les procédures de garantie de l'exercice des droits de la défense constituent le dispositif le plus sensible de tout système judiciaire.

2 - L'ordonnance de renvoi

Le juge d'instruction rend, contre l'inculpé, une ordonnance de renvoi devant la ***juridiction de jugement*** compétente, lorsqu'il estime qu'il existe contre l'intéressé des charges constitutives d'infraction à la loi pénale. L'ordonnance de renvoi est signifiée à l'accusé (article 381 CPP). Il lui en est laissé copie.

Cette signification doit être faite, à personne, si l'accusé est détenu. Dans le cas contraire, elle est faite dans les formes prévues aux articles 667 et suivants du CPP.

Cette ordonnance n'est pas susceptible d'appel. L'article 385 CPP précise que l'accusé et le procureur de la République ne peuvent interjeter appel contre les actes de procédure et l'ordonnance de renvoi qu'après le jugement de condamnation.

La demande en nullité de l'ordonnance de renvoi ne peut être formée que dans les cas suivants:

1. pour les causes d'incompétence ;
2. si le fait n'est pas qualifié de crime par la loi ;
3. si le ministère public n'a pas été entendu ;
4. si l'ordonnance de renvoi n'a pas été rendue conformément à la loi ;
5. si les délais de procédure n'ont pas été respectés.

L'article 447 CPP indique que lorsque l'ordonnance de renvoi du juge d'instruction a été rendue sans que les conditions prévues par l'article 282 aient été respectées, les parties demeurent recevables, par dérogation aux dispositions du premier alinéa, à soulever devant le tribunal correctionnel les nullités de la procédure.

Lorsque la procédure, dont il est saisi, n'est pas renvoyée devant lui par la juridiction d'instruction, le tribunal statue sur les exceptions tirées de la nullité de la procédure antérieure.

L'article 932 CPP ajoute que les articles 926 à 931 sont applicables devant la chambre de contrôle de l'instruction en cas d'appel d'une ordonnance de non-lieu pour cause d'irresponsabilité pénale, pour cause de trouble mental ou en cas d'appel d'une ordonnance de renvoi lorsque cet appel est formé par une personne inculpée, qui invoque l'application du point 1 de l'article 21 du Code pénal.

3 - L'ordonnance de non-lieu

Lorsque le ***juge*** estime que la saisine d'une juridiction de jugement ne se justifie pas, il prend une ordonnance de non-lieu (art 295 alinéa 1 et 924 C.P.P).

En effet, les articles 924 à 931 sont applicables devant la chambre de contrôle de l'instruction en cas d'appel d'une ordonnance de non-lieu pour cause :

- d'irresponsabilité pénale ;
- de trouble mental ou en cas d'appel d'une ordonnance de renvoi lorsque cet appel est formé par une personne inculpée qui invoque l'application du point 1 de l'article 21 du Code pénal

Celle-ci peut se fonder sur 2 raisons de droit ou de fait.

S'agissant de la première, on peut retenir :

- le défaut de qualification pénale pour les faits reprochés ;
- le jeu d'une amnistie ou d'une prescription,
- l'intervention d'un fait justificatif ou d'une excuse ou d'une démence.

Sur le plan des motivations de fait, le juge peut s'appuyer sur :

- l'absence de charges concordantes ou suffisantes;
- sur l'état inconnu du délinquant non découvert.

La distinction des motifs de droit et de fait est très importante, car elle exerce une influence directe sur l'issue du procès.

L'ordonnance de non-lieu, fondée sur les seuls faits, implique une ***clôture provisoire de l'affaire***. Si des faits nouveaux apparaissent (article 295, al.2), à l'intérieur du délai de prescription, les poursuites peuvent être reprises et l'instruction rouverte.

Sont considérées comme nouvelles charges les déclarations des témoins, la production de pièces et procès-verbaux qui, n'ayant pu être soumis à l'examen du juge d'instruction, sont cependant de nature soit à fortifier des charges trouvées trop faibles, soit à donner aux faits de nouveaux développements utiles à la manifestation de la vérité.

Par contre, si l'ordonnance de non-lieu est motivée en droit, elle est définitive, dans ce sens que le procès ne peut plus être repris pour les mêmes faits et causes et contre les mêmes personnes.

L'article 296 CPP fait appartenir au ministère public, et à lui seul, la faculté de décider s'il y a lieu de requérir la réouverture de l'information sur charges nouvelles. Toute autre partie qui a connaissance de l'existence de charges nouvelles en informe le ministère public.

C- Réouverture de l'information sur charge nouvelle

On parle de ***réouverture d'une instruction*** quand celle-ci est réouverte, pour avoir été close par une ordonnance de non-lieu rendue à l'égard d'une personne dénommée.

Un non-lieu rendu parce que l'auteur des faits n'a pu être découvert, laisse toujours possible, en effet, l'ouverture ultérieure d'une instruction contre personne dénommée, surtout en cas de survenance de charges nouvelles.

Cette situation conduit à l'ouverture d'une instruction contre personne dénommée et non de la réouverture d'une ancienne instruction contre X.

En admettant, en effet, que le juge d'instruction est saisi ***in rem***, c'est-à-dire qu'il est seulement **saisi** des faits énoncés dans le réquisitoire introductif ou dans la plainte avec constitution de partie civile, avec la conséquence qu'il ne peut instruire d'autres faits, car il ne peut s'autosaisir ; il n'en demeure pas moins que l'ordonnance de non-lieu est rendue *in personam* et n'a d'autorité de la chose jugée qu'à l'égard de celui qu'elle concerne.

Les charges nouvelles constituent des éléments de preuve inconnus dans leur existence ou leur portée, au moment où l'ordonnance de non-lieu a été prise. Elles ne supposent donc pas des faits totalement ignorés, ni totalement nouveaux.

La différence essentielle entre l'ouverture et la réouverture d'une ***instruction*** tient aux personnes qui peuvent la requérir.

Seul le ministère public peut, selon l'article 296 CPP, demander une réouverture après non-lieu par un réquisitoire motivé par les charges nouvelles (art 230) C.P.P). L'absence de vérification de l'existence de charges nouvelles entraîne la ***nullité de la procédure***.

La demande de réouverture prive la décision antérieure de l'autorité de la chose jugée. Elle s'opéra donc devant la juridiction, ayant préalablement rendu le non-lieu, tant du point de vue du degré (*juge d'instruction ou chambre correctionnelle*) que de celui du lieu, même si l'élément nouveau est découvert ailleurs.

L'***instruction*** reprend, d'autre part, au stade où elle avait été interrompue, sans avoir à refaire les actes régulièrement accomplis antérieurement et notamment les formalités de l'interrogatoire de première comparution.

Si la partie ne peut provoquer la réouverture, elle reprend sa place antérieure à la ***procédure***.

CHAPITRE VIII

Le rôle de la gestion judiciaire, pouvoirs et limitations

SECTION I - GESTION JUDICIAIRE ET INDEPENDANCE DE LA JUSTICE

Avant d'aborder le rôle de la gestion judiciaire, commençons par nous entendre sur l'acception de cette notion, en constatant qu'elle se compose du substantif ''gestion'' et de l'adjectif, ''judiciaire''.

Le substantif **''Gestion''**, comme le dirait Lapalice, est l'action de gérer, c'est-à-dire d'administrer, gouverner, conduire avec autorité, encadrer, prêter une attention soigneuse au bon déroulement d'une procédure. Cette action implique celle d'organiser, prévoir, projeter, planifier, contrôler. Sous cette acception, Gestion s'applique à tous les secteurs de la vie sociale, économique et professionnelle.

L'adjectif **''Judiciaire''**, quant à lui, indique ce qui est relatif à la justice, ou qui se fait en justice, qui se fait par autorité de justice.

Le ''**rôle**'' pourrait se concevoir comme la fonction ou l'ensemble des attributions ou des missions ou des responsabilités dévolues à une personne physique ou morale.

Le **rôle** de la **gestion judiciaire** pourrait alors s'entendre, de ce qui précède, de la fonction et des responsabilités attachées à la conduite d'une mission, à l'organisation et au contrôle des tâches et responsabilités de la Justice ou accomplies en son sein.

Alors se pose la question de savoir si la Justice pourrait être organisée sur un postulat hiérarchique, quand on sait que la constitution de la plupart des pays africains consacre le principe que la Justice doit être rendue en toute indépendance.

Consubstantiellement, une autre question surgit, celle de savoir si, dans le cadre de sa gestion humaine, budgétaire, infrastructurelle et matérielle la justice est ou peut-être indépendante ?

La réponse à cette première question est fournie en Guinée par la Constitution, en premier lieu, par son article 107, qui dispose, citation : ***''Le pouvoir judiciaire est indépendant du pouvoir exécutif et du pouvoir législatif''***. Il est clair que cet article 107 de la constitution guinéenne attribue la gestion judiciaire à un pouvoir qu'elle a voulu indépendant.

Mais il faut constater que cette disposition, à elle seule, ne rend pas compte de la plénitude de l'indépendance de la justice. Elle est complétée par l'alinéa 1er de l'article 109 de la constitution, qui déclare, je cite : ***''Les Magistrats ne sont soumis, dans l'exercice de leurs fonctions, qu'à l'autorité de la loi''***.

Si l'article 107 se limite à l'affirmation, au demeurant explicite, de l'indépendance du pouvoir judiciaire, l'article 109, par l'usage des termes '' ***ne sont soumis… qu'à''***, associe exclusion et prohibition. Ce qui implique que non seulement **dans l'exercice des fonctions de magistrat**, seule l'autorité de la loi prévaut, mais également, aucune autorité ne doit ni s'immiscer, ni s'ingérer dans les procédures judiciaires.

Le principe de l'article 107 induit que la Justice est rendue en toute indépendance, chaque litige soumis au juge devant être débattu de façon individuelle et spécifique.

Il convient, à ce stade, de rappeler que la justice se définit par la fonction qui lui est dévolue au sein d'un État par la constitution. Elle a pour missions conjuguées d'appliquer la loi, de faire respecter les droits des personnes, d'apporter aux difficultés concrètes leurs solutions juridiques et de concrétiser la vertu de justice. Il est impérieux de lui en fournir les moyens, en repensant les temps, les lieux, le cadre et les personnes qui concourent au service de la justice.
En Guinée l'article 107 de ce texte, en son alinéa 2 dispose : « ***La justice est rendue exclusivement par les Cours et Tribunaux*** » et, d'un point de vue organique, les articles 107 et 108 de la constitution installent un pouvoir judiciaire exercé par «***la Cour Suprême, la Cour des Comptes, les Cours et Tribunaux dont les décisions définitives s'imposent aux parties, aux pouvoirs publics, à toutes les autorités administratives, juridictionnelles et aux forces de défense et de sécurité*** ».

Le thème de l'indépendance judiciaire, qui intègre l'autonomie de gestion budgétaire et l'autonomie fonctionnelle, notamment en ce qui concerne les ressources humaines et les infrastructures, demeure encore une gageure, qui doit faire réfléchir.

SECTION II - TENDANCES DE LA GESTION JUDICIAIRE

On peut alors inférer des dispositions susmentionnées de la Constitution guinéenne que la gestion judiciaire, reconnue comme un facteur essentiel à la mise en œuvre d'une bonne gouvernance destinée à construire et entretenir une efficacité sans cesse accrue de la justice, est confiée aux Cours et Tribunaux, au sommet desquels est placée la Cour suprême.

En effet, du moment que l'article 108 de la Constitution proclame que ***''Le Pouvoir judiciaire est exercé par la Cour Suprême, la Cour des Comptes, les Cours et Tribunaux…''***, devons-nous en déduire que la gestion judiciaire doit s'entendre de la décision de gestion administrative qu'effectue le chef d'une juridiction, d'assurer le bon fonctionnement d'un service ou le bon déroulement d'une instance ; c'est-à-dire les mesures d'administration qui ne portent seulement que sur le règlement des litiges et des questions de droit soumis au juge ?

Mais il faut admettre que l'administration et la gestion des juridictions, mettant en interaction divers éléments, en vue d'atteindre ou de stimuler un certain niveau d'efficacité et de crédibilité de la justice, ne se réduisent pas aux seuls actes des Cours et Tribunaux, par exemple :

- la répartition des affaires entre sections ou chambres ou cabinet d'instruction d'une même juridiction ;
- la prorogation du délibéré ;
- la désignation du magistrat de la mise en état ;
- la fixation et l'organisation des audiences ;
- le rabat ou réouverture des débats;
- la mise en détention ou liberté, le non-lieu ou la clôture de l'information ;
- la fixation des délais et dates de comparution ;
- la jonction ou la disjonction d'instances;
- le renvoi en cas de récusation de plusieurs juges ;
- la radiation et le retrait du rôle, etc.

En partant d'une première hypothèse, qui énonce qu'une mesure de gestion judiciaire n'est pas constituée que par les seuls actes juridictionnels qui pourraient être pris par tout magistrat, dès lors que cette mesure de gestion se rapporte à une procédure dont il est saisi, de nombreuses autres décisions prises par des autorités non judiciaires n'entreraient-elles pas dans la gestion judiciaire ?

Par exemple, les investissements pour la construction des infrastructures, l'acquisition de bibliothèque, d'équipements et de matériels, relèvent d'une gestion qui échappe aux Cours et Tribunaux.

Il convient de préciser qu'en dehors de la Cour suprême et de la Cour des comptes, l'autonomie budgétaire qui devrait résulter de la séparation des pouvoirs consacrée par les articles 2, dernier alinéa et 107 de la Constitution, reste sans effet. Les budgets des Cours et Tribunaux sont inscrits soit dans celui du Ministère de la Justice, soit dans celui des régions et des préfectures.

Une deuxième hypothèse, qui considère que la gestion judiciaire implique l'action de prévoir, de planifier, de programmer fait apparaître la réalité que chercher à structurer l'administration de la justice, à organiser la gestion des juridictions sur un mode hiérarchisé pourrait se heurter au principe constitutionnalisé de l'indépendance de la justice. Malheureusement, demeure la triste nature des relations fonctionnelles entre la Justice et les organes centraux et déconcentrés du pouvoir exécutif, lequel détient sans partage tout le levier financier.

La lecture combinée des articles 107 à 109 de la constitution met en lumière que la gestion judiciaire concernerait aussi le statut, la carrière, les garanties d'indépendance relativement au recrutement, à la formation, à la nomination, l'affectation, la rémunération, la mise à la retraite, la discipline des agents de la Justice.

Le personnel, autre que les magistrats, relève de la gestion de la fonction publique.

Par ailleurs, la demande très forte des citoyens relativement au besoin de justice ne rend-elle pas nécessaire, de la part de l'État, la mise sur pied de mécanismes permettant, tout à la fois, d'organiser les moyens et ressources, pour non seulement satisfaire les droits que l'article 9 de la Constitution reconnaît aux citoyens, à savoir le droit « ***…de s'adresser au juge pour faire valoir leurs droits face à l'État et ses préposés*** » et celui important d'un ***«…procès juste et équitable, dans lequel le droit de se défendre est garanti*** » ; mais aussi d'améliorer la qualité de la justice, en agissant sur son administration structurelle et sa gestion fonctionnelle, tout en établissant des garanties pour protéger l'indépendance de la justice et de ses juges établie en application du principe posé par l'article 8 de la constitution, selon lequel « ***tous les êtres humains sont égaux devant la loi. Les hommes et les femmes ont les mêmes droits.*** »

Ce qui vient d'être exposé fait émerger la nécessité de distinguer ou de déterminer les aspects de gestion, qui relèvent de la distribution de la justice, de ceux qui se rattachent au fonctionnement des juridictions.

Cette distinction ou détermination de ces aspects rend indispensable d'observer la frontière entre les deux missions de la gestion judiciaire, parfois réunies entre les mains d'une même autorité.

L'existence des deux tendances de la gestion judiciaire au mieux de l'intérêt général, que l'on peut observer, montre que la première est inhérente à la qualité de la justice et qu'elle a pour substance les vertus du juge, parmi lesquelles la valorisation comportementale de son indépendance, sa posture éthique et sa formation professionnelle que garantit un organe constitutionnel, en l'occurrence, le Conseil supérieur de la magistrature. Elle vise à préciser et à améliorer les relations entre les juridictions, qui forment le pouvoir judiciaire, ou entre les juridictions et les justiciables.

La seconde repose sur l'efficacité du fonctionnement de l'institution judiciaire dans son ensemble : personnel, infrastructure, ressources financières.

Cette deuxième tendance se conçoit comme un outil censé réunir et fournir les ressources et les moyens de travail des agents de la Justice ; ainsi instaurer et consolider la confiance des citoyens et favoriser leur dialogue avec la justice.

Celle-ci concerne, d'un point de vue fonctionnel ou organique, l'appréciation de la qualité globale de la justice et du pouvoir judiciaire, entendu que la recherche de l'efficacité fonctionnelle passe par la maîtrise et l'élimination des causes de dysfonctionnements des juridictions.

SECTION III. DES ORGANES DE LA GESTION JUDICIAIRE AUTRES QUE LES JURIDICTIONS

Divers organes sont chargés de la gestion judiciaire. Le premier parmi ces organes tient son existence et ses attributions directement de la constitution, il s'agit du Conseil supérieur de la magistrature, dont il est question dans les articles 109 à 112 de la Constitution.

1. LE CONSEIL SUPERIEUR DE LA MAGISTRATURE

La loi suprême de l'État guinéen[70], en son article 12, attribue la prérogative d'avis au Conseil supérieur de la magistrature concernant le statut, la nomination et l'affectation, la carrière et les garanties d'indépendance des magistrats, ainsi que l'étude des dossiers de grâce.

Il faut souligner que les compétences décrétales du Président de la République, relativement à ces matières, sont liées, signifiant qu'elles sont soumises, à peine de nullité, au principe de l'avis conforme prévu par les alinéas 3 et 4 de l'article 112 de la Constitution.

La constitution de mai 2010 avait institué l'avis conforme. Celle de 2020 a retiré l'adjectif ''**conforme**'' en le remplaçant par '' **consultatif** ''. Elle a, cependant, maintenu la même conséquence de nullité prévue par la précédente constitution, en disposant : « *Toute nomination ou affectation de Magistrat du siège ou du parquet sans l'avis consultatif du Conseil Supérieur de la Magistrature est nulle et de nul effet* ».

Conformément à l'article 113 de la constitution de 2020, la gestion confiée au Conseil supérieur de la magistrature est organisée par une loi organique. La loi organique L/2013/055/CNT du 17 mai 2013, portant organisation, fonctionnement et autres compétences du Conseil supérieur de la magistrature (**CSM**) en ses articles 16 à 20, subdivise le **CSM** en trois formations. La première est la formation plénière, présidée par le Président de la République, à défaut par le Ministre de la Justice, qui est le Vice-président d**u CSM.**

Cette formation plénière, qui se réunit deux fois par an, aux mois de Mars et d'Octobre, traite des questions relatives aux nominations, avancement et toutes questions relatives à l'organisation judiciaire, à l'indépendance de la magistrature et à la déontologie.

La périodicité des sessions de la formation plénière du **CSM,** mentionnée ci-dessus, n'est pas respectée depuis l'installation de cet organe.

Ensuite, vient la formation disciplinaire, présidée par le Premier Président de la Cour suprême. Elle comprend deux sections dont l'une est compétente pour le siège et l'autre pour le parquet. La pratique du

[70] Constitution du 22 mars 2020

CSM est différente de cette composition et tend à l'unicité et l'uniformité de la formation qui accomplit la procédure d'instruction préparatoire. Il s'ensuit qu'un projet de loi entend modifier la loi dans ce sens.

La formation disciplinaire siège régulièrement pour examiner les affaires dont elle est saisie, soit par le Ministre de la Justice, soit sur plainte d'un justiciable.

La sévérité des sanctions qu'elle a infligées, perçues disproportionnées aux fautes, alimente divers commentaires au sein du corps des magistrats.

Enfin, la formation consultative émet les avis qui concernent, d'une part, l'organisation judiciaire et le fonctionnement des juridictions, le détachement et la délégation des magistrats à certaines fonctions ou missions, l'indépendance, l'inamovibilité et l'intégrité du juge, les conditions d'accès à la magistrature, d'évaluation de l'activité professionnelle, de promotion dans les fonctions judiciaires et, d'autre part, la formulation de propositions d'amélioration des modes d'organisation de la profession de magistrat et du contenu du programme de formation initiale, celui de formation continue et celui de spécialisation, l'étude et la réalisation de la carte judiciaire, l'examen des dossiers de grâce, etc.

Depuis l'installation du **CSM,** la formation consultative n'a pas encore siégé. Les raisons ne sont pas connues. Seraient-elles attribuables au fonctionnement de son secrétariat exécutif, qui en est la cheville ouvrière. Ostensiblement, la transparence est absente de la pratique du CSM qui ne publie ni les procès-verbaux de ses réunions, ni les rapports périodiques de ses activités.

Les modes de son fonctionnement actuel sont en contradiction avec la loi organique qui le régit ; par exemple les dates ou périodes de session de ses formations et l'examen des questions ou matières qui leur sont attribuées, ne sont pas respectés.

La constitution et la loi organique L/2013/055/CNT du 17 mai 2013 prévoient que les actes de gestion du corps des magistrats se concrétisent par Décret du Président de la République, pris sur proposition du Ministre de la Justice, après avis du Conseil supérieur de la magistrature.

2. LE MINISTERE DE LA JUSTICE

Le deuxième organe de gestion de l'institution judiciaire est le Ministère de la Justice, qui exécute la politique du gouvernement, négocie le budget de la Justice, à l'exclusion de ceux de la Cour suprême et de la Cour des comptes. Le Ministre décide de l'exécution du budget et de sa répartition.

Le décret D/2016/368/PRG/SGG, en date du30 novembre 2016 fixe les attributions et l'organisation du Ministère de la Justice. L'article 2 de ce décret énonce les missions de ce Ministère consistant en l'élaboration et la mise en œuvre de la politique du Gouvernement relative à l'organisation et au fonctionnement des institutions judiciaires.

Le secrétariat général, le cabinet, des directions nationales, des services rattachés et des services d'appui concourent à l'accomplissement des tâches, que le décret susvisé incombe au Ministère.

Il est curieux que ce décret ait fait figurer les Cours et Tribunaux dans la nomenclature des services déconcentrés du Ministère, quand on sait que par définition un service déconcentré a pour vocation d'assurer le relais, sur le plan local, des décisions prises par l'administration centrale et de gérer les activités de l'État au niveau local.

Le service déconcentré est, par sa nature organique, dépourvu de toute autonomie et est **soumis au contrôle hiérarchique et au** pouvoir disciplinaire des autorités exécutives de la région ou de la préfecture. **Ce** qui n'est pas et ne peut, en aucune circonstance, être le cas des cours et tribunaux.

Une autre curiosité de ce décret apparaît dans le classement du Conseil supérieur de la magistrature parmi les organes consultatifs du Ministère. S'il est indéniable que le CSM est un organe consultatif, il n'est pas celui du Ministère dont il est, en tant qu'organe constitutionnel, indépendant à tous égards. Son rôle est d'assister le

Président de la République, en ce qui concerne l'application Statut et le déroulement de la carrière des magistrats.

3. DES CHEFS DE JURIDICTION

L'objectif de la gestion, accomplie par les chefs de juridiction consiste à apporter la réponse idoine et, dans les délais raisonnables, à la demande de justice de plus en plus pressante des citoyens. Les Cours et tribunaux sont, de plus en plus, écartelés entre la fourniture d'une réponse rapide et la recherche d'une solution pour le long terme, applicable à des litiges pour lesquels le juge n'est pas sûr que sa réponse serait adaptée, ni aux contentieux civils, sociaux, commerciaux, pénaux, ni aux contentieux administratifs et électoraux plus complexes.

L'insuffisance du nombre de magistrats et de locaux pour les abriter, le caractère inadapté des infrastructures judiciaires, la limitation du nombre de salles d'audience à l'unité par palais de justice, le manque ou l'obsolescence des équipements, le défaut de moyens de transport, l'absence de bibliothèque et d'opportunité pour la formation continue et spécialisée constituent une réalité d'un prosaïsme douloureux, limitant la capacité des juridictions à s'acquitter avec efficacité de leurs missions.

Des choix difficiles de gestion s'imposent donc aux chefs de juridictions et de parquet, parmi lesquels les arbitrages relatifs à la répartition des affaires, des heures d'audience et des moyens de la juridiction occupent une place prépondérante.

Le président et le procureur doivent faire la part entre diverses options, pour améliorer la qualité du service de la justice et entretenir la confiance des citoyens dans leur institution et dans la personne des juges. La sinécure réside, pour eux, dans l'obligation de management qui leur incombe d'inciter à la régularité et à la valeur de la production juridictionnelle, en se servant de la motivation personnelle de leurs collègues et du développement de l'esprit d'équipe, motivation dont ils n'ont pas toujours les ressources.

La gestion judiciaire est d'autant difficile pour les chefs de juridiction qu'ils ne disposent d'aucun moyen pour choisir le personnel et ne sont associés ni à leur recrutement, ni à leur affectation, ni à leur promotion.

La loi n'a mis à la disposition des chefs de juridiction aucune prérogative incitative, aucune démarche positive pouvant aboutir à l'amélioration des conditions de vie et de travail de leurs collègues.

Dans les cas de survenance d'une faute professionnelle, si le justiciable, par sa plainte, peut faire infliger une sanction à l'auteur, le chef de juridiction est quasiment dépourvu de tout pouvoir autonome de promotion ou de sanction disciplinaire, sauf à considérer la notation réservée aux Premiers présidents et Procureurs généraux par l'article 60 du Statut des magistrats.

La gestion judiciaire comporte des organes, des domaines et des aspects variés qui en font un enjeu fondamental du bon fonctionnement des cours et tribunaux et de la confiance des citoyens.

Cette gestion doit veiller à établir et à maintenir l'équilibre entre l'indépendance fonctionnelle et la production juridictionnelle fructueuse et requiert des chefs de juridiction des qualités humaines exceptionnelles comprenant des compétences multiples, parmi lesquelles on peut citer les capacités d'organisation qui allient sens aigu et patient de négociation, promptitude et précaution des décisions, opportunité, pertinence et célérité de communication.

Il demeure souhaitable que l'application du principe d'indépendance du pouvoir judiciaire fasse bénéficier les juridictions de l'autonomie gestion financière et administrative et de la maîtrise des moyens de production juridictionnelle, qui sont les deux volets de la gestion judiciaire.

En définitive, le principe d'indépendance du pouvoir judiciaire signifie que la justice doit être rendue dans les conditions minimales suivantes :

7. des bâtiments, dont la beauté et la spaciosité les rendent dignes d'être appelés Palais de justice ;
8. un personnel bien rémunéré, à l'abri du besoin et de tout genre de sollicitations ;
9. un budget de fonctionnement conséquent, car rendre la justice est un des grands attributs de la souveraineté nationale, bien la rendre est une garantie, à la fois, de la paix et quiétude et de l'attraction des investissements.

SECTION IV : DU COACHING, OUTIL DE GESTION DU CHEF DE JURIDICTION OU DE PARQUET

Appendice de la gestion, le coaching est l'activité du chef de juridiction ou de parquet destinée à l'accompagnement des ses collaborateurs dans l'exercice de leurs fonctions respectives, en vue de développer leur potentiel individuel et collectif, stimuler leurs diverses compétences, accroître l'efficacité, l'efficience et l'économie de la bonne administration de la justice et, en même temps, améliorer la qualité de leurs relations interpersonnelles, suivant le principe d'autonomie et de performance.

L'application de ce principe des 3 E (Efficacité, Efficience, Economie), qui est l'essence du coaching, consiste en l'accompagnement adapté de chaque magistrat, à partir de ses besoins professionnels, en particulier, ceux qui s'attachent à sa fonction au parquet, au siège et à l'instruction, en faveur de l'épanouissement de son potentiel, de l'amélioration constante de son savoir-faire et de son savoir-être, via un processus créatif, stimulant la réflexion et qui pousse à optimiser l'interactivité et la proactivité servant de ciment à la collaboration et à la collégialité.

Il comporte une intervention directe ou indirecte, proactive ou réactive du coach auprès des personnes qui sont confrontées à une situation fonctionnelle ou relationnelle ou comportementale paraissant insurmontable.

Le coach aide à développer le talent, le sens de l'organisation du travail, à modifier la situation inhibante, à valoriser le potentiel individuel sur la base d'une évaluation complète des qualités de l'intéressé.

Le **coaching** a pour objectif d'aider à élaborer et à réaliser concrètement la méthode pragmatique d'accomplissement des charges de la fonction. Il cherche à déceler les attitudes contradictoires inhibant l'action, en vue d'améliorer la connaissance de soi du coaché, le faire progresser et l'amener à adopter des comportements plus en accord avec ses fonctions.

Le chef de juridiction ou de parquet, comme coach est à la fois un interlocuteur, un confident et un partenaire, qui motive et propose de nouvelles méthodes, de nouvelles options qui permettent de développer le potentiel rendant chaque juge, surtout les nouveaux dans la profession ou dans la fonction, plus autonome dans la réalisation de leurs missions.

Le coaching apparaît donc comme le processus permanent et aussi l'outil, dont se sert le chef de juridiction ou de parquet, pour évaluer le travail fait par leurs collègues, en insistant sur les meilleures pratiques. D'où l'intérêt pour les chefs de juridiction d'avoir des connaissances managériales pouvant leur permettre d'anticiper, de programmer et d'assurer le suivi des diverses activités de la juridiction, à travers les outils de contrôle des activités de leur service.

La technique de gestion dénommée coaching découle du fait qu'il incombe au chef de juridiction ou de parquet, en plus de ses fonctions juridictionnelles et d'administration quotidienne, de professionnel du droit, d'être un manager, c'est-à-dire la personne qui a la responsabilité, par les outils de contrôle dont elle dispose et qu'elle met en place, d'organiser la vie de son service, en veillant à la bonne gestion et à la sauvegarde des intérêts moraux et matériels inhérents à la mission de juger.

À cet égard, il convient de rappeler que l'indépendance du magistrat, n'exclut pas le contrôle auquel l'astreignent les sujétions de sa charge et de collaboration sous l'autorité du chef de juridiction ou de parquet, celui-ci ne devant nullement altérer ou amoindrir son autonomie fonctionnelle, en essayant de l'influencer dans la prise d'une décision.

La dynamique fonctionnelle du coaching ambitionne de consolider l'autonomie de chaque magistrat, d'accroître la performance de sa prestation individuelle et collective, selon les normes des 3 E.

Elle vise à uniformiser ou harmoniser les pratiques managériales au sein de toutes les juridictions.

L'importance du coaching au sein des cours et tribunaux résulte donc de la circonstance que les différentes fonctions de magistrats exigent un sens de responsabilité très élevé**, une** éthique et un sens humain sans faille. Il faut savoir écouter, analyser, faire la synthèse de problèmes complexes et difficiles, qui sont un défi permanent à l'accomplissement correct et ponctuel de la mission de juger.

Pour être un bon coach, le chef de juridiction ou de parquet doit posséder, en plus d'une solide formation en droit, un certain nombre de qualités humaines :

- Une grande qualité d'écoute et un sens élevé de discernement indispensables à la gestion des hommes, des moyens et des ressources ;
- Un sens élevé du respect de la personne et de la dignité de l'être humain ;

- Un bon esprit d'analyse et de synthèse des exigences d’indépendance et d’efficacité de la profession et des diverses fonctions judiciaires ;
- Une bonne capacité de communication et d'affirmation ;
- Une bonne capacité d’apprentissage et d'adaptation ;
- Une connaissance approfondie de la déontologie et des règles d’éthique contenues dans le statut des magistrats.

CHAPITRE IX

Intégrité judiciaire et approches modernes à l'éthique judiciaire

SECTION I – DE LA NOTION D'INTEGRITE DE LA JUSTICE.

De prime abord, il convient de noter que **''indépendance de la justice''** doit absolument rimer avec ''***intégrité du juge***''.

Le juge concrétise son impartialité par son affranchissement de toutes contraintes extérieures, n'ayant pas de lien causal avec le droit et avec l'exercice honnête de la fonction de juger.

L'**intégrité, troisième principe de Bangalore,** est la vertu première, qui inspire les actes et gouverne les comportements du magistrat, en pleine adéquation avec les qualités morales et les valeurs éthiques de sa profession, définies dans son serment.

L'intégrité apparaît, sans conteste, comme une composante essentielle de toute déontologie professionnelle, une exigence particulièrement astreignante pour la magistrature. Dans ce sens, l'obligation d'intégrité du juge comporte une série de normes draconiennes, destinées à le contraindre à l'honnêteté et à promouvoir la culture de la probité dans les rapports qu'il entretient avec ses confrères, avec les justiciables, les auxiliaires de justice et avec tout l'environnement humain et politique.

L'obligation d'intégrité se présente ainsi comme la pierre angulaire de tous les devoirs déontologiques, la base fondamentale de la conscience professionnelle et du lien de confiance entre la Justice, le justiciable et la société.

Entendue comme qualité morale de la personne qui ne se laisse pas corrompre, ou dont la conduite et les actes sont irréprochables, l'intégrité réfère à la distance que le juge place, par la seule force de sa volonté, entre sa personne et l'argent, le pot de vin, l'enrichissement illicite, l'avantage indu et toute source ou cause d'érosion de sa crédibilité et du respect dû à la noblesse de sa charge et de son état.

Les garde-fous contre le manquement aux devoirs d'intégrité sont de l'ordre disciplinaire prévu par le Statut des Magistrats et de l'ordre pénal fixé par le nouveau code pénal en ses articles 776 et suivants. La sévérité des sanctions préconisées est à la mesure du devoir de probité du magistrat, qu'il soit du siège ou du parquet.

L'obligation d'intégrité se rapporte également à l'éloignement du magistrat des « *honneurs factices* », des paillettes et de la rutilance d'une vie tumultueuse et somptuaire.

L'intégrité engendre la confiance et la considération qui enveloppent la magistrature de sa noblesse.

SECTION II : DES ASPECTS IMPORTANTS ET PEU CONNUS OU APPARENTS DE L'INTEGRITE

Sous un premier aspect, il y a, en matière judiciaire, une antonymie entre intégrité et « *dualité de fonction* ».

En effet, lorsqu'un magistrat a déjà connu la cause ou l'objet d'une affaire litigieuse, en une autre qualité, le justiciable peut concevoir un doute légitime sur son impartialité.

Cette « *dualité de fonction* » pourrait, dans une même affaire, par exemple, être relevée, dans la circonstance où le même juge siégerait en formation de jugement ou en appel, alors que, précédemment, il aurait connu de la même cause en qualité de juge d'instruction ou de magistrat du parquet. Ce comportement est une violation de la loi et une infraction à l'éthique et à la déontologie, dont les règles sont rassemblées dans un code pour régir l'intégrité.

Le législateur guinéen, devant une telle hypothèse, a sagement perçu qu'il n'est nul besoin de démontrer l'absence de neutralité du juge, du moment qu'elle peut être aisément présumée avec les justices de paix. Cette situation au niveau de la justice de paix, qui présentait une suffisante apparence de partialité, explique qu'une la loi nouvelle de réorganisation de la justice, récemment adoptée, ait supprimé les justices de paix.

En en venant aux attentes du citoyen, l'idée peut être soulignée que le justiciable, partie ou impliqué dans une procédure judiciaire, de quelque nature qu'elle soit : civile, commerciale, administrative, financière ou pénale…, attend, d'abord et avant tout, que celui qui le juge, c'est-à-dire celui qui va décider au final de son affaire ou de son sort, soit intègre.

Ce qui signifie, de façon simple et claire, qu'il attend du juge, comme le veulent les articles 12, 13 et 14 du code de procédure civile, économique et administrative, d'**être à l'écoute de tous les arguments**, de l'une et de l'autre parties au procès, des témoins et, le cas échéant, des experts.

En effet, déjà en l'an 60 apr. J.-C., **Sénèque** déclarait : « ***Le juge qui rend son arrêt sans avoir écouté les deux parties, commet une injustice, l'arrêt fût-il juste*** ».[71]

Ensuite, le juge, pour aboutir à sa décision, doit suivre un raisonnement intellectuel qui ne laisse aucune place à ses convictions personnelles, raisonnement découlant de la seule analyse objective des éléments apportés, par les uns et par les autres, au soutien de leurs prétentions respectives.

Quoi qu'il en soit, en plus d'être l'une des plus importantes et contraignantes obligations déontologiques s'imposant aux juges, l'intégrité est un élément constitutif de la confiance du public en la justice. Celle-ci exige que le magistrat, quelles que soient ses opinions, demeure libre d'accueillir et de prendre en compte tous les points de vue débattus devant lui.

Sous un second aspect, il est bien connu que les juges doivent, au quotidien de leur carrière, apprécier la bonne ou la mauvaise exécution des conventions, trancher des litiges résultant de la vente de biens matériels, régler les différends entre des organismes financiers et leurs clients, rechercher les responsables de violence ou de trouble à l'ordre public, déterminer les montants des réparations, organiser les successions conflictuelles, régler les litiges entre époux ou voisins, gérer la tutelle des mineurs et des majeurs, tirer les conséquences financières d'une expropriation ou d'une faillite, dire si un brevet a été respecté, contrôler la régularité d'un acte unilatéral de l'Administration, etc..

C'est pourquoi, et en tout cela, la loi a prévu et a imposé des limites à l'influence des opinions personnelles du juge, en lui enjoignant, à l'article 109 de la Constitution[72], de n'obéir qu'à **la seule autorité de la loi** dans le respect de l'article 8 de la constitution, qui pose le principe que « ***Nul ne doit être privilégié ou désavantagé…*** ».

---

[71] Read more at http://www.mon-poeme.fr/citations-juge-juges/#3b4oJsxOJccBoovd.99

[72] Article 112 de la nouvelle Constitution

SECTION III - DIVERS MECANISMES LIMITANT L'INFLUENCE PERSONNELLE DU JUGE

Pour contenir les risques que la décision d'un juge puisse être exagérément influencée par ses opinions personnelles, divers mécanismes existent.

Le **premier d'entre eux** est la **collégialité de juges**, dont la raison d'être se trouve dans la complexité de certaines affaires ou de certains différends, mais aussi et surtout, dans la confrontation des points de vue des membres du collège de juges pouvant avoir des approches de l'affaire nettement ou sensiblement différentes.

La collégialité, formée toujours en nombre impair, comporte la propriété de mettre en minorité celui ou ceux des juges qui souhaitent faire tyranniquement prévaloir leurs opinions personnelles sur l'analyse objective du dossier. C'est pourquoi, l'article 111 du code de procédure civile, en son alinéa 2 a décidé, je cite : « ***La décision est rendue à la majorité des voix*** », excluant, du coup, la prépondérance de la voix du président de la formation collégiale.

Le code de procédure pénale, en son article 877, signe de cohérence de la législation nationale, pose ainsi le même principe : « ***Le délibéré se fait en chambre du conseil. Le Tribunal se réunit dans la salle de délibération, toutes les décisions sont prises à la majorité des voix*** ».

Le deuxième mécanisme est **l'existence de diverses voies de recours**, dont le but est d'autoriser un nouvel examen complet ou partiel du litige ou de l'affaire, par la voie de la reformation de la décision attaquée devant les juges de la juridiction supérieure (**double degré de juridiction**). En cas de partialité avérée du premier juge, la nouvelle décision prise en appel corrigera cette aberration supposée, puisque l'acte d'appel est susceptible de réduire à néant la décision prise en premier ressort.

Le nouvel examen peut aboutir à la rétractation par le juge qui a rendu la décision, par la voie de l'opposition ou de la requête civile.

Le troisième mécanisme est **la récusation,** prévue par les articles 740 à 746 du nouveau code procédure pénale et 450 à 466 du code de procédure civile, économique et administrative, pour écarter de la procédure le juge suspecté d'impartialité.

Le **quatrième mécanisme** est la sanction du **déni de justice** commis par un magistrat prévu par l'article 714 du code pénal et de tout cas de corruption, relevé contre lui en application de l'article 717 du même code.

Le **cinquième mécanisme** est l'ensemble des procédures devant la Cour suprême, pourvoi en cassation ou en annulation, prise à partie, règlement de juges, contrôle de la régularité formelle et de la qualité de la motivation des décisions des cours d'appel.

Le **sixième mécanisme** de limitation de la partialité du juge réside dans l'article 478 du code de procédure pénale, qui dit que ''***Tout jugement doit contenir des motifs et un dispositif. Les motifs constituent la base de la décision''.***

Le code de procédure civile adopte la même exigence principielle, en l'article 116, qui dispose : ***''Le jugement doit exposer succinctement, les faits et les prétentions respectives des parties et leurs moyens. Il doit être motivé***''.

Motiver la décision de justice, ordonnance, jugement ou arrêt, est, pour le juge, fonder sa décision en fait et en droit ; car il appartient au juge d'analyser, même de façon sommaire, les éléments de preuve produits devant lui par les parties.

Cette exigence de motivation est tellement importante qu'elle figure dans :

- Le code de procédure civile aux articles : 47, 85, 88, 89, 90, 741,818, 826, 827, 828 et 830, soit dix articles ;
- Le code de procédure pénale aux articles : 17, 69, 70, 74, 87, 96, 147, 149, 150, 152, 154, 157, 158, 172, 173, 174, 229, 236, 237, 238, 241, 243, 256, 258, 260, 265, 268, 271, 273, 285, 291 al.2, 306, 318, 320, 321, 1138, 592,1139, 1156, 1158 1182 soit 39 articles.

Le défaut de motivation d'une décision de justice n'est pas seulement une cause d'exercice de voies de recours, il constitue une des impérities constitutives de l'insuffisance professionnelle que l'article 35 du Statut des magistrats a considérée comme une faute professionnelle, car comme le dit le célèbre poète**, Jean de la Fontaine : « d'un magistrat ignorant, on salue la robe »**

Il résulte de toutes ces dispositions, que doivent être motivés : les ordonnances, les jugements contentieux comme les décisions rendues en matière d'instruction et en matière gracieuse, les jugements avant-dire droit et les jugements statuant au fond, les jugements en premier ressort comme ceux rendus en dernier ressort.

Ces six mécanismes sont destinés à contenir les risques que la décision d'un juge puisse être exagérément influencée par ses opinions personnelles.

Table des matières

Structures éditoriales du groupe L'Harmattan

L'Harmattan Italie
Via degli Artisti, 15
10124 Torino
harmattan.italia@gmail.com

L'Harmattan Hongrie
Kossuth l. u. 14-16.
1053 Budapest
harmattan@harmattan.hu

L'Harmattan Sénégal
10 VDN en face Mermoz
BP 45034 Dakar-Fann
senharmattan@gmail.com

L'Harmattan Cameroun
TSINGA/FECAFOOT
BP 11486 Yaoundé
inkoukam@gmail.com

L'Harmattan Burkina Faso
Achille Somé – tengnule@hotmail.fr

L'Harmattan Guinée
Almamya, rue KA 028 OKB Agency
BP 3470 Conakry
harmattanguinee@yahoo.fr

L'Harmattan RDC
185, avenue Nyangwe
Commune de Lingwala – Kinshasa
matangilamusadila@yahoo.fr

L'Harmattan Congo
67, boulevard Denis-Sassou-N'Guesso
BP 2874 Brazzaville
harmattan.congo@yahoo.fr

L'Harmattan Mali
ACI 2000 - Immeuble Mgr Jean Marie Cisse
Bureau 10
BP 145 Bamako-Mali
mali@harmattan.fr

L'Harmattan Togo
Djidjole – Lomé
Maison Amela
face EPP BATOME
ddamela@aol.com

L'Harmattan Côte d'Ivoire
Résidence Karl – Cité des Arts
Abidjan-Cocody
03 BP 1588 Abidjan
espace_harmattan.ci@hotmail.fr

Nos librairies en France

Librairie internationale
16, rue des Écoles
75005 Paris
librairie.internationale@harmattan.fr
01 40 46 79 11
www.librairieharmattan.com

Librairie des savoirs
21, rue des Écoles
75005 Paris
librairie.sh@harmattan.fr
01 46 34 13 71
www.librairieharmattansh.com

Librairie Le Lucernaire
53, rue Notre-Dame-des-Champs
75006 Paris
librairie@lucernaire.fr
01 42 22 67 13

STRUCTURES ÉDITORIALES
DU GROUPE L'HARMATTAN

www.ingramcontent.com/pod-product-compliance
Lightning Source LLC
LaVergne TN
LVHW010104061026
849532LV00002BA/548
* 9 7 8 2 3 4 3 2 1 7 1 4 7 *